梦山论道
名校长丛书

做快乐的教育

范永雄 著

厦门大学出版社
XIAMEN UNIVERSITY PRESS
国家一级出版社
全国百佳图书出版单位

总　序

培养闽派特色的教育家型名校长

名校长，意即成名校长，或知名校长。

名者，称谓也；好名者，赫赫声誉也；知名校长，是指众所周知、口碑良好、办学治校能力突出、教育思想在社会上有广泛影响的中小学校长（园长）。

2012 年 6 月 24 日，福建省名校长培养工程在福建会堂启动，108 位名校长人选济济一堂，肩负使命，开始了福建教育史无前例的中小学最高层次的人才培养，目标是培养教育家型名校长。

这些校长中的大多数人，早已是省内各个区域的教育领头羊，其实早已成名。他们或是以治校有方而闻名遐迩，或是以办学严谨而享誉坊间，或是以学术卓著而受人景仰，或是以爱生如子而得到拥戴。

然而，摆在他们面前的还有一座巅峰需要攀登，那便是被称为"教育家"的那座神峰。迄今为止，我们只听过古代的老子、孔子、孟子、荀子等智者被称为教育家；或者是开馆授徒、著书立说的思想家，如韩愈、程颐、朱熹等被称为教育家；或者是近现代学贯中西、融古汇今的严复、蔡元培、陶行知等被称为教育家，但我们却很少听到当代教育家的名号。在新中国培养的满天繁星式的人才系列中，能称为"教育家"者寥若晨星。今天，我们经常收到诸如"艺术家""表演家""投资家""经济学家""心理学家"的名片，却从来没有收到过"教育家"的名片。

现在，全国都在征集"教育家"。东起山东的"齐鲁教育家"，西至湘鄂的"名校长高级研修班"，南起广东的"岭南教育家"，北临吉林的"杰出校长"，各地都在为教育家型校长的成长铺路修桥。

福建也不例外。现今福建有学校 3220 所，教师 39.37 万人，校长 11667 人，教育家就从这些人中产生。然而，闽人亦内敛，他们总是做得多，说得少，以至于闽派学人的好声音很难在学界传播。相反，北方的中小学校长具有语言优势，经常莅闽讲学，而闽籍校长却很少到省外传经，以至国内教育界对福建省的名校长群体往往持有模糊的认识。在前几年，闽省中小学名校长缺位，或对究竟何为名校长缺乏共识，使得全省中小学办学处于标识不清、典范不明、引领不力的境地，致使闽省中小学教育成效打了折扣，不利于福建名校的崛起。

有鉴于此，将省内名校长推向全国，不仅是为了福建省中小学校长扬名立万，更重要的是为了福建省中小学教育成效的提升。为了确立名校长的引领和带动作用，首先必须让"名校长""名正言顺"，厘清定义，明晰认识，才能让校长本人和社会各界都有正确的定位和期待。

第一，名校不可能自动产生名校长。"名校"可以是历史范畴，也可以是现实范畴；"名校"可以是集合性概念，也可以是个体性概念。而"名校长"绝对是个体性的概念或范畴，我们在现实中看到众多个性臻优、各有追求、敢于创新的校长便是明证。据此，名校的办学风格和特色形成是长期努力、集体贡献的结果，而名校长的出现却是阶段性、个别性突出表现的结果。我们不应该把"名校"的校长自动等同于"名校长"，也不应该把"名校长"所在学校人为等同为"名校"，两者不可混为一谈。在现实中，有些校长从二类校调入一类校，陡然成为"名校长"；而有些"名校"的校长一旦退休就终止职业生涯，门前冷落车马稀，说明"名校"并不能自动产生或保全"名校长"。

第二，"名校长"不应仅仅理解为社会知名度较高的校长。"名校长"的称呼可以有坊间的版本，也应该有学界的表述；可以有社会上约定俗成的含义，也应该有教育界严谨规范的阐释。我个人认为，"名校长"的内涵是指那些具有先进办学理念，较高的道德修养、政策水平和管理能力，在教育改革、创新和发展诸方面做出突出成绩，形成较成熟的教育思想，从而成为教育界和社会上公认的具有较强办学治校能力的校长。推而论之，名校长的外延特征应该是遵规守法，有强烈事业心和教育追求，长期从事教育管理工作，并具备独立思想意志和办学风格，所领导的学校具有教育理念新、教学质量优、学校特色强、师生成就大的典型特征，成为人民满意的校长。所以，名校长的站位和标准都很高，不是一般意义上的"有名"。

第三，"名校长"不应该理解为仅仅是办学实践方面富有成就的校长。毫无疑问，人们观察和评价名校长，更多地立足于实践层面，更多地从学校发展的空间状况和校长办学治校的水平上面去考量。这些以实践为视角的考评应该是基本性的、必要的。然而，仅仅如此，我们可能会陷入"有一千个观众，就有一千个哈姆雷特"的困惑之中；而且，我们面对的不仅是某位校长是否为"名校长"的众说纷纭的困惑，更难判别高下优劣的是许许多多的校长办学都有特色、都有创新、都有发展,谁是真正的"名校长"的问题变得更为扑朔迷离。所以,考评"名校长"既应该基于实践,又应该高于实践。高于实践的视角考查要求我们衡量"名校长"是否真正具有先进的教育思想或教育理念。"名校长"不可以也不可能"只会埋头拉车,不会抬头看路",他们必然要理解教育发展的客观规律、办学治校的发展规律、育人成才的必然规律,必然要将丰富的实践经验上升为理性认识,并形成对校内师生有影响的理念与规则,同时还要确立对校外同行有影响的典范。那么,完整意义上的"名校长"就应该包括实践与理论两个方面,他们的教育思想和教育实践应该并驾齐驱,他们的办学作为与办学影响应该有血有肉——充满感性的温暖和理性的光芒,只有这样,才能给社会树立昂扬而立体的名校长形象。

只有把名校长的衡量标准弄清楚了,我们才能很好地引导名校长培养人选朝着教育家型校长的方向迈进。

那么什么样的人才能称为教育家呢?温家宝总理提出标准有三:热爱教育,懂得教育,终身从事教育。热爱教育、终身从教者不乏其人,但真正懂得教育者甚少。懂得教育,这是教育家标准的核心要素,要求遵循教育发展规律、学生成长规律、学校发展规律办事,让每一个学生都快乐成长,让每一个教师都成为最好的自己,让每一所学校都成为育人的摇篮。

那么什么样的校长才能称为教育家型名校长呢?作为中华民族伟大复兴进程中的校长集群,作为肩负建设教育强国重任而前行的福建校长,应志存高远,敢为人先,立誓往教育家的方向努力:一是立志有为,做一名优秀的校长,以真善美感召师生,以德能兼备治理学校,为学生们的健康成长和教师的专业发展创造良好条件;二是立德修行,做一名大爱的校长,以宽广胸怀和包容境界释放出最大凝聚力和感召力,做快乐教育的引领者,带动师生建设幸福学校,同时帮扶薄弱学校,成为区域内有影响力的名校长;三是立功存范,做一名卓越的校长,以人格魅力和思想魅力不断影响师生,教化社会,积极参加专业培训并在教育实践中不断吸取养分,在形成办学风格和办学特色的同时不断完善和丰富自身的办学理念,打造卓越校园文化,努力成为专家型并具有卓越引领力的校长;四是立论树典,做一名杰出的校长,以渊博学识和创新理念推进教育改革与发展,并对社会进步产生积极而广泛的影响,成为教育"大家"或"大师",为教育家办学树立典范。

那么什么样的人才能称为闽派特色的教育家型名校长呢?毫无疑问,这类教育家不仅应具备校长的资历资格,而且还应秉承教育家的气质品性——

这些是教育家型名校长通约的标识。但是在福建,仅此还不够。闽山闽水,如此多娇;闽人闽学,独领风骚!在历史上福建曾是海上丝绸之路的起点,近代曾是中国对外的五口通商之地、世界造船中心;福建在历史上又是衣冠南渡、海滨邹鲁的发祥地,宋明清三朝仅福州籍进士就达到3632人,其中状元7人,位居全国各州府前列;闽派学者大师灿若繁星,前有理学大师朱熹、宋代名相李纲、名臣和书法家蔡襄、诗人柳永、哲学家李贽、政治家郑成功和林则徐、思想家严复,后有现代文学家冰心和林语堂、教育家陈嘉庚、当代科学家陈景润和卢嘉锡。山风与红土孕育了多少仁人志士,绿水和蓝海又滋润了多少大师之情怀,而福建学人又相互提携,相互激励,因此有东南沿海独树一帜的闽学、闽派。新中国成立之后,闽人发愤办学,屡获佳绩,"高考红旗"经久飘扬,基础教育力争上游,涌现出一大批国内知名教师和校长。在此背景下,我们来探讨具有闽派特色的教育家型名校长的品性精神,就不难导出如下典型特征:其一,闽派特色的教育家型名校长应该是具有海洋意识、海纳胸襟、海阔视野的校长。闽地近洋,闽人尚海,他们常常以海洋安身立命,又往往喜欢勇闯天涯,"脚踏惊涛涌,心追鸿雁起"。因此,作为闽派特色的教育家型名校长应当有广阔的胸襟、恢宏的气度接受各种挑战,同时应有包容之心、宽容之念、兼容之行,博采东西学术之粹,约取各家见识之长,才能成就福建教育的丰功伟绩。其二,闽派特色的教育家型名校长应当是具有先行之魂、先试之魄的校长。闽在东南,闽在天涯。历史上由于远离中原而免遭战火,同时闽人由于山高皇帝远而放楫高怀,改革开放后福建抓住机会率先改革,竞相开放,创造了连续三十年高速发展的奇迹。作为闽派特色的教育家型名校长当然也应该敢为人先,敢为天下首,既大开大合,又知微知彰,方可弄潮学界,推动福建教育走在全国前列。其三,闽派特色的教育家型名校长应该是敢说敢干、爱拼会赢的校长。闽风勃烈,闽性刚直,尤其是闽南之地,性情豪强,有着强烈的垦荒意识和求胜心理。作为闽派特色的教育家型名校长当然也应该像拓荒牛一样淳厚朴实,勤勉敬业,靠实干打出一片新天地,办人民满意的新教育。其四,闽派特色的教育家型名校长应该是富有爱心、持有慈德的校长。在福建历史上,有海上妈祖、陆上靖姑的美丽传说;在现代人物中,又有冰心、林巧稚这样具有同情心、慈悲心的伟大人物。今天,我们仍然要以春风化雨、润物无声之情怀去办好兼爱敦亲的教育。因此,闽派特色的教育家型名校长应该具有知性形象、感性关怀、智性办学的心灵与行动,方能把教育办成真正充满真善美的伟大事业。

　　闽山何苍苍,闽水何泱泱! 闽山闽水孕育了优秀的儿女,也培养了成千上万杰出的名士英才。"海滨邹鲁""武夷书香""东南学府""高考红旗"在中国教育史上曾经竞相出镜,领尽风骚。曾经沧海,又上高楼! 而今,历经3年培养,90余名中小学名校长培养人选在整体上有了质变,教育思想精彩纷呈,各成体系。同时,一大批名校强劲崛起,优质而有特色。毫无疑问,名校长培养工程已经实现了3年前设计的目标,即按名校长标准培养了一批办学理念先进、综合素质较强、治校能力突出、发展特色显著、区域引领强劲,同时具有国际视野和闽派特色的中小学名校长。为此本系列丛书集辑了名校长的教育思想和骨干校长的办学理念,从中可见这批先行者的艰苦探索和深刻思考,也将给八闽各地其他校长以教育启迪。我们相信,这个群体中的一批精英将脱颖而出,他们怀着教育理想而追梦,沿着中华民族伟大复兴的轨道前行,其迅速成长指日可待,我们为此仰天祈愿!

　　是以为序,并预祝闽派特色的教育家型名校长群体如愿崛起!

2015年8月3日于福州梦山

内容简介

做快乐的教育是一个具有多向互动性与多向反馈性以及多向影响性的过程,是以快乐的教育培养快乐的人。本书围绕着当前教育发展的方向——实施快乐教育,通过三个维度:为了快乐、基于快乐和快乐之中,阐述了办快乐的教育就是要追求教育的"快乐度",让学生学习并快乐着,教师工作并快乐着,校长管理并快乐着。同时探讨学校要在教育中创造、生成丰富的快乐资源,为师生智慧和人格的同步发展提供最佳的环境与条件,使师生都有理解快乐的思维,有创造快乐的能力,有体验快乐的境界,有奉献快乐的品格。

全书共四章,即反思我们的快乐教育、构建学生的快乐乐园、提升教师的快乐指数和探索校长的快乐管理。本书是作者在所经历的教育教学管理、教研教改的崎岖之路上,一直致力探索,勇于攀登科教兴国的巅峰之作。作者客观地分析了学校教育中所存在的一些问题,提出了快乐教育的原则和方法,让每个孩子不仅学会发现和享受快乐,而且能够创造和传播快乐,为孩子将来能快乐地工作和生活打上了生命的底色,为教育工作者在教育教学的道路上点亮了明灯。

教育以快乐为追求目标,为受教育者的一生幸福奠基,也使教育者感受到人生的快乐。这本书正是一首快乐交融的交响曲。

前　言

　　人类快乐吗？看着那些被各种各样的欲望折磨得死去活来的人们，常常让人对所谓的"发展"产生怀疑。改革开放以来，中国财富的生产增加了近十倍，可是很多人的幸福感不但没有增加，反而还减少了。似乎财富越多，人身上的快乐含量就越少了。这中间出了什么问题？为什么会有这样的结果？

　　说到底，这都是由于我们在确定教育价值取向时出现了偏差。从小学到大学，很多老师往往用令人痛苦的方式教学，很少提及甚至自己也不懂——追求快乐生活是人生第一目标。走入21世纪，看多了急功近利，以学生身体和精神健康为代价的应试教育；听多了望子成龙，用快速而直接地把孩子引入成人生活方式的家庭教育。在一厢情愿的灌输、高考"独木桥效应"的期待中，不少家庭和学校的教育忽视了学生的身心健康、人格发育及精神成长。

　　当前，以人为本的教育理念正在逐步深化，素质教育以及基础教育课程改革不断推进。但在很多中小学，学生和教师依然面对繁多的考试、承受沉重的压力，教育的生命性无以张扬，直接导致教师厌教、学生厌学，学生的快乐成长、校园的快乐生活难以实现。孩子们与欢乐的童年拉开了距离。是快乐远离了我们，还是我们忽略了快乐的存在？每个人都在追求着快乐，但它是否是我们心中设想的那个快乐呢？针对这样的社会百态，我们在充分的走访和调研之后，提出了一个叩响灵魂的问题：教育的目的是什么。在继承和发扬优良传统的基础上，结合现状与愿景，进行深度思考，我们更加坚定了一个信念：学校教育不只为升学做准备，更是为了学生终生快乐生活做奠基，这是我们教育的终极目标，也是时代对教育提出的新的历史诉求。至此，笔者怀揣着对教育梦想的追求，开始了"快乐教育"的研究与实践。

　　"晴空一鹤排云上，便引诗情到碧霄。"到厦门海沧工作一年来，笔者深刻感受到海沧教育令人欣喜的变化：紧随时代的节律，积极参与文化重建，推动社会发展。海沧教育人正在践行"美丽海沧，教育先行"。由于教育本质上是培养人的快乐活动，人的发展是教育的根本目的，尊重人、理解人、发展人是教育的全部内涵,因此笔者认为,人生是为了追求快乐的,追求快乐是人的本性。教育是一项"人"的事业,"人"永远是教育的核心要素,教育事业不能不关涉师生快乐。可以说,离开了对快乐的关注、关怀和关切,一切教育活动都将成为师生生活的羁绊。"教育——为了人的快乐"是教育哲学,是教育理想,同时也是教育改革的行动指南。

用快乐来诠释教育,并不是笔者的创造。无数中外教育家都有关于快乐教育的论述,但这并不影响笔者对"做快乐的教育"的执着追求。"快乐教育"的由来不是凭空想出来的,而是从教育人的血脉里流淌出来的,是有着深厚"底气"的。从学校教育的实践视角看,"快乐教育"的内涵博大且精深:快乐学习、快乐体验、快乐成长,健康教育、智慧教育、多彩教育,师生共享教育带来的幸福与愉悦。做快乐的教育不只是一种态度,更是一种充满智慧的教育行动。

一路前行,一路思索,留下一路的风采。捡拾其中的精华,回望辛勤的旅程,自然会有工作的快乐在其中,并有更高的追求在其中。现今,"快乐教育"文化已经浸润到校园的每一个角落,学校的"快乐教育"教育特色正逐步形成。我们静听"快乐教育"花开,等候每个生命绚丽的绽放。对笔者而言,"快乐教育"的追求永无止境,为"快乐教育"的实践永远在路上。为此,笔者撷录近年的教育教学感悟结集出版,愿读者能从中得到教育的快乐,为我们这个时代的教育进步和发展而努力,一起丰富快乐教育的内涵。我们期待教育的过程、教育的方式都充满快乐,教育中的每一个人都感受到快乐,自觉地追求快乐,在教育生涯中快乐前行……

著作者

2015 年 06 月

目录

第一章　反思我们的快乐教育

快乐教育,是遵循学生的身心发展规律的教育,也就是以人为本的教育。但在很多中小学,学生和教师依然面对繁多的考试、承受沉重的压力,教育的生命性无以张扬,直接导致教师厌教、学生厌学,学生的快乐成长、校园的快乐生活难以实现。学校要在教育中创造、生成丰富的快乐资源,为师生智慧和人格的同步发展提供最佳的环境与条件,使师生都有理解快乐的思维,有创造快乐的能力,有体验快乐的境界,有奉献快乐的品格。

第一节　快乐教育

一、为快乐而教育

快乐就像阳光,让一个人的生活充满温暖。快乐,就是以最好的心情面对最坏的事物,期待一切都朝着好的方面发展。快乐,还是一种不甘落后的精神状态和永不言败的自信,其核心要义是发展、进步、乐观。

美国加州斯坦福大学的研究人员曾做了这样一个实验:将同样的几组景物分别拿给 14 名倾向于悲观的人和 14 名倾向于乐观的人观察,然后对他们的观察情况进行了调查,结果发现,虽然这两组人看到的事物完全一样,但他们的反应却大相径庭。比如,研究人员拿一个装了半杯水的杯子给参加实验的人看,结果倾向于悲观的人大都认为杯子的水很少,而倾向于乐观的人却大都认为杯子里的水快满了。从上面的实验可见,一个人在面对人生相同的状况时,不同的心态会产生截然不同的结果。

不言而喻,快乐是一种正能量,带给人积极的思考方式。快乐是一种精神上的愉悦,是一种心灵上的满足。纵然是不好的事情,也会在乐观心态的影响下向着好的方面发生转变。真正的快乐一定是持久的、来源于内心的,以及有着丰富内容的。

　　人生是为了追求快乐的,教育亦如此。教育是一项"人"的事业,"人"永远是教育的核心要素。教育还意味着我们要通过满足别人来获得满足感,意味着我们要通过服务别人来获得快乐。由于教育本质上是培养人的快乐活动,人的发展是教育的根本目的,尊重人、理解人、发展人是教育的全部内涵,因此作为以发展人、完美人为终极使命和根本追求的教育事业就不能不关涉师生快乐。如果教育忽略了这些,而是把课程、分数、聪明、荣誉这些放在首位,那么人的生存状态就会变得非常低下,低下的生存状态必然不能产生快乐的生活。可以说,离开了对快乐的关注、关怀和关切,一切教育活动都将成为师生生活的羁绊。好的教育就是尊重学生成长规律,促进学生的快乐成长,彰显学生的个性特长。"教育——为了人的快乐"是教育哲学、教育理想,同时也是教育改革的行动指南、教育的最终目标。

　　在整个人类发展的进程中,人类不断调整着自己,向着更伟大的社会文明前行。在这个不断进步的过程中,相继出现了众多为世人称道的教育家,他们浓书着历史,描绘着蓝图,成就了今日教育的巨大进步。19世纪以来,西方教育史上相继出现了一个个璀璨耀眼的教育名家,他们的教育智慧影响了一代代人,甚至整个世界的教育思想。直到21世纪的今天,他们的教育智慧仍旧闪耀着灿烂的光芒,他们的教育理念依然为教育者所借鉴和运用。虽然一些曾经很有名的教育方法后来都被证明只是个别有效的、无法移植的,但斯宾塞的快乐教育则被证明是普遍适用的,因为他揭示了人性和心智发展的规律而使孩子和教师受益。很少有教育家像斯宾塞那样,在各个民族、各个阶层中有那样大的吸引力。虽然斯宾塞是一个土生土长的英国绅士,但对快乐教育的理念接受最快、最彻底,获益最大的却是美国人,而不是英国人。斯宾塞的《快乐教育》著作出版后不久,美国教育界著名的"十人委员会"和"十五人委员会"很快决定对美国的大、中、小学课程设置和教育方法进行全面改革。这次改革几乎完全采纳了斯宾塞的思想,从而奠定了美国近一百年来的人才优势。

　　斯宾塞是教育改革的先导,他提倡了快乐教育,揭示了科学教育最本质的特征,成为现代教育史上的一座丰碑。他指出:"长期以来的教育误区,把教育仅仅看作是在严肃教室中的苦行僧的生活,而忽视了对孩子来说更有意义的自然教育和自助教育。"他的快乐教育理念来自对孩子天性的透彻分析和妥善驾驭。他认为,"教育的目的是让孩子成为一个快乐的人,教育的手段和方法也应该是快乐的"。他强调"对儿童的教育应当遵循心理规律,符合儿童心智发展的自然顺序"。斯宾塞的快乐教育内容博大、丰富、精深,在世界上很多地方都产生了巨大的影响,对今天和未来的我国教育改革与发展也有着非常重要的意义。

目前,人们对教育质量存在着许多不同认识,这反映了社会各个阶层不同的利益诉求和价值取向。但站在国家民族长远发展的角度,我们的教育不能只看知识、技能,而要为学生的健康快乐成长负责。21世纪的中国教育,应该改变教育策略,贯穿"以人为本",实施快乐教育。让孩子快乐地成长,离不开快乐教育;让孩子在快乐的氛围中成长,就是成功的教育。北京师范大学附属实验小学把快乐教育作为内涵发展的切入点,树立"以儿童快乐发展为主"的办学理念,这一成功的实践使我们看到快乐教育的美好愿景。笔者认为,教育事业就是一项充满快乐而漫长的事业。不管课本有多少内容,都不是教育这个旅途的终点,而只是通向终点的一个手段,这种手段是为了帮助学生获得生活中最崇高、最美好也是最快乐的东西。教育事业是一项富有艺术和挑战的事业。我们虽然无法改变孩子的基因,但可以改变自身的心态,改变批评孩子的方式,教导孩子习得乐观的技巧。真正的快乐教育一定是遵循学生的身心发展规律的教育,也一定是以人为本的教育。

何为"快乐教育"?虽然不同的人可能会有不同的理解,不同的学校可能会有不同的探索,但最终的归属都一样,都是指向人的快乐。"师生内在精神的满足"是快乐教育的最高境界,其核心内涵是爱的互动,来自人与人彼此之间的一个拥抱,一个微笑,一声称赞……每一位教育工作者都不能忘了每天把这份礼物送给我们的学生、我们的老师。"快乐教育"不是"快乐"与"教育"的简单叠加,也不是为"教育"贴上一个冠之以"快乐"的漂亮标签。我们实施"快乐教育",应围绕三个维度,即为了快乐、基于快乐和快乐之中;应追求教育的"快乐度",让学生学习并快乐着,教师工作并快乐着,校长管理并快乐着。这应成为当前教育发展的方向。

学校的快乐教育应该是一个具有多向互动性与多向反馈性以及多向影响性的过程,是以快乐的教育培养快乐的人,让每个孩子不仅学会发现和享受快乐,而且能够创造和传播快乐,为孩子将来能快乐地工作和生活打上生命的底色。

没有教育思想追求,教育终究走不远。快乐教育虽不是唯独的理想教育,更不是教育的唯一价值模式,但它会让教育工作者离理想更近一些,让孩子们的校园生活更快乐一些。一句话,教育需要回归育人的本真,需要找到一个精神风向标,需要为学生一生的快乐成长奠定基础。我们教孩子6年,要为他想60年。我们办教育就要办快乐的教育,这不仅仅是为了孩子,为了教育,也是为了国家和民族的未来。

二、用心追寻快乐的教育

德国哲学家雅斯贝尔斯说过:"教育是人的灵魂的教育,而非理性知识和认识的堆积。"教育,不只是知识教育,更重要的是人文精神教育。现在的学生,最缺的不是物质的生活,而是精神的生活。现在的教师,效果最不能让人满意的,不是对教材内容的教育,而是对精神境界的教育。要实现中华民族的伟大复兴,就要让每个下一代都有充实而强大的心灵,都有美丽而纯洁的灵魂。

快乐的教育是什么? 应当是具有正确的价值追求的教育,是让每一个学生都拥有幸福的人生,是"使儿童带着整个的身体和心智来到学校,又带着更圆满发展的心智和更健康的身心离开学校"。这要求我们不仅要关注学生今天的学习,更要关注学生未来的发展。人生的各个阶段都有其不可取代的价值,尤其儿童期是身心成长的重要时期,也应该是人生最幸福的时光。学校教育不只是为升学做准备,更应该是给孩子一个快乐而有意义的童年,为其一生快乐做奠基。办有快乐的教育,育有底气的新人,是我们教育的追求和梦想。用最简单的词语概括就是"回归"——回归人的自身发展,回归生活,回归儿童。

(1)办快乐的教育,就要办本真的教育。中国几千年传统文化推崇天人合一,来自自然,回归自然。当今社会,办教育依然需要追求教育的本真。本真就是教育规律,本真的教育是教人求真、求善、求美,是回归自然,快乐成长。教育是一项长期的责任,它需要漫长的时间来沉淀。顾明远先生认为,现在的教育忘记了培养健全人格这个最根本的目的,教育应该是让孩子健康快乐成长,而现在大家都是只顾着眼前的利益,不去考虑孩子将来的幸福。现在社会上存在着急功近利、形式主义等问题,当"一万年太久,只争朝夕"的思想出现在教育上时,"超常规""跨越式发展"成了今天最时髦的教育名词。许多人忘记了教育是慢的艺术,忘记了教育的初衷,忘记了教育自身的规律,想当然地进行教育。笔者认为这在一定程度上是"过度教育"的恶果。教育,不是"短平快"的事业;教育,最终所要回归的是人的本性,所要发掘的是人的天然属性和内在潜力。世上有很多事都是无法提前提取的,这是大自然亘古不变的法则。

孩子所应天然获得的教育,就像一块原本美丽富饶的公地,本该遵照自然规律与常识,小心翼翼地种上一颗种子,然后等待种子慢慢发芽、长大,最终成长为参天大树。孩子的成长是一个循序渐进的过程,教育不能"赶牛上树",只能"趋牛向草",违反孩子身心健康成长的客观规律,教育必然失败。人的成长固然要靠教育,但主要是靠他内在的潜能得到发展,教育只是一种外力。因此,教育要遵循人的内在发展规律。要让教育回归本真,就必须尊重教育的规律,就必须按教育的规律办教育。花开花落都是自然现象,都是自然规律,都是我们必须敬畏和尊重的。教育和农业是一样的,春天播种,然后经历风雨,以及夏的酷热和干旱,才能有秋的收获。孩子的生长有其自然的节律,从学校到教师,不妨心平气和一点。为每一个孩子提供适合其自身成长的机会和可能,让每一个孩子都能成为有用之才,这才是我们教育的本真状态。作为教育工作者,我们一定要把着眼点和着力点牢牢地放在教书育人、立德树人这个根本点上,着眼于孩子的成长,教给孩子终身受益的东西,让学生因教育而走得更远。

（2）办快乐的教育,就要办有道德的教育。教育应该是快乐的,教育的快乐在于使人有灵魂。如果教育不能够助魂,不能够使人的灵魂提升,那这样的教育还有什么意义。教育本身就是大善大美的事业,教育的根本任务是立德树人,并以立德树人来评价教学和教学改革。尤其是在这样一个纷繁芜杂的时代,"教书"和"育人"的职责咬合得如此紧密,"立德树人"比以往任何时候都更具分量。我们要教育学生,就是要树立他自己的德,使他成为一个真正的人,使他成为一个对国家有意义的人。现在的青少年学生,多为独生子女,从小娇生惯养,道德教育的缺失导致他们一切以自我为中心,只考虑自己不管他人,只接受来自家长、老师、社会的关心,而对他人的事不闻不问;道德教育的缺失将在孩子的成长过程中埋下巨大隐患,导致他们吃不住苦,经受不住挫折和磨难,体会不到生活的快乐。其实,一个讲道德的人,人们愿意与他交往,就意味着他有更多的资源和机会,会更容易成功。一个有高尚灵魂、美丽心灵的人,其外在一定是光彩夺目、充满魅力的。可以说,有美德的人更快乐。应试教育虽然可以提高升学率,培养出技术人才,却无法培养出真正的创新精神,无法造就创造未来的杰出人才。今天实现中华民族伟大复兴的重任已经历史地落在了当代青少年身上,国家需要有知识的可造之才,更需要有道德、有良心的可造之才。教育必须为每一个行动找到道德上正当的理由。立德树人,既是要树立自己,又是要树立自己的学生。学校道德教育要回归生活,必然要关注自身的时代要求,回应时代的挑战。我们应该做的是:构建有道德的校园,让高尚的道德引领学生的生活;构建有道德的课堂,让课堂成为学生知识增长和人格健全的场所;构建有道德的活动,让各项活动成为学生高尚的道德生活和丰富的人生体验。当道德之光照亮学生发展旅途时,学生就会获得快乐的意义和永不衰竭的发展动力。

(3)办快乐的教育,就要办以人为本的教育。教育以人为本,意味着今天的教育必须告别工业流水线似的、机械化的、大规模的生产方式,要越来越像传统农业或手工业,讲究精耕细作,慢工细活。可以这么说,教育的起点是人,终点是人的快乐,而过程则应该是人的快乐成长。一个有思想、有创新、实干的校长,定会以人为本经营学校。以人为本的教育需要放手,让有教育理念、教育思想的校长在他的试验田里去实验自己的教育思想;以人为本的校长需要放手,让有教育思想的教师在他的班级里培养出他想培养出的学生;以人为本的教师需要放手,让思维活跃、好奇心强的学生的潜能得到最大限度的开发。我们不止要关注学生在校期间的"成功",更要关注走上社会后的发展;不止要关注学生知识和技能的提高,更要关注他们潜藏于灵魂深处情感态度、意志品质涵养的高度。

(4)办快乐的教育,就要办回归心灵的教育。教育应是使人快乐的教育,而非理性知识和认识的堆积。教育的首要目标是促进人的精神成长,教育是潜能的唤醒、心灵的培养、灵魂的塑造,而不是教给孩子谋生的某些路径或某些技能。过去只关注知识,而忽视心灵的教育迟早会自食其果。当前最要紧的就是扭转过度智育,过于强调竞争的应试倾向,过于急功近利的社会风气,让教育回到浸润心灵、快乐成长的轨道。如果孩子们的心灵没有被教师感应到,一切教育都是没有用的,教育的快乐将离我们越来越远。心灵就像田地一样,你播种什么它就生长什么,你播种"真善美",才能生长"真善美";你打造美丽环境,才能浸润美丽心灵。心灵干净,环境才能干净。因此,快乐的教育应该回归孩子的心灵深处。真正好的教育应该是潜移默化的,是日积月累的,它无处不在,无时不在,无形、无味、无痕,时时刻刻在滋养着每一个生命。只有每个人都有一个澄澈、清净的心境,才能形成良好的社会大环境。

(5)办快乐的教育,就要办回归使命的教育。教师的快乐来自使命,社会各界对下一代接受良好教育的热切期盼,都使我们感到使命的重要。教师教学水平不高可能会误人子弟,但在不经意间向学生传达的错误价值观、思维习惯和不良行为,则更危险。教育的理想不是一句空话,需要我们不懈努力、躬身实践、潜心学习、静心育人。没有理想光彩的课堂,是没有灵魂的课堂。课堂上教师需要放手,尊重学生个性发展,让每一个孩子自由发展,允许差异的存在,让学生做他愿意做的事情。如今可贵的是对那种愉悦课堂的追求,即自然课堂、返璞归真课堂、有滋有味的课堂、天人合一课堂。教师不再以自己是"人类灵魂的工程师"高高在上,而是以自己的灵魂撞击另一个灵魂。

(6)办快乐的教育,就要办回归生命的教育。教育是滋润生命、服务生命、支持生命、支撑生命的。生命是教育的起点,因为生命使教育成为可能,变得丰富。每一个生命又都是唯一的、美丽的,都值得珍惜。在一定意义上,教育是直面人的生命、通过人的生命、为了人的生命质量提高而进行的社会活动,是以人为本的社会中最体现生命关怀的一种事业。无论是学习,还是工作,都是生命与生命的邂逅,都是生命与生命的缘分。生命教育的缺乏,是我们教育的重大缺失;生存教育的缺失,同样是我们面临的问题。快乐的教育是尊重生命、学会生存的教育,是使不完美的生命趋向于完美,将不辉煌的生命铸造得更加辉煌的教育。按生命教育规律办事,最重要的是按儿童生理、心理的成长规律办事。社会、教师、家长都要为儿童服务,而不是为儿童做主,都要把学生看成一个个独立的、鲜活的生命。在日常教育教学的细节里,我们要尊重生命的个性差异,欣赏生命的多姿多彩,成全生命的独特个性。在教育教学中,把孩子看成一个成长中的生命,你的所有的行动便有了不一般的意义。因此,快乐的教育应该"贴近生命需要,揭示生命的真相,引领生命的成长,探寻生命的意义,成全生命的价值"。这既是教育的价值追求,更是我们教育人不懈的价值追求!

三、快乐,从细节中走来

教育,从来就没有捷径,"种瓜得瓜,种豆得豆","一分耕耘,一分收获",更没有"亩产万斤"的神话。然而,在学校想做大事的人太多,而愿把小事做完美的人却太少。教育,从来就是每天认认真真地上课,认认真真地备课,认认真真地和学生交流。这些小事不能小看,因为细节方显魅力。只有以认真的态度做好工作岗位上的每一件事,才能在平凡的岗位上创造出最大的快乐,才能让我们平凡而普通的教师生涯焕发出幸福的光彩!

校园里有些事,在教育圈外的人看来,似乎微不足道,也很少有人去关注,但对教育者来说,如果不关注细节的作用,就很难为人师表。细节,从语义上来说,是细小的环节或情节,它包含了细微、细致、精细等含义。教育是一个细节积累以期从量变到质变的过程,每个学生的各个方面的细微成长都是教育的应有之义。作为教师,我们都知道学生是单纯的,是非常敏感的,老师的一个表情或眼神都会引起他们对你信任与否的判断。作为学生,让他们感动、感念并终身记忆的,总是一个个触发了心灵记忆的细节。因此,只有考虑到细节、注重细节的人,才能拥有热情,体验到快乐。

1.用心去做好每一件小事

只有用心才能看得见细节的实质,才能在做事情的过程当中寻找到工作的乐趣,将事情做成功。有这样一个故事:有三个工人,他们都在忙着盖房子。第一个工人干着就不耐烦了:"反正又不是我自己住,费那么多劲干什么。"于是他加快速度,草草完工,房子看起来摇摇欲倒。第二个工人干了一会儿也感到枯燥了,但是他想:"我既然收了别人的工钱,就有责任把房子盖好。"于是,他继续认真地干活,一丝不苟地完成了工作,房子看起来非常结实。第三个工人干着干着被自己的想法引导得乐观起来了:"盖房子真是件美妙的事情,如果在房前种一些花草,房后再弄一个花圃,一家人其乐融融地住进来,啊,那真是太美好了。"于是,他忍不住吹起了口哨,以更大的热情来干活,在修房子的过程中关注了所有的细节,房子看起来美观、大方又实用。几年之后,第一个工人失业了,没人敢聘任他;第二个工人仍然认认真真地干着老本行,一切没有变化;而第三个工人却成了远近闻名的建筑大师,他设计的房子风格独特、美轮美奂,人们以居住他设计建造的房子为荣。第三个工人成功的事例说明:将小事做细,让自己在收获快乐工作的同时,还会收获到工作的成功!

教育,似乎永远没有什么大事发生,但事事都关乎学生的发展、学校的未来。学校并不是每天做一些惊天动地的大事,而是从大处着眼,从细微处入手,让学生学习知识,培养能力,健全人格。有的人不愿意做"小善",总想着将来能做大善事,却蹉跎了岁月,最终一事无成。学校中许多被我们视而不见、习以为常的小事,其实就是一个教育契机。对于成年人来说,童年时代的很多事情都是不起眼的事儿,但是在孩子们的成长历程中却是至关重要的。很多事情虽然小,却是孩子们人生中不可再来的珍品,一件件串起来,就是一串串弥足珍贵的珠宝,让他们终身受益。作为一名教师,只要我们用心去工作,用心去做好工作中的每一件小事,就一定能找到工作中的乐趣,就会把学生当成我们自己的孩子,用爱心去关爱他们,用耐心与责任心去教育他们。

在引导学生健康成长的过程中,学生们都会制造出无数个小事件,等待着教师处理。教师必须要有这样的理念,注意自己的一言一行,时时刻刻为学生的发展着想。小学生的情感非常丰富,也非常敏感。一句无心的话、一个忽略的眼神、一个不经意的行为、一种习以为常的态度……这些教学中微不足道的小事，都会影响到学生的成长，教师都要谨慎，这也体现着一个教师的实力。很多年轻教师都曾梦想做一番大事业，其实，天下并没有什么大事可做，有的只是小事，一件一件小事累积起来就形成了大事。笔者认为任何大成就或者大灾难都是小成就或者小灾难累积的结果，抓好每件小事，学校就不会出现大事。抓小事，把小事做精致，大事自然做得漂亮了，也就能培育出一批批高素质的人才。正是这些微不足道的小事构成了我们职业生命的细胞，唯有这一个个细胞变得饱满而富有活力，学生才能够获得自我成长的力量。孩子，心之所系，情之所牵，孩子的点滴进步就是我们最大的快乐！

2.处理好小事中的细节问题

中国道家创始人老子有句名言："天下大事必作于细，天下难事必作于易。"只有关注小事中的每一个细节，才能将事情做成功。其实，注重细节自古以来便是名学大儒们所奉行的行为准则。从孔子的"席不正不坐"到"勿以善小而不为，勿以恶小而为之"，荀子在《劝学》中阐述的"不积跬步，无以至千里；不积小流，无以成江海……"讲的都是同一道理：凡事皆是由小至大，小事不做细，大事就会空。最大的正好是最小的积累，最小的正好是最大的元素。生活中的一切原本就是由细节构成的，细节的竞争才是最高和最终的竞争层面。只有把小东西做好了，才能把大东西做好；只有顾小节，才能有大的威仪。一些小事小节，看起来对一个人的人生方向没有大的影响，但是积累多了就成了大事，甚至能改变人生的方向。很多时候，工作中往往就是因处理不好小事中的细节而导致全盘否定，以至于出现"100－1＝0"的现象。

名人之所以成名人，其实没有什么特别的原因，仅仅是比普通人多注重一些细节问题而已。生活中无论做人还是做事，无不体现了细节的重要性。生活中的点点滴滴，看似可有可无的细节都不容错过。然而，教育细节往往稍纵即逝，不是那么轻易就能把握的。失之小节，也许是酿成大错的开始，因为一个人的良好素养往往体现在小节上，正所谓"勿以恶小而为之"。反之，自律、自爱、自尊、自强，时时处处从小做起，也许正是长大后成才的良好开端，正所谓"勿以善小而不为"。

人总是在细微处把握生活的内涵，尽显生命之本真。好学校能捕捉到学校中的一点一滴，在细节中引领师生成长的方向。教育管理之中的"蝴蝶效应"尤其能说明细小的行为变化对全局的影响。正所谓"差之毫厘，失之千里"，而"学校无小事，事事皆教育"。细节虽细，却能彰显人性的光辉；小事虽小，仍能奏出和谐的音符。教育的每一个细节都是影响孩子终身的大事，把握细节是提升教师教学智慧的必经之路。哪怕是一件细小的事情、一个具体的行为，都要"有诸己而后诸人，无诸己而后非诸人"。教育的小善，能够培养真正的大爱。作为教育工作者，应该创设有利的条件，让每一个细微之处都散发出教育智慧的光芒。教师要有敏锐的洞察力，尽量捕捉生命中的每一次感动，做到洞幽烛微，见微知著，了然于胸。

优秀教师和一般教师，其最大的区别就在于细节处理的功夫上。他们能做到离学生最近的教师，从被他人忽视的、认为不重要的小事做起，像农民种庄稼那样，精心呵护，细心浇灌。他们希望通过关注每个孩子的每一天，从认真做好、做精每件小事起，让理想与努力为友、学识与读书相伴，在细微处体现教书育人，在细微处体现教育的思想。就在教师们天天做好、做实许多不起眼的事的过程中，我们的孩子形成了他们的思想，形成了他们的行为习惯，成就了社会的进步与发展，成就了祖国的未来。教师从中感悟到了教育的真谛，享受到了工作带来的快乐。

3.细化好实践中的教育目标

教育之大在于小，如果不去细化大目标，只停留在口头层面，那么学校不会得到真正的发展。精细化管理是学校走快速发展之路的必然要求。从大处着眼，从小处着手，就不但可以做好学校小事，也能够做成学校大事。要想实现教育的远大目标，并不是靠虚浮的口号和一时心血来潮的决心就能达到的，它必须源于一个个小目标。我们不妨把大的目标分解成一个个小的目标，把一件大事分解成一件件具体的小事，这样就会发现：从小处着手，从易处着手，事情也许并不难。实现好一个个小目标不但能使管理者的"理念和理想"得到很好的实践，同时也会使学校的师生在快乐成功中信服学校的理念。

学校教育关注细节，目的是让教育过程更加美好。从细处出发，却不流于小节；以制度作为承载体，却不机械。将原本抽象的高远的目标细化为学生身边能做的事情，成为每一个向上的孩子能达到的要求，只有这样，才能更好地把育人工作落到实处。特别是，学校在推进一项新举措或活动时，一定要关注细节，做成精品。相信再长的路，一步步地走下来也能走完；再短的路，不迈开双脚永远也无法到达。只有每个人都在细致而专注地做每一件事的时候，精细化管理的血液才会真正地渗入学校的机体。

成功的教师在工作中未必刻意关注教育细节，只是他的学养决定了他在每个细小目标上都能体现出对人的尊重并重视人的快乐成长。作为小学教师,我们的职业是崇高的,同时又是很平凡的。很多人喜欢把教育的功能夸大到无限,其实教育并没有那么伟大。如果我们要把它做到伟大,就一定要关注自己日常教育中的每一个细节,不求日进斗金,但求日有所得,即自觉地备好每一堂课,自觉地批改每一次作业,自觉地参加每一项活动,自觉地教好每一个学生……细节,让教育生辉;教育,因细节而快乐。

生活中并没有多少大事,但对每件小事有点要求,就塑造成了一个最好的样子。我们现在做的每一件小事,其实都是在为学生的成长铺上一块又一块的垫脚石,我们所做的这些都是学生明天腾飞所需要的基础。关注每一处细节,就是关爱每一个生命。正所谓"细心、细致、细微、细节,事无巨细;小节、小事、小处、小点,以小见大"。如果学校中有更多的细节被注意、被发现、被关注,教育就一定会显现其快乐的品质,会变得更加美好。

四、培养快乐的思维

在现代社会,思维方式很重要,过去讲知识就是力量,现在要多加上一句话,思维就是金钱。其实,每个人的内心都是一个世界,都有着丰富的声音,这些声音蕴含着他们头脑中固有的思维方式。聪明的人其实就是善于思考的人,他们往往有良好的思维方式。人的一定思维方式形成之后,就会形成一套处理信息和意识的活动模式或者说一套反应机制,变成一种定式和习惯。

思维方式是指思维倾向、思维脉络、思维策略、思维习惯等。一说到思维方式,大家通常想到的是科学思维。科学思维是以客观性为目的的思维,对于这种思维的含义,大家都很清楚。那么能不能问:以满足人的主观需要的快乐思维是什么样的? 它客观上存在吗? 如何实现快乐? 许多人对此没有确切的答案。也正是因为没有唯一的答案,才有了更多的迷茫与追寻。

这就要回到"人生的目的是什么"这样一个基本问题上。人的需要在根本上有两个:一个是生存,一个是自由和快乐。一旦人的生存需要得到满足,人们就会立即渴望自由和快乐。

思维方式决定个人心态。现实生活中,人人都追求快乐,但结果大相径庭。其实,快乐思维在我们的生活中是存在的,拥有这种思维的人往往能够获得更大的幸福感。有了快乐的思维,才会有良好的心态。而一旦心态改变了,人们也就会从工作中获得应有的快乐与满足。笔者认为,快乐思维是指一个人在日常生活中的乐观水平,是指一个人在所经历的消极事件中摆脱出来并从中获取积极成分的思维,也指一个人影响他人变得乐观的思维。快乐思维是一种心理体验,是一种感觉,与贫富、地位、名气及一切外部世界物化的东西都无直接关系,它与心态有关。但快乐思维的能力不可能与生俱来,只能在社会生活中靠学习、思考、实践而逐步形成并不断发展提高。思维方式对于教师来说太重要了,因为拥有快乐思维的教师,自身就是快乐的;拥有快乐思维的教师,才会将快乐传递给学生。我们要想使思维在人的发展中起重要作用,培养快乐的思维才是一种正确的选择。

1.快乐思维与科学思维并存

一个人培养一种思维相对容易,培养两种不同的思维可能会更难些。快乐思维与科学思维并存并能灵活切换,需要培养。

如今的社会是一个学习型社会,科学思维既是陪伴我们一生的重要行为,更是一种生命状态。确立科学的思维、不断坚守科学的思维,是实现快乐人生的源泉和力量。我们必须教会学生思考、观察和理解,从脑力劳动的成果中感觉到快乐。快乐思维是为人的终极目的即自由和快乐服务的,与科学思维相比更加凸显了人的主体性。所以,教师正是要在有力量影响孩子的有限时间里,给孩子插上快乐思维的翅膀。

心理学研究发现,"在学术界,能够获得工作的经常是那些被认为是高度胜任又与人相处愉快的人。不幸的是,要同时展现出两种质量却是非常困难的"。这两种质量背后隐含的是科学与快乐两种思维。

快乐思维的存在并不意味着对科学思维的否定,而两者的并存、两者的适度和谐相处,能让师生获得更加平衡、和谐的发展。如果思维中没有乐趣、没有动力、没有情趣,那该是一件多么痛苦的事情。只有启发学生从多个维度看问题,让学生的思维出现冲突,才能让学生加深对问题的认识。

2.快乐思维与消极思维同在

阳光的人、灿烂的人,跟谁在一起都阳光灿烂;爱抱怨的人、郁闷的人,干什么都抱怨郁闷。这跟环境没关系,跟周围的人没关系,跟事情没关系,却跟思维有关。快乐的思维在每种忧患中都看到一个机会,消极的思维在每个机会中都看到一种忧患。我们的传统思维总是容易看到别人的问题,容易用消极的眼光去看事物,很少用快乐的眼光去看别人、去看身边的事。这样的思维方式既不利于自己的发展,也不利于别人的发展,更不利于整体的发展。越来越多的证据显示:消极的思维使人每天的生活乌云密布,而快乐的思维使人每天的生活充满阳光;消极的思维使人沮丧,而快乐的思维催人奋进。对别人的一个眼神,乐观的人和消极的人可能会产生截然不同的看法。快乐思维强的人一般能够使自己迅速从沮丧中摆脱出来,并从事件中获得一定的积极力量。快乐的人经常做的一件事就是努力培养快乐的思维。

快乐的人之所以快乐,并不是因为他的生活特别美满幸福,而是因为他能以坦然豁达的心态看待自己的挫折和失意;悲哀的人之所以悲哀,并不是因为他的生活十分坎坷不幸,而是因为他习惯于以消极、悲哀、脱离实际、理想化的思维方式看待自己所遭遇的磨难和逆境。如果一切能从快乐出发,用快乐的视角发现和解读各种现象,用快乐的心态面对生活、工作和学习,用快乐的态度塑造积极的人生,人们心里就会充满阳光;反之,就会出现对工作、生活和学习的淡漠、冷漠,甚至倦怠。面对工作中的各种变化和挑战带来的问题,积极、迅速灵活地做出反应,将会在错综复杂的环境中找到解决的方法。所以,在各种工作压力面前,不要一味地抱怨,要及时调整心态,学会适应。人生只有通过不懈的努力奋斗,战胜各种困苦,才能达到自己的目标。在这一奋斗的过程中,快乐将呈现出螺旋式的阶梯上升状态。

快乐思维是生成的,而不是给予的。压抑冷漠的环境不可能使人愉悦,机械被动的学习不可能使人快乐,周而复始的工作不可能令人满足,缺乏生机的校园不可能洋溢着幸福。只有充分发挥师生主体性、参与性、创造性,才会使之获得成长的快乐和愉悦。哈佛大学心理学教授威廉斯建议:"情感似乎指引着行动,但事实上,行动与情感似乎是可以互相指引同时并作的。不快乐时,你可以挺起胸膛,强迫自己快乐起来。快乐并非来自外力于内心的情境,要学会控制自己的情感。"也就是说,心情好坏可以控制。

让所有老师懂得快乐思维其实也很容易:只要有爱,任何因此,我们要学会感恩,表达爱,加固爱。表达对生活、对工作的爱,事和学生的爱,表达对你有任何帮助的朋友的爱,让爱持久,让爱成长,让爱释放所有能量,那么生活中的快乐和意义自然会成为你的快乐。

总之,快乐的思维可以淘洗掉一切污浊的泥沙,筛选出闪光的金粒;可以驱散消极思维的阴霾,迎来快乐的阳光。当你想快乐时,没有人能阻挡住你的快乐。如果你不快乐,你就必须先对你的思维来一次彻底改造,进而才能彻底享受人生的乐趣。

3.学生思维与教师思维共进

当下的中国正在从学历社会向能力社会、素质社会转变。教师要想让孩子在未来社会立足,就不能只看分数,更要关注智力与能力的培养,着力培养

孩子的各种思维。学生的思维是片面的、局限的，但是通过教师的引导，学生的思维可以更加全面。学生需要快乐，需要以快乐的心情去思维，也需要在思维中获得快乐的体验。这就要求教师换位思考，以学生的眼光去观察，以学生的兴趣去爱好，以学生的能力去践行，从而找出更多让学生快乐和愉悦的方法。放眼教育，我们可以看到，真正优秀的教育者无不在学科教学之外关注着学生作为人的发展。由于丰富的人性光辉的照耀和情感的推动，他们的教学具有极大的魅力，从而成为培养学生快乐思维的丰沃土壤，也成为帮助他人理解快乐思维教学的最直接的导师。他们改变课堂的行为方式，把学习的过程还给学生，把学习的主动权还给学生，享受思维的乐趣，体验成功的喜悦；他们改变学生的管理方式，行为上严格些，思维上宽松些，允许孩子和教师有不同的观点。这种教育行为既有教师的满腔热情和全身心投入，同时又有师生间的温情对话。

要培养学生的快乐思维，教师首先要有快乐的思维。一个快乐的教师常会有意识地使自己保持心情愉悦，一个快乐的教师常会把工作当成使命。他们对工作充满热情，在工作中达成自我实现，工作对他们来说就是一种恩典。如果人们能从"我可以做什么"转变为"我想做什么""什么能给我带来快乐和意义"，那么我们离快乐也就更近一步了。

教育要给学生的是愉悦、兴奋和快乐，而怎么样让他们高兴和快乐，实际上需要教师进行设计。学生是鲜活的生命个体，快乐应该成为他们生活中不可或缺的元素，站在教师的立场上，更应该时刻想到"爱学生，就要帮助他们远离消极和忧愁，让他们快乐起来"。为此，教师要根据学生的发展需要，把他们原来没有注意到或者并不感兴趣的东西进行转换。具体而言，教师要把学生不喜欢的东西转换成其喜欢的东西，把其好奇的东西转换成其持续喜欢的东西，把其喜欢的东西转化成其以后孜孜不倦地追求和探索的东西。这就需要教师对他们的思维进行引导，因为教师要做学生思维的保护神和激发者。

快乐既是教育的最终目的，也要贯穿于整个教育过程。我们必须追求快乐过程与快乐结果的完美统一，这是艰苦、漫长的过程，并要用"以苦为乐，乐在其中"的心境去体会快乐。教育的过程、学习的过程应该成为一个快乐的过程、一次快乐的"旅行"。笔者认为，在知识、机遇、能力等均等的前提下，快乐思维成了成功的决定因素。随着教育的发展，为了师生快乐成长的教育制度设计会不断创生。在教育过程中，"发现快乐—分享快乐—创造快乐—播撒快乐"的快乐思维循环链将提升教师的职业幸福感。只有我们认识到了快乐的重要性,才会自觉地在工作、生活中进行快乐思维的培养。

五、把教育办出快乐的味道

一天晚上,上小学的表弟和笔者诉苦:"下个星期,学校又要搞'六一'庆祝活动了,每次'六一'活动都没意思。"听到他这样说,笔者很惊讶,因为在笔者的印象中,小学生都很喜欢学校"六一"节日的庆祝活动,表弟怎么会不喜欢呢?表弟对我说:"每次活动,学校的项目总是那几样,校长讲话、队员致辞和没完没了的节目表演。表演节目的累,看节目的也累。老师也不让我们随便走动,又要被太阳晒半天,还不如上课呢⋯⋯"

话语虽然稚嫩,但却投射出当前学校教育的弊病。就以"六一"为例,台上表演着精心排练的节目,孩子因"六一"成了表演机器;台下的学生却不那么领情,起初几个节目,还配合着鼓鼓掌,后面大部分时间里,他们要么目光呆滞,要么左顾右盼,要么借机跑进跑出⋯⋯成人组织活动已让更多的小能人无法接受。由于年龄特点和爱游戏的天性,小学生最爱参与各种活动。然而,为何让不少学生对学校教育活动产生反感?在一定意义上,这和学校为教育创设的立意有关。

校园活动是为学生精心准备的,是展示学生风采、与学生共度快乐体验的有效载体。教育立意是学校开展教育活动的出发点,创设好的立意不仅可以搭建平台,凝练主题,形成共识,而且可以使学校教育实现育人兴校、凝聚力量的目标。让孩子自己玩转"六一",让他们自主寻找轻松快乐,才是他们最渴望也是最具魅力的"六一"。笔者认为,好的教育立意应该具有如下几方面特征。

1.符合教育定位

让学生在教育中拥有健康的心情和快乐的时光才是最好的教育定位。每一次教育活动,我们都要考虑学生的兴奋点,不同的活动需要通过多种形式开展不同类型的项目。然而,有的学校不论什么样的活动,都采取相似的项目来展开,难免造成部分学生对活动的兴趣降低。例如,对于端午节,有的学校并不认可端午节的教育意义,以至于部分老师只是告诉学生"吃粽子""怀念屈原"。而有的学校开展了以生命教育、感恩教育、爱国教育等为主题的教育活动,良好的创意不仅提升了学生对端午节的认知,而且进一步深化了端午节在校园文化建设中的教育意境与文化内涵。无论开展什么教育活动,学校都应该把学生放在首位,看学生是不是都参与了,看活动是不是成为学生的关注点了。学校应组织各种学生喜闻乐见、符合学生理解能力和身心特点的教育活动。也就是说,教育活动要能满足师生的生活和学习需求,要能体现师生的精神面貌,要能体现素质教育的成果。

2.关注学生心理

让学生参加属于自己的活动,无疑是很多学校开展教育活动的基本要义。学校活动安排应符合学生的年龄、心理特点,由低到高、由浅入深、由易到难,做到点面结合、层层递进、螺旋上升。儿童是独立而完整的生命体,不仅平日里需要平等的沟通,需要有倾诉的对象,在各种活动的日子里,学校更应该同步提供给孩子一个自由、平等、尊重的成长环境,让他们及时表达自己的意愿。然而,有的学生却是"被"学校的教育"动"起来,内心中的厌倦与抗拒往往使教育本身事倍功半。孩子的天性是玩,我们要抓住教育的核心要义,精心筛选出那些有趣味性、教育性,又有益于学生身心健康的活动。学校应把该做的事变成好玩的事,用活动吸引学生,让孩子喜欢。而很多学校热衷于教育的影响力与群体效应,似乎越热闹越好,在扩大排场的同时并没有关注到学生的心理成长。这个年龄的学生特别喜欢改变,学校就应不断创新各种活动。学校在组织活动时要坚持让更多学生参与,尽可能让学生自己做主角,放手让学生自己策划、组织。有时学校可让学生说说想怎样过节日,可向学生征集主题活动的点子。许多学生也表示,他们不想被动参与,想开心地玩一玩。如果大多数的孩子都作为看客,那么这个活动对他们就没有多大意义。活动好坏对学生来说是次要的,只要能站出来展示、表演,本身就是一种成功。千万不要一厢情愿地将活动变成少数尖子学生施展才华的舞台,而让更多学生成为观众。

3.具有时代特色

校园活动是文化教育的载体,然而,不能因其具有的"传统"特色而忽略了其当下的文化教育价值。在选择教育活动时,应考虑教育的内容是否具有积极的现实意义,这种价值理应借助新时期的文化符号和时尚元素体现出来。学生是富有创造力的个体,也是这个时代文化的表现者。有些教育活动与学生生活联系不大或不易被学生理解,如愚人节、情人节等活动则不宜在校园开展。打造具有时代特色、符合学生心理的活动,不仅会赋予传统节日活动以时代内涵,而且更能贴近学生生活实际与自身情境,使学生乐于参加活动。

4.突出教育本性

校园中的教育活动是实现学生个性化发展的重要平台,也是使学生全面发展、健康成长的基本过程。校园活动不仅有助于学生形成良好的道德品质和积极向上的价值取向,而且有助于培养学生团结互助的集体观念和关爱他人的社会责任感。学校要为学生创造活动的环境,组织学生积极活动,使学生在活动中懂得自己的责任,培养起责任感;在活动中学会与同伴沟通与合作,养成各种社会品质。当前,很多学校由于资金、场所等因素,乐于借助市场化运作的方式来开展校园活动,然而在节约成本的同时也容易使活动本身成为广告、商标、企业的"代言人",商业行为无形中冲淡了活动本身的意义,也在一定意义上遮蔽了节日活动的教育本性。一旦用孩子的活动来满足我们成年人的某种需求的时候,我们的教育本性一定出了问题。因此,校园活动更应注重对学生观念与行为的教育价值。多让学生感受,多让学生体验,在心中留下善与美的情感,是学校给予学生最宝贵的财富,也是校园活动最为珍贵的精魂。

　　小学是"打底色"的教育,欢乐而丰富的校园生活,是学生人格完善的基石,也是他们一生幸福的源泉,在每一个深思熟虑的决定背后,都是对教育活动价值的厘清。学校的每一项教育活动,都要牵动每一个学生的心,给他留下终生难忘的印象。让学生轻松和快乐是各项活动的最高原则,让学生自己玩转活动,而不是让学生被这样的"正当理由"、那样的"美丽初衷"玩得晕头转向,他们才会在各项活动到来时重拾纯真,一展笑颜。"快乐活动"强调从心开始,为学生创设一种快乐活动的环境,从而学生乐于参与活动,再通过教师的启迪和引导,让学生在快乐体验的过程中,对道德加以理解,并加以内化,提升道德修养。学生在这一系列难忘的活动中,不仅享受着童年之乐、学习之乐、成长之乐,更在不经意的成长过程中奠定下他们价值人生的重要基石。

第二节　快乐成长

一、为什么学生需要快乐

　　如果有人问我学生最需要培养什么品质,我会毫不犹豫地说是快乐。因为没有快乐,就没有成长的动力。或许可以说,学生是否快乐是教育成败的根本标志。

　　说到快乐,每个人都有自己的标准与感受。这是一种"如人饮水,冷暖自知"的东西,只有自己知道,很难用语言描述。学生需要快乐吗?成人一般会认为现在的学生在物质方面应有尽有,他们已经是快乐的,还要什么快乐。事实是不是这样的呢?

一项问卷调查发现:82％的学生不快乐,53％的学生认为教师教学方法落伍,很少觉得课堂是愉悦的,58％的学生厌学,90％的学生不爱和老师沟通,而会通过网络跟朋友交流,100％的学生希望得到老师的关爱。这一调查数据说明,今天的孩子非常需要快乐,渴望被关爱、被理解。

记得有一位老师在上《我的快乐童年》这一课时,充满激情地说道:"同学们,现在你们都生活在幸福家庭中,在家里都被当成宝贝,每个人都有爸爸、妈妈、爷爷、奶奶爱着你们;在物质上,你们要什么有什么;在学习上,你们都拥有了最好的学习方法和学习工具;假期还可以旅游……那么,在这样的生活状态里,你们一定很快乐吧!"

话音未落,孩子们齐声回答:"老师——我们不——快——乐!"这个回答太让人意外了,老师不由问道:"那你们需要什么样的快乐?"

这一问全班一下子热闹了,小手"唰"地都举起来,其中一位学习成绩较好的女生站起来说:"老师,我的快乐是双休日的早晨可以躺在床上睡懒觉。"另一个男孩等不及了,抢着喊:"我的快乐是放暑假,到沙滩上去玩耍。"还有一个学生喊道:"我的快乐是上课时不要被老师批评。"其他同学需要的快乐五花八门:买一堆零食坐在房间里吃,爸爸妈妈不要老是唠叨,学校老师少留点家庭作业……看来,孩子们太想要快乐了。他们是在真真切切地渴望着快乐,说的全是真心话。看来,"现在的孩子从小泡在爱的蜜罐里长大,要什么有什么,还能不快乐吗"这是成人们一厢情愿的想法。

童年应该是快乐的,而小学时期应当是人生最快乐的时段。但是现实并非如此,现实中的童年并不快乐,有时甚至是痛苦的。那么,现在的孩子都在干什么呢?在家长制和考试制的束缚下,现在的孩子一到周末,作业一大堆,兴趣班要上,还要写两篇作文,哪有玩耍的时间?说得再严重点,他们会"玩"吗?现在的孩子,一举一动都在大人"监护"之下,孩子天生所喜欢的,恰恰是大人所不允许的,或者是无法容忍的。现在的孩子活动空间过于狭窄,很少有机会自由地玩耍,非常需要在广阔的天地间找到更多的快乐。我们的孩子很寂寞,很多烦恼不知和谁说。换位思考一下,如果换作我们成年人,总是让你在除了学习就是学习的环境下生活,你能快乐吗?总是让你做不喜欢的事,你能不痛苦吗?斯宾塞谈道:痛苦的功课使人感到知识讨厌,而愉快的功课会使知识吸引人。那些在监护和惩罚下得到知识的学生,日后很可能不继续钻研;而那些以愉快的发现获得知识的学生,那种快意和成功的体验将促使他们终身进行自我教育。孩子最需要的不是物质上的需求,而是精神上的。只有精神上的满足感，才能让孩子养成快乐向上的性格。这就是学习的真谛，也是教育的真谛。

著名儿童教育家卢勤说："快乐是一种体验，体验是任何人代替不了的。让孩子从小体验快乐，成为一个乐观主义者，比成功更重要。"但是，在我国应试教育的大背景下，中小学生过得并不快乐。那么，教育，尤其是小学教育应如何积极地回应儿童诉求快乐的心声？笔者认为，教育最需要的是那些看不见的东西。我们能看见孩子的分数，可是我们看不见孩子的好奇心和兴趣；我们能看见一摞摞的作业，可是我们看不见孩子主动进取的乐观心态。这些看不见的东西比我们所看见的分数、教材、名校招牌都重要得多。当一个孩子拥有这些的时候，他的内心自然召唤他表现出积极的行为，甚至让教师吃惊。可是如果孩子失去了这些，教师即使竭尽全力、想方设法，最后的结果依然是失败的。虽然学生追求知识、提高能力没有不辛苦的，但辛苦不等于不快乐，更不等于不需要快乐。

每一个儿童都是一个潜在的快乐天使，遵循成长的规律，让每一个孩子在快乐中度过金色的童年，是孩子成长的需要。一个从小沐浴在快乐、乐观情绪中的孩子，他的精神境界一定是昂扬的，他更容易获得自信；一个对他所学的学科产生兴趣的孩子，他就会积极、主动、快乐地去学习，而不会感到是一种沉重的负担。学生的成长是需要快乐的，而不是痛苦或枯燥的。"苦学"和"乐学"都是学习，但效果却大不一样。如果一味苦学，学生的思维就不会畅达，心情不会愉快，学习效果也不可能高。乐学则乐此不疲，效果会大大提升，甚至有可能出现灵感不断闪现的奇观。只有快乐的学生，才能拥有提高生命质量的高素质，从而造就高品位人才，促进个人与他人、与社会、与自然的和谐发展。孩子最初的快乐的风格在儿童时期逐步形成，不仅从现实世界中得到，也从聆听老师的教育中得到。如何帮助孩子快乐成长，在教育教学中显得尤为重要。

人之所以成为人，最大的特点是生来就爱在探索中愉悦学习，如果教育方法得当，没有孩子会觉得学习是不快乐的。但是，为什么孩子觉得学习是一件痛苦的事？孩子天生最喜欢唱歌，却不爱上音乐课；最喜欢画画，却不爱上美术课。甚至提到上语文、数学课，有时会反胃，这是为什么？因为我们的传统教育就像是在赶牛，老师拿着鞭子跟在后面，你不走我就抽，搞得牛特别讨厌这条路；而快乐教育是扔掉鞭子，走在牛的前面，手里还拿着一把好吃的草，牛就高兴了，乐意跟你走，走哪条路呢？老路。孩子的快乐其实就像能够调出所有颜色的三原色,但是成人社会只给了他们一种或者两种,他们调不出快乐的颜色,他们需要他们的快乐。在快乐中成长,孩子就必须生长在属于自己的天地之间,这样他必然拥有蓬勃旺盛的生命力。只有当孩子乐观自信时,一切才会充满希望。人的生命只有一次,如果没有了快乐,整个人的成长只有痛苦、哭泣,那这个人的成长是失败的。

用今天流行的语言来说,快乐就是一个人不论碰到正能量还是负能量,他表现出来的永远是正能量。快乐来自自主自觉,来自合乎人的本性。具体地说,成长进步、爱与被爱、善良和善行、愉快的体验等都能给学生带来快乐。一个学生如果感受不到快乐,不但失去了生活的价值,也很难获得成长;即使成长了,那也只是别人眼里的成长而不是他内心的成长。成长,它需要快乐来作陪。因为快乐是一种享受,能给予孩子健康愉悦的成长。孩子一生中就只有一个童年,我们应该让他们在快乐中享受他们的童年。学习固然重要,但适当让孩子多元学习,培养积极的学习心态,让他们在快乐中学习则更重要。相信快乐来了,成绩也就上来了,然后会更加快乐。

真的,对于学生的教育,我们应该少些精英教育,多些平常心教育。像联合国《童年宪章》所倡导的那样,让孩子享受应有的快乐,得到充分的尊重,拥有选择的权利,让他们成为一个身体、心灵、智慧都能健康快乐成长的人,这才是他们最需要的。

二、教育,从学生喜欢学校开始

教育是什么?最简单的问题,往往最不好回答。我们每天都在做教育,但是如果不借助字典、词典等工具书,我们能结合自己的日常教育生活,做出独到的阐述吗?我一直很赞赏这样一句话:教育所做的一切,都是为了人的健康快乐成长。如今,我们学校教育所做的一切,都在"健康快乐"上了吗?

校园里,经常看到这样的场面:当学校宣布放假的时候,当教师宣布不留家庭作业的时候,学生们顿时欢呼雀跃,欣喜若狂,那情境似乎是得到了一次解放,摆脱了一种束缚。很多学生上学的心理就像上医院一样,虽然医生强调他所开的药方对这些孩子具有特殊功效,但这些孩子所想到的却是药味苦涩,效果不佳,说不定还对身体有害。说实话,淘气是孩子的特性,不是孩子的错。面对五光十色的社会和诱惑遍地的时代,学校变得越来越无可奈何,它无法与游戏竞争,无法与武侠小说竞争,无法与《熊出没》竞争,甚至不是一个网络游戏的对手。从古至今,被人们捧到天上的学校竟也危机重重。如果一个孩子不喜欢学校,那他肯定不会喜欢学习,实际上他已经从心灵上拒绝了学校教育。

迪士尼是孩子们最喜欢的地方之一,因为建设者所遵循的一个理念就是建成的迪士尼要让孩子们一进来就笑。我们的学校能不能让孩子们一进来就喜欢呢?当然,这种喜欢不是在游乐园的那种喜欢,这种喜欢应该是对未来的一种向往,对知识的一种探求,对学校生活的一种渴望。学生是为快乐而来的,所以我们首先一定要让孩子喜欢来学校。

"现在教育追求的是立竿见影的效果,譬如,这次考试比上次考试提高了多少分。而对于见效慢的事情,就不愿意去做,即便这样的事情对学生的未来有多么重要。"笔者认为,目前学校教育强加在学生身上无谓的负担过多,学生承受的压力过大。它使得原本充满智慧与快乐的校园生活变成了沉重的负担,使校园成为许多学生倍感压力和失落的地方,而不是成长的摇篮、精神的家园。今天的学生已与过去大为不同,他们不喜欢空洞的说教,对不合情理的校纪校规强烈反感。学生喜不喜欢学校,不是一个简单的满意度的问题,它从一个角度折射了教育的有效性。

学校不但是学生学习的地方,也应当成为学生终身铭记的美好之地。学校是为学生而存在的,学校的使命是帮助每一位学生获得发展。学生永远是学校成长的最关键指标,学生不喜欢学校,就意味着教育从一开始就失败了。办学校最终都要为孩子的未来着想,如果孩子不喜欢,每天带着情绪到学校来,他怎么能接受学校的教育呢?如果孩子今天不爱学校,不爱老师,那明天他们怎么会去爱集体、爱社会、爱国家?他们心中爱的种子如何播种,他们的感恩心、责任心如何培育?因此我们的教育要让孩子能接受、能理解,要符合教育和学生成长的客观规律。对一所学校而言,老师应该是快乐的符号,学校应该是快乐的田园,教育应该是快乐的等待和唤醒。

学生厌倦学习,大多苦于繁重、枯燥、机械的作业任务,这些日益成为他们不堪承受的负担。这种现象不能只单单归罪于学生,换位试想当学生不能从作业中得到一点快乐与愉悦时,当学生把作业当成任务不愿完成又不得不完成时,他们会喜欢学习吗?某学期,一份关于学生家庭作业的问卷调查引起了笔者的注意。那次对4至6年级学生"是否喜欢家庭作业"的问卷调查,一问起作业,就没有多少学生会心情舒畅,其中75%以上的学生明确回答"不喜欢"。深入学生中间去,笔者听到了更多来自他们内心的真实声音:每天像机器人一样一成不变地写作业,实在厌烦无聊,希望放学后可以有自己喜欢做的事,可以做属于自己的作业。一个学生曾在日记里写道:"老师、父母逼我们学习,就像一个个凶犯,作业就是他们的凶器。"作业都成了"凶器",又怎会让学生喜欢学校呢?

随后,学校对"如何让作业不再成为'凶器'"进行对话。很快发现实际教学中,教师布置作业往往不够合理,有些作业不仅不能起到相应作用,反而让学生疲于应付,低效运转,成了学生的负担。于是,一项关于减轻学生作业负担的校本作业实施方案在霞阳小学正式出台:一是给学生布置"弹性家庭作业",突出学生的主体地位,给学生设置一定量的不同层次、不同要求的作业,可以允许有多样化的作业完成形式;二是给学生布置以思维培养为核心的作业,优秀学生可以选择一周不做老师布置的作业,或者不做老师布置的作业中不喜欢的部分;三是在一周中学生最疲劳的一天——星期三为"无家庭作业日",各科教师都不能给学生布置任何书面家庭作业。学校还确立了"优化设计,让作业布置轻负高效""科学诊断,让作业资源不再浪费""恰当评价,让学习良性循环"的三大原则,通过改革切实减轻学生过重的负担,还学生快乐的空间和时间。

学校在学科作业上做"减法",却在实践类作业上做起了"加法";不是让学生闲着没事干做"减法",而是让学生在做自己喜欢做的事上做"加法"。学校开展"不要给学生背不动的书包,要给学生带得走的能力"活动,为学生设计一些实践性、创新性和研究性作业,如家务劳动、课外阅读、游戏活动、体育运动、社区活动、亲子交流、课题研究等,学生们由此走进生活、走进社会。此外,布置作业也可以不拘一格,可以有口头、书面、绘画、制作、观察、调查,有当天的、一周的、短期的、长期的,还有学生个人的、小组合作的、家长参与的等。这些作业活起来了,动起来了,效果就更好地体现出来了,也激活了快乐作业这一泓活水。

每一位教师都希望自己成为名师,希望将教室变成温情的绿洲和创造的沃土,给孩子们少一些负担,多一些个性的发展。在这些体验性的教室里面,有学生不断提高的能力,有他们身上发生的那些微妙变化,更有一个快乐的童年。笔者认为,教师最大的成功就是孩子对你的喜欢。孩子喜欢你了,喜欢跟你讲悄悄话了,你的教育就成功一大半了。只有这样,我们才会帮助更多的孩子树立学习的信心,享受学习的快乐,真正喜欢上学校。

每一位校长都希望自己的学校成为名校,但笔者更希望自己的学校能够成为一所真正被孩子们所喜欢的学校。在校园的日常生活中,校长对学生的一次善意微笑、一个慈爱眼神、一句温暖话语,都会让彼此的心中多一抹阳光,多一份开心,更重要的是,在学生心中,会增添一份对学校的好感、对校园的眷恋。从一个校长的角度看,把学校打造成孩子们向往的乐土,就应该心中始终装着学生,倾听学生声音,悦纳来到你面前的每个孩子,尊重每个孩子的个性,这不但是一个校长的本职,也是快乐校园的核心内涵。我们要千方百计地让学生在校园生活中体验到快乐,听到自己快乐成长的拔节声,从而发自内心地"向往"学校;让每一个孩子能看得见分数,想得起老师,忆得起母校。学生在校时,留下的是热爱;离开时,留下的是回忆。

关注每一个孩子的内心世界,进而通过课程的浸润使其内心世界丰富而有追求,这是一所学校能成为优质学校、让孩子喜欢的核心。学校要让学生感受到校园有趣、令人激动的一面,同时要让他们觉得校园是透明的,他们可以自由表达自己的情感。哪里有欢声笑语,哪里就有可爱的孩子们。只要我们始终把学生的发展放在心上,始终把学生当成自己的孩子,把家长望子成龙、盼女成凤的心愿作为自己的心愿,那么,何愁学生不喜欢我们呢?何愁学生不喜欢学校呢?学生喜欢的学校里,一定有为学生所喜欢的教师,一定有为学生所喜欢的课程,一定有为学生所喜欢的活动;学生喜欢的学校里,一定是让学生学而有助、学而有伴、学而有得的地方;学生喜欢的学校应该是每个学生每天都盼望去的地方,应该是每天放学以后学生不愿意回家的理由。在这里,老师和学生都没有包袱,愉快地学习,快乐地游玩;在这里,每个人都有自己的追求,每个人都有享受生活的权利;在这里,学生是这里的真正主人,所有的想法、不同的爱好,都可以说出来,都可以得到学校的尊重;在这里,校园变得美丽洁净、温馨宜人、朝气蓬勃,到处充满歌声、琅琅读书声,时时能看到师生灿烂的笑脸、跃动的身影。

笔者认为,一所好学校应该营造自由、快乐的氛围,放飞孩子的理想,让孩子在快乐中成长。孩子的欢乐就是学校的欢乐,孩子的校园记忆就是对教育的评价。多年后,当我们的学生离开学校,如果他们心中一直珍藏着在学校读书时留下的美好和眷念,那么他们的心中就始终会有一抹阳光温暖着他们。

让每一个孩子都喜欢自己的学校,其实不是一件容易的事情,但如果我们坚持改变,就会有进展,有了进展就一定能办好学校。当我们的学校成为学生喜欢的地方时,学生就与他所在的学校环境之间发生着良性的交往与交流,实现着蒙台梭利所说的"精神胚胎"的发育,完成着自我的人格塑造与完善。办一所学生喜欢的学校是教育的最高境界,也是每一个教育人的不懈追求。

三、不应总让学生"标准化"

世界上没有完全相同的两片树叶，也没有完全相同的两个人。教育是一种非常个性化的东西，由于天赋、兴趣、性格特点、文化背景等因素，每个学生都存在差异，每个孩子都有自己的天赋秉性与生命尊严，这就需要教育者提供尽量符合每个学生个性的特长教育。

从古到今没有哪一个时期像今天这样，在同一个教室里的孩子，家庭贫富差异如此之大，社会阶层如此丰富，生活背景如此复杂。教育该做的，是呵护、帮助这种个体生长，设置个性化的教育方案，提供尽量符合每个孩子个性的成长舞台，为每个学生提供发挥特长、展示自我的舞台，而不是把他们改造成"标准件"。

到某校参加教研活动，笔者惊奇地发现他们的孩子上学很有秩序，一个个排着队进校门、进教室，没有我们平时见惯了的追逐与散乱。当然那天有好多外校老师到校，孩子们变"乖"一点也合常理。可当笔者进学校时，在地面上发现了三条黄色的直线，分别直通教学楼。原来是值勤老师和文明礼仪队的同学在督导不同年级的同学按照不同黄线走，于是出现了学生们到了黄线就兵分三路，向教室走去。特别是放学时，学生按照这样的指定路线走，就不会出现拥堵在校门口的状况。

当时笔者还有些激动：该校管理工作真好，看来好的管理手段也可以如此简单。但是经过后来的观察，笔者发现了一个值得思考的问题：这些孩子不会走路了！不是原先两脚走路的姿势，而成了别的走法，似乎那三条黄线有了吸引力，孩子们一看到那三条直线就不由自主地向上靠，不是排路队，就是倒垃圾，课间活动亦如此。这就使笔者更加奇怪了：规则意识是增强了，但是个体意识却随之减弱了。将孩子培养得不会走路的经验会是好经验吗？看来，我们的一厢情愿与每个儿童快乐成长的特点并不总是吻合和对接的。

那为什么在校园里画直线笔者就要反对呢？因为教育的目的在于把人引向一条活路，而不是引向一条死路；是让人获得越来越多的自由，而不是钻进无形的绳套。学校的教育目标决定了我们不能这样机械地进行管理。很多时候，我们成年人的经验固然可贵，但也可能使我们的思维停滞不前。统一管理、批量生产、标准检验的模式管理，必然造成"千人一面"的局面。学校是塑造人的，这是一个不需要证明的命题，但是塑造什么样的人则是一个问题。隐藏在这样的管理手段背后的育人观必然是整齐划一的，是有极为客观标准的，这可以从结果上去理解——每个孩子都要走上这三条线。我们的教育恰恰不能这样，饱受诟病的应试教育就是没有将学生置于个体发展、个体自觉的地位上，而将知识的客观标准赤裸裸地摆在学生的面前，普遍存在"同质化"倾向——同样的课程、同样的教法、同样的评价标准、同样的培养目标。对于同一件事情，不同的人有不同的解决办法，正所谓"条条大路通罗马"。学生就是学习"生"的东西，而不是天天去解有唯一答案的题目。当单数的"我"不断变成复数形式的"我们"，学校教育很可能使作为独特个体的人淹没在"社会化"的汪洋大海之中。如果所有的孩子都只会沿着黄线走，那不更是学校教育的悲哀吗？

网上流传着这样一则冷笑话，联合国教育、科学及文化组织给来自世界各地的小朋友出了一道考题：请你对其他国家的粮食短缺问题谈谈自己的看法。结果，在看完题目之后，非洲的小朋友不知道什么叫"粮食"，欧洲的小朋友不知道什么叫"短缺"，拉丁美洲的小朋友不知道什么叫"请"，美国的小朋友不知道什么叫"其他国家"，而中国的小朋友不知道什么叫"自己的看法"。笔者思考更多的是：为什么我们的学生不知道什么叫"自己的看法"，而又总能找到"结果"或"答案"？当一个教师直接告诉学生"标准答案"的时候，或者要求学生"不知道不要乱说"的时候，是基于怎样的教学观和学生观？有没有考虑到学生个体的内心感受。我们过分夸大了教育的力量，把教育当成挥舞在自己手上的感化与惩治的大棒，一厢情愿地把相同的教育强加到不一样的孩子身上，在"都是为了孩子好"的外衣下，我们已经不太在意孩子们的真实感受和千差万别的需求。事实上，教育规律与教育方法很难加给截然不同的接受主体。

教育的主旨是培养学生独立思考的能力，它有两个关键词——独立思考和创新精神。在美国，练习题同样也很多，但却没有标准答案。很多问题都是引导学生从不同角度去感知品悟学习材料，形成自己独特的认识。反观我国的习题，很多问题背后都有一个标准答案。很多教师也非常迷信标准答案，容不得写出学生所认为的合理答案。反观我们的课堂教学过程，就是老师带着学生寻找标准答案的过程，课堂的结束就是学生最终对上老师的答案。日前，一位家长看到儿子的小学语文试卷后对老师判错的很多题表示不解，并且一怒之下上网发帖质问：为什么语文会有那么多的"标准"，就连题目要求"写你最喜欢的一句话"都是固定答案？而所谓标准答案其实未必是正确的，人类科学前行的历史已经证明，有些问题有唯一的答案，有些问题并不只有一个答案；一些问题的答案今天看来是正确的，若干年之后也许就是错误的；一些问题的答案今天看可能是错误的，一段时间之后也许就是正确的。教育的艺术性常常是面向个体的，直指每一个具有不同个性的孩子，这样整齐划一的教育实在是没有艺术性可言。

长期以来，我们的传统教育一直是"不见树木，只见森林"。我们希望把所有的孩子都教育成一样的"好学生"，让所有的孩子都走在同一条通往所谓的成功的大道上。大多数学生生活中的"快乐"在于单调地沿着成人世界画好的路线拼命地奔跑，否则未来只有失败。但实际上，"通向罗马的路确有千万条"，我们没有权利选择每个不同的孩子，没有权利通过竞争淘汰任何一个孩子。风有风的自由，云有云的温柔，没必要求同；山有山的雄伟，水有水的柔情，山与水在一起，保持着各自的特性，却不妨碍它们构成一幅美丽的画卷。教育的宗旨不是也不应该弥补这种差异性，而应尽最大努力激发个体擅长的智能。于是，发现每棵树的生存需求和生存价值，就成为我们的新挑战；经由多样化的选择让每个个体得到最适合的发展，就成为教育的终极取向。我们要做的，就是在众多的不同中，寻找促进学生发展的基本规律和准则，珍视学生的独特性和差异性，这样才能促进学生快乐成长。

我们一直在讲要培养学生的创新精神和实践能力，但是学生连走路的选择都没有了，你还指望他有独立的思考吗？还能指望有创造的力量吗？还能指望有自由的精神吗？戴着镣铐的舞蹈会扭曲人的灵魂。学生是一个个鲜活的、不同的生命个体，适合孩子的教育就应该是多样化的、可选择的教育。我们每个人无时不在解"困"、无处不在学"生"。每个人都有自己的"道"，每一个孩子都有自己独特的成长模式。孩子的想象力不该被"标准答案"绑架，"标准"的解释权也不该被垄断。所以，我们的教育还应在"去标准化"方面多下功夫，大力改革，不断地因人、因时、因事改进教学行为，以培养出更多创新型人才。让每个人找到属于自己的天空，找到自己的信心源泉，找到自己的幸福指数，并由此衍生出良好的素质、先进的文化，这种教育才是真正快乐的教育。笔者相信：未来属于有不同特质的孩子，个性教育的时代终将到来。

四、打好快乐成长的底色

小学阶段作为人生重要的启蒙时期，犹如大树之根，赢得了这一阶段的快乐成长，方可赢得未来与希望。追求快乐，是人类的共同天性，也是人类一切社会活动的根本目的。教育，是教会每个个体追求快乐的事业。学校教育不可能伴随孩子一生，却会影响孩子人生的整个过程。小学的教育应当为孩子的学习创造愉悦、幸福的环境，注入快乐、梦想的元素，使孩子们保持率真、自然的天性，不断提高孩子们对校园生活的快乐感。学校的任务就是让每一位学生快乐成长，让学生的内心充满愉悦的体验，让学生的生命充满智慧的人性。学校教育的终极目标是使儿童在快乐和幸福中学有所成，为孩子将来能快乐地工作和生活打上生命的底色。

1.教育，需要倾听孩子的心声

人的内心是一个极其复杂多变的世界。现在的孩子有个性，有思想，视野开阔，如果不用心去研究他们，就不能走进他们的内心。然而，在基础教育阶段，现在声音比较大的是家长和教师，而没有孩子的声音。试着问问自己：我们是否也给了学生把话说完的机会呢？而真正爱孩子，就要倾听孩子的声音。倾听很重要，倾听是师生理解沟通和交流的基础，是和谐校园的核心内容，倾听能往学生的心灵注入阳光。所倡欲知山中事，须问打柴人。教育的过程是教育者与受教育者相互倾听与应答的过程。一个善于倾听的教师，必然善于从学生的角度去思考和感受，多进行一些换位思考。优秀的教师，总能俯下身子，停下步子，以平视的眼光看待孩子，以平等的姿态教育孩子，走进他们的内心世界，倾听他们的心里想法，发现他们内心五彩斑斓的世界。这样，孩子的悲欢就能在教师的心中流淌，孩子的喜怒就能在教师的脸上呈现。倾听带来的最直接的效果，就是教育和被教育者的距离拉近了，我们的教育真正落到实处了。倾听让学生享受成功和被认可的喜悦与尊严感。一起倾听孩子成长拔节的声音吧，那是世界上最好的天籁，是最动听的春天交响曲。这样的倾听，才是快乐的教育，才是成功的教育。

2.教育，需要珍视孩子的童心

教育最美，美在童心。孩子的童年只有一次，儿童时期的存在是其整个人生一个不可缺少、不能逾越的阶段，是人生最美好的时期。童年的生命不可重复，孩子们既要创造快乐的未来，也要拥有快乐的当下。儿童不是为成年准备的，儿童时期具有自己独有的意义。童年作为一个人生命之河的上游，它的清澈，它的水土资源的保持，它的生物植被的保护，都和人生的下游息息相关。只有儿童阶段发展得充分和完满，孩子以后的发展才会有良好的起点和坚实的基础。所有人的所有人生阶段都是重要的，没有一个阶段是为了另外一个阶段做准备的。事实是，学习和玩耍都是儿童健康成长的正餐，而不是可有可无的小菜。玩耍、发呆、吃一些零食正是童年真正的快乐所在。教育本该是呵护童心的教育，儿童需要玩耍就像需要母爱一样。剥夺玩耍，不仅是在剥夺童年的快乐,更是在剥夺儿童有效的学习方式。孩子之所以成为孩子,是因为他们处在成长的过程中,他们所体验的生活是充满可能性的生活。欢乐而丰富的童年生活是孩子人格完善的基石,也是他们一生幸福的源泉。一个心里永驻儿童的人,会更爱儿童,更理解儿童,更能发现儿童。耐心等待孩子"破茧成蝶"的那一天,还儿童一个不急于长大的童年,不让教育打乱他们生命发展的次序。如果背离了教育这一最根本的规律,那么再好的平台也无益于最后的成就。教育对儿童的未来负责,必须从童年的快乐开始,让孩子在学校的每一天都成为他们生命中阳光灿烂的日子,成为他们一生的幸福记忆,这样小学教育才会焕发活力,才会更生动、更有价值。快乐教育需要教师读懂儿童,需要教师自身修炼童心、童真、童趣。做小学老师最需要有一颗不老的童心,好让自己能跟儿童产生情感共鸣,与他们建立一条心灵的通道,懂得他们的需要,跟他们进行有效沟通,与他们心心相印、息息相通。

3.教育,需要关注孩子的需求

心理学研究表明:人的心理需要一旦得到满足,就会将其转化为乐观向上的动力,潜能就会挖掘出来。孩子的需求就是教育者的目标,是我们教育的第一信号、第一位优先事项。但这样一个朴素的教育道理,却常常被忘却、丢弃。当对学生展开教育时,我们真的了解学生了吗?真的了解每个学生的需要、困难,有时出错的原因吗?学生的正当需求是什么?知生是教生的前提,现在的孩子思维活跃、好奇心强,喜欢追求时尚,但有时难免会出现一些叛逆、偏激的另类。成长中的孩子,他的需求也各有各的方向,有学业成绩,更有成就感、自信心、乐观的为人处世态度,以及对人、社会、自然的尊重。教育要取得好的效果,就应该关注孩子,掌握孩子不同阶段的需求,了解每个孩子行为背后的动机,抓住孩子真实的内心需求;就必须满足孩子的合理需求,引导和校正其不合理需求,丰富和提高其单一、浅层次的需求。我们不仅要发现儿童的真实需求,更要与他们的心灵共振,与他们共同成长。我们的教育如果涵盖了这些方面,那么不管他们能否升入高一级学校,他们的人生都是快乐的。所以,我们要关注不同学生的不同需求,然后再"按需供应"。然而,在教育实践中,我们常常会想当然地替孩子们思考,把自己想象的东西当成他们的需要,然后便付诸行动,就很可能造成教育的偏差。可怕的是,有时教师没看懂学生,学生却看懂了教师,并且有意去迎合教师的"需要"。学校是属于学生的,各种教育活动设计的出发点就要基于对儿童的发现和了解,基于儿童的兴趣和好奇心,尽可能体现出学生的天性爱好,体现在儿童的认知水平和认知能力上。我们要满足儿童的需求,就要认真研究每一个不同的学生,而不是总作为引导者;就要加强与学生的沟通交流,及时发现问题,满足学生需求。

4.教育,需要尊重孩子的差异

学生是有差异的人,教育要把差异当成资源,就必须从每个不同孩子的个体差异出发。所谓尊重,就是相信成长的力量。尊重就是尊重规律,尊重个性,尊重所有人,尊重文化差异性与多样性。尊重是人一种基本心理的渴望和需求。尊重孩子,是大自然的法则,也是教育最基本的法则。哪里有尊重,哪里才有教育。只有尊重的土壤才能培育出饱满的种子。每个学生的内心其实都是敏感向善的,我们充分地尊重学生,实际上就是在尊重自己。尊重学生的差异,不仅是教育发生的条件,也是教育的本质要求。每个人都希望被人尊重,一旦得到应有的尊重和认可,那么他从起步之时就能快乐地成长。那些看似"特别"的孩子,其实自尊心更强,更需要加以呵护。尊重不能只放在心里,也不能只是默念的教条,只有用行动表达出来才具有教育的价值。在学校,每一个孩子的价值都应被肯定和尊重,每一个孩子的个性都应得以张扬。我们尊重每个人从父母那里遗传下来的个体特征、智力特点、性格特征,以及出生之后从他所处的家庭环境、社会环境所得的一切成果,无论是积极的还是消极的。我们尊重孩子的个性,不在孩子面前提别的孩子如何优秀。我们要公平对待每一个学生,不偏爱,不歧视学生,不把学生分成三六九等。但尊重不等于溺爱,更不等于放任自流。我们主张尊重学生个体成长规律和教育规律,研磨学生。只有来自教师的尊重,才会激发学生内在的心理力量。只有尊重差异,才能让每个学生都有收获;只有尊重差异,才能让每个学生的潜能得到最大限度的开发。尊重每个人的独立人格,尊重和弘扬每个人的生命价值,尊重每个人良好的个性自由和谐地发展,既是教育的起点,也是教育的必然归宿。

5.教育,需要关爱孩子的身心

所谓对学生的关爱,在笔者看来就是爱和智的统一。笔者认为,真正好的教育是爱智统一,是大爱无痕,是春风风人,夏雨雨人。爱、智统一之后,爱成为智爱,智成为爱智。拥有了这种精神素质的教师,在教育中,爱使教师愿意寻找适合学生的教育,智让教师能够找到适合学生的教育。成功的孩子需要教师的关爱来赞赏,缺乏自信的孩子需要教师的关爱来鼓励,犯错的孩子需要教师的关爱来谅解,孤独无助的孩子需要教师的关爱来抚慰。正是因为教师有了与学生知音般的情谊,所以换来了与学生毫无保留地开放自己。因为"情投"才能"意合"。学生喜欢的老师越多,其幸福感有可能越高。在教育中,有多少爱,我们都要表白;有多少关心,我们都不能让它悄悄地溜走。如果在爱、智统一的品质外还拥有成就学生的使命意识,那么一个教师就是大写的教育者,就会在人本的教育理念下因材施教。

6.教育,需要解放孩子的手脚

学校是孩子们的另一个家,一个随时设身处地为孩子们着想的家,这里是学习的天堂,而绝不是禁锢孩子们的地狱!孩子就是孩子,应该让他们更开朗、更外向才好。教育,最好的目的是解放孩子,解放他们的潜质、个性和与生俱来的智慧,释放蕴含在他们身上的巨大能量。陶行知先生在"创造的儿童教育"一文中提出通过"六大解放"来培养儿童的创造力。可是,我们的老师解放孩子们的手脚了吗?我们的家长解放孩子们的口鼻了吗?我们的学校解放孩子们的空间和时间了吗?小学阶段是人生中最活泼、最无忌惮的阶段,如果这个年龄的孩子已经被纪律束缚得像个小大人,那他的一生还有什么机会活泼呢?所以在这个时候,纪律要让位于孩子的天性。重视规矩的目的是让孩子快乐健康地成长,而不是剪掉天使的翅膀。成长是学生自己的事情,家长、老师和校长都无法替代,我们要做的就是创造条件解放学生。解放学生,首先要相信学生。相信学生能做好自己的事情,相信学生能独立地完成学习及生活中的任务,相信学生能管理好自己。真正把时间还给学生,把兴趣爱好还给学生,把健康快乐还给学生。只有让孩子做孩子,他们才会快乐;只有快乐,他们才会健康。只有放手,再放手,他们才会真正发挥主观能动性。

快乐的童年会为其一生的幸福奠定基础;相反,不快乐的童年也会为未来积淀下痛苦与悲伤。童年生命成长的快慢与优劣,不只是显现于当下,更会影响到未来。教育是为孩子们的健康成长提供精神支撑的,是为孩子们的生命发展奠定坚实基础的。小学六年时光,这段时间的价值大小就取决于学校有没有为每一个学生的成长提供更为广阔、丰富,有内涵的空间。"为学生打下快乐成长的底色"的回报必将是巨大的,在离开小学的时候,他们不仅带走了知识,更带走了一个梦想、一项特长、一个好习惯、一段快乐而美好的回忆。只有这样,我们才能越来越接近教育的本质。

五、育有快乐底气的新人

如果说商业品牌最终体现在一个个产品上,那么教育品牌则体现在一个个培养的学生的思想和成就上。因此,无论学校品牌以什么名称或形式表现,其最终都要通过所培养的学生呈现。所以,一所品牌学校始终要将"培养什么样的人"作为思考的问题和追求的目标。笔者认为,学生是学校的一面镜子,学生的素质和修养,代表着学校的办学方向和教育价值,学生的成长与发展高于一切。快乐教育一定要培养出适应新时代发展要求的、心智健全的社会有用人才,具有快乐底气的新人。

1. 塑造学生美好的心灵

有人说:"世上的路走多远,其实由心决定。"一个人要创造生命的意义,首先要让心灵辉煌起来。教育的重要任务是塑造学生美好的心灵,是对人内在精神的唤醒,让学生"成人"。唯有心灵的丰盈与精神世界的完满才可以让人充实地成长。要完成这项光荣而艰巨的任务,就必须走进学生的心灵,培育学生求真向善趋美的心灵,引导学生健康茁壮地成长。其实,每个小学生的心灵基本上是张白纸,就像一块未开垦的土地,最容易被影响、被感染,最需要用心去设计、去呵护。每个小学生的心灵世界中都有自己独特的喜怒哀乐、兴趣爱好和理想追求。以独生子女为主流的当代学生,家庭的过分溺爱,造就了他们普遍的心理疾患:固执、任性,凡事考虑自己的需求多于考虑他人,而在小小的挫折面前又易消沉委顿,不知所措。与此同时,随着人们价值观、伦理观的多元发展,单亲家庭日益增多,留守儿童日趋增加,而这些家庭的孩子因缺乏亲人爱的呵护,又普遍存在自卑、孤僻、偏狭等严重的心理问题。没有健康的心理,当下不出现问题,以后也会出现问题,甚至是很大的问题。

美好的心灵对于每一个人,特别是少年儿童,都是人生最有价值的资源,都是一个人的安身立命之本。是心灵的渴望,开阔了求索的视野;是心灵的飞翔,鞭策了奋进的脚步;是心灵的富有,孕育了人生的奇迹。在孩子走进校门的第一天,教育者就要考虑好应在孩子的心灵里写上什么,留下什么,在心灵这块土地上用心写下每一笔。唯有如此,方能最大限度地减少更多悲剧的发生。让孩子的内心充满阳光,让孩子们的心灵健康飞翔,是孩子一生快乐的基础,更是一个家庭、几个家庭,乃至人类社会和谐幸福的需要。塑造孩子美好的心灵,比传授知识技能要重要得多,大爱和真善美永远都应该是人一生的追求。

生命最重要的成长是心灵的成长。人的心灵看不见,摸不着,最为敏感,最为细腻,最为玄妙。学生的心灵有多少未解的秘密等着我们去破解,有多少未知的领域等着我们去探寻。因此,打开他们的心灵之门,走进他们的内心世界,是教师的重要任务。教师既是学问之师,又是品行之师;不仅要以学术造诣开启学生的智慧之门,更要以人格魅力引导学生心灵。如果孩子的心灵悸动没有被教师感应到,那么一切教育都是没有用的。教育者要做的功课是靠友善和智慧赢取他们的信任,要知道,通向孩子心灵的通道是极其隐秘的。只有关注学生心灵的教育,才是最有效的教育。身为教师的我们,应多准备几把打开学生心灵的钥匙,请相信,总有一把能开启孩子的心扉!走进学生的心灵,做学生的心灵培育师,既是教师的责任,更是教师的快乐。孩子的心灵是脆弱的,敏感的,知识教错了可以重来,但心灵的成长却无法重来,所以更需要我们细心地呵护与鼓励。学生的心灵是一片肥沃的土地,种下一粒健康的种子,就会长成一棵参天大树。千万别让任何一次心灵振荡不知不觉地从你身边掠过,要成为学生雪中送炭的帮助者,心灵创伤的理疗者。教师的努力,可以让学生用爱心赶走自私,用自信赶走自卑,用坚强赶走懦弱,用开阔赶走狭隘,用阳光赶走阴晦。每个学生都是一棵幼苗,正是剪枝定型的时候。在教育上,教师们必须加强自身的人文修养,不断陶冶情操,用自身生命的光束照亮学生的心灵,实现心灵与心灵的沟通,灵魂与灵魂的交融,用自己的人格影响学生的人格。只有走进学生的心灵,才能真正"艺术应对学生问题",让自卑的心灵自信起来,让懦弱的体魄强壮起来,让狭隘的心胸开阔起来,让迷茫的眼睛明亮起来,让愚昧走向文明,让弱小走向强大……教育的魅力就在于塑造人的心灵,在教育的原野上开出美丽的花朵。关注孩子的心灵和他们的未来,这是教育的最大快乐。

2.充实学生智慧的头脑

在知识爆炸的今天,科学文化知识对认识世界、改造世界,推动人类文明发展的巨大作用已为世人所共识。所有的学生都是天生的学习者,因为他们有着结构复杂、功能奇妙的大脑。踏入学校之前的孩子就是一张素净的白纸,一个空荡的容器,是老师为白纸画上精美的图画,涂上绚丽的色彩,让白纸变得缤纷而生动;是老师为容器存储了一个奇妙而深奥的世界,让容器变得纳百川、囊天地。教师要引导学生合理使用大脑,要让每个学生都能在头脑中建立起自己独立的知识和记忆体系。在实践中,老师就像一个威武的勇士,把守着各种信息进入学生头脑的关口,去粗取精,去伪存真,去恶扬善,直到学生成长为用文化科学知识武装起来的强健的战士。

"知识改变命运!"知识能够给学生智慧的头脑,让愚昧无处藏身;给学生锐利的眼睛,让世界清晰透明;给学生无穷的力量,让困难低头臣服。如果说人的一生是一段旅程,那么我们最应该做的就是去学习,在学习中成长。我们在努力激发学生学习兴趣的同时,还必须加强对学生的理想教育和前途教育,使学生从内心深处感悟到知识的重要性和学习的必要性。同时要着力培养学生学习的毅力，使其积极主动地用眼睛发现世界，用思考收获答案，用头脑感知生活。视野宽广了，心胸自然宽广。学生由过去只看到自己，现在也看别人；既反思过去，也考虑未来；他们接纳自己，又以别人为榜样。一个热爱学习的学生，可以在学习的过程中享受创造的快乐，而这快乐的成果也可以帮助其取得好成绩，助其获得未来的幸福。

3.培育学生核心的价值观

教育应教孩子学会做人，使其向善、向上、向美，这是教育的目的、要求和标准。社会主义核心价值观是民族文明与梦想的接力棒，是一个民族文明得以绵延的最持久、最深沉的力量。价值观的养成如穿衣服、扣扣子，第一粒扣子扣得端正，剩余的才不会扣错，这是习近平总书记的形象比喻。核心价值观就是德，既是个人之小德，又是社会国家之大德。核心价值观教育是学校教育的重要任务，必须从小学生抓起，从记住要求、心有榜样、从小做起、接受帮助等方面培养和践行社会主义核心价值观。

我们在教育上取得的"智"方面的成就为世界所关注，但我们的孩子关怀和服务他人的品质似乎没有获得应有的发展，甚至连自我关怀的能力都弱了很多。从某种意义上讲，有什么样的人品决定着有什么样的人生。我们不能让每个学生都成名，但我们可以让每个学生都明辨是非，建立行为规范，最大限度地获得成功。中国有一句古话："三岁看大，七岁看老。"孩子的成长一旦出现问题，就特别难修正。人小时候一旦拥有了核心价值观，就等于在心灵层面为自己确立了一个正确的发展走向和高远的奋斗目标，甚至为之终身努力，矢志不渝，取得真正意义上的成功。社会主义核心价值观也应该成为"六年影响一生"的首要内容，并通过孩子影响一个家庭、一个社区，乃至一个城市，最终影响实现中国梦的进程。让学生在他有限的领域里取得成功，增强社会责任感，就是我们的幸福。培育核心价值观不仅能改变个人命运，更能改变家庭、社会、历史的命运。少年儿童是未来的主人，只有在他们内心种下核心价值观的种子，才能在未来结出美丽的果实。

当然，教师不可能都培养出伟人、巨人。仰望历史的星空，那些闪烁最明亮光芒的伟人、巨人，相对于浩瀚的、无边无际宇宙中的星宿，毕竟是少数。星空的深邃、美丽更多靠的是无数不起眼的星光的装点，社会的繁荣发展更多靠的是普通劳动者的努力。只有追求个体价值的统一，教育的真正价值才能全面实现。小学教育应以立德树人为先，帮助孩子树立正确的价值观。努力做到每一堂课不仅传播知识,而且传播美德;每一次活动不仅健康身心,而且陶冶性情,让社会主义核心价值观的种子在学生们心中生根发芽。在价值教育的方法上,榜样的作用是巨大的,特别是能够在日常生活中对孩子的价值成长产生持续影响的每一个重要他人。在学校,要做到教师自觉践行和引导学生践行相结合。当学生受到榜样的影响,学生对社会的奉献、影响也许仅在一村一校,但这已经足以让教师感到骄傲和快乐。社会主义核心价值观不应该是一种被动的选择,而应该是一种主动的接纳;不应该是社会中的一种奢求,而应该是一种促人发展的力量;不应该是一约束,而应该是一种给人幸福欢乐的动力。应该看到,价值观教育非常复杂,既非一日之功,一蹴而就,也不会立竿见影,吹糠见米,更不是德育一家之事,而是需要长期不懈地坚持,需要在各个层面进行渗透,特别需要在方式方法上进行创新,找准价值观教育的规律,并亲力亲为。最终就让核心价值观来照亮学生人生吧!

4.促进学生快乐的发展

教育的最终目的是让人自由、快乐、健康地成长。快乐需要教育,教育需要快乐;快乐知识、快乐技能都是可以传授的;快乐品质、快乐人格是能够养成的;快乐教育就是要培养出能够创造快乐、享用快乐的人。童年应该是快乐的,童年快乐的要素是学习快乐、交往快乐,童年的快乐来自发展。但是,儿童的发展并不一定是自主的发展,有很多都是成人外加的。现实中,儿童不仅要接受学校教育,课余时间还要应付各种各样的培训班。儿童在这样的学习环境之下一定或多或少地发展了,然而这样的发展是以牺牲儿童的快乐为代价的,这样的发展是不值得提倡的。

学校必须真实地立足校情学情,着眼于学生的学业成长、品质养成、性格锻造,最大限度地激发学生快乐成长潜能,让学生拥有美好的发展前途和广阔的成长空间。但促进学生快乐发展仍必须提倡刻苦学习。从本质上讲,学习是一种艰苦的劳动,也是一种快乐的劳动。如果学生不经历刻苦学习,那么他们获得的所谓的快乐也是肤浅的,不能持久的。促进学生快乐的发展就应该从培养学生的学习兴趣入手,使学生感受到学习活动过程中的乐趣。教师要善于引导学生"喜欢",帮助学生找到实现快乐的途径与方法。"儿童有权享受快乐,也会因为匆忙长大而感到痛苦。"儿童的发展,应该按照儿童自己的节奏来进行。当儿童拥有自然成长的状态,拥有从容成长的姿态,也就拥有了童年的快乐和幸福。

第三节 快乐工作

一、享受工作的快乐

据某报报道,一项调查显示,某县 95％的中小学教师感到当教师越来越不容易,50％的中小学教师希望改换工作,只有 17％的教师愿意终身执教。幸福感的缺失使得教师身心俱疲,使得课堂了无生趣,使得学生不再快乐……毋庸置疑,孩子的快乐成长需要社会各方面的热切关注,但和他们接触最多、交往最密、相处最久的教师,其快乐工作则更需要关注。因为没有教师"快乐地教",也就无法真正实现学生"快乐地学"。

工作是人的一种天性,也是人获得快乐、享受快乐的主要源泉。陶行知说,教育是大事业,有大快乐。如果想让被教育者快乐,那么教育者首先要做一个快乐的人。因此,教师不应是一种悲壮的职业,不应过愁眉苦脸的忧郁生活,而应该是热情洋溢、乐观豁达的。无论教育如何改革,都离不开快乐的教师,而教师只有在快乐的时候,工作状态与工作效率才会高。一所学校,如果其教师不能感受到生活的幸福和美好,不能感受到职业的价值和尊严,即使其他方面再好,也不能够算好学校。既然教师的快乐关系到孩子的快乐,那么,如果要从根本上抓的话,必须先从改变教师的心态、观念做起,先让他们找到快乐的感觉。学生快乐的背后是教师成倍的艰辛和付出,所以学校要积极创设宽松的情境,努力营造和谐的氛围,最大限度地减轻教师的负担,让教师享受工作的快乐。

1.体验幸福

西方有一句俗语:"如果你想要几个小时的幸福,就去喝醉吧;如果你想要三年的幸福,就去结婚吧;如果你想要一辈子的幸福,就去做教师吧。"幸福,是人生积极的情感体验。追求幸福是人类的永恒主题,做幸福教师是职业生涯的崇高境界。然而现在的教师普遍工作负担很重,缺乏职业的归宿感与幸福感,产生了职业倦怠感。教师不同于其他岗位,他们的言传身教对学生的成长起着潜移默化的作用,直接影响到基础教育的可持续发展。教师是活生生的人,是一种需要体验人生幸福的人。教师的职业幸福是本职业内含的尊严与价值的体现,与其自身成功的教育实践活动紧密相关。只有先让教师幸福起来,才能带出幸福的学生,才能为社会培育出幸福的新一代公民。其实幸福是用来独自体会的,不是用来和别人攀比的。现实生活中的人,各有各的难处,人人都有一本难念的经。人们对幸福的理解,因理解追求不同而异。教师要懂得品味幸福、享受幸福、追求幸福,清新而优雅地生活,智慧而快乐地工作;把身心健康放在首位,切实体验到职业的幸福感,并把这种幸福直接传递给学生。教师只有能够感受到生活充满希望,充满阳光,工作过程是一种享受而不是一种劳役,是自我实现的过程而不是单纯的付出,他才能创造出充满生命温暖的课堂,才可能为学生提供优质的教育服务。因此,教师要成为一个幸福的人,是自己的需要,是学校的需要,也是教育的需要。教师只有能够感受到生活是丰富的、温馨的,他才能把相应的情感、情绪带给学生及其家长,让教学更加顺畅。当我们把自己的一切献给学生的时候,幸福就降临了。

教师个人如何把持自己的幸福观尤为重要,因为人是自己幸福的设计者,幸福是个人的主观感受。教师的职业幸福一方面是在和学生进行教和学双向互动中看到学生人格成长和学业成绩的进步所取得的职业自豪感,另一方面则来自在和同事融洽相处的过程中所形成的对学校文化和人际氛围的认同感。当教师感受到学生的成长,感受到自己职业的历史使命感与社会责任感时,教师就会由衷地体会到幸福感。对于从事快乐教育的教师来说,学校不是职业场,而是事业场;教育不是牺牲,而是享受;教育不是重复,而是创造;教育不是谋生手段,而是幸福生活的本身。教师不应把工作当成负担,与其生气埋怨,不如积极快乐地去面对;而应把工作当成生活和艺术,从而享受到工作的乐趣。教师有着饱满的情绪和全身心投入的激情,那是一种幸福;上好一堂课所带来的持续愉悦,那是一种幸福;节假日收到学生送来的鲜花、贺卡以及那一声声问候,那是一种幸福……看到孩子渴求的双眸、信任的眼神、纯美的笑容,感觉自己就是一个快乐的教育人。幸福只可以接近不可能完全达到,但追求它能使人生更美好。成长的快乐,成功的愉悦,短期目标、长远目标的达成,自我价值的实现等都会使人幸福。教师最大的幸福还是为学生的幸福人生奠基。教师的幸福与教育的快乐应该无处不在,只要你用心寻找,无论多么乏味的工作也能找到快乐。

2.得到尊重

每个人都有自尊心,这是人的本性。为人师者,其重要的心理特征之一是自尊心强。现代学校的管理更强调对教师的尊重。尊重每一个教师,如同尊重每一个学生。要让教师快乐起来,首先要让他们在学校有当家做主的感觉,进而在工作中体验到成就感。教师能否获得尊重,自尊心是否得到满足,将直接影响到教师的生存状态,直接关系到教师能否拥有一颗以校为家的心。

一个尊重学生的教师同样需要组织的、同事的尊重,我们深信,教师会把这种得到的尊重撒到孩子们身上。俗话说,"士为知己者死"。人与人之间贵在尊重,教师的人格得到了尊重,必然会激起他们的感激之情及奋发向上的斗志。教师特别希望领导用商量的语气与他们交谈。即使教师有过错,领导也要选择适当的时机和他们谈心,指出错误并顾及他们的自尊心,而不是急风暴雨,毫不考虑他们的内在感受而批评。同时给他们创造改正错误的机会和条件,让有错误的人在得到尊重的同时,也乐意接受教训。

3.张扬个性

世界上没有完全相同的两片叶子。每一个教师都是独特的,有差异的,都不会是十全十美的,但各有各的长处。当教师带着一种自己的风格、个性工作时,枯燥的工作也会变得丰富多彩,趣味无穷,工作不再成为一种负担,而是一种享受。所以,我们校长要学会尊重教师的不同个性,保护他们的个性。

学校里的几十名、上百名教师,他们有着不同的家庭背景和生活环境,有独特的成长经历与心路历程,在道德修养、学业水平、工作能力乃至个性爱好等方面,都千差万别。几乎每个人心中都有着一幅自己向往的宏伟的事业蓝图;每个人都希望自己能够施展自己的才华,实现自己的远大抱负。校长不可能把他们改变成一个类型的人,应该尊重他们的个性,承认差异,并且努力求同存异,让教师张扬个性,同时充分利用他们个性中的有利因素,使其能够围绕学校的发展目标而聚心凝力,让教师变得更有自尊,更自信,使每个教师心情舒畅,促使他们以学校工作为己任,把学校的事当成自己的事,全身心地投入工作。

4.拥有健康

以前强调蜡烛精神,在对教师忘我的工作精神充分肯定的时候,往往忽视了教师的身体健康。其实,教师除了要完成传统的传道、授业、解惑的职责外,还要面临不断的知识更新,承受来自学校、家长、社会的各种压力,再加上家庭和生活的负担,更是心力交瘁,不堪重负了。因此,教师成了当前各种疾病高发人群之一,长期处于亚健康状态的人数比例高于普通群体。相对于工作,健康是快乐教师的基本保障。珍惜生命,善待自己,在教师快乐工作中具有不可替代的基础作用。

人首先需要健康,才能快乐。拥有健康的身体,我们的快乐生活才有保证。一个人的健康既包括体质健壮，没有疾病的生理健康，又包括心理健康、道德健康和社会适应健康。教师的身体健康，不仅是社会的财富，本身也是学校的财富。作为学校，真正以人为本，就应当关心教师身体的健康。首先，要对教师的身体健康状况实行年检，为教师建立健康档案，让教师通过体检了解自己的身体健康状况，做到心中有数，防患于未然。其次，要把关注教师的身体健康状况落实到具体行动当中。学校工会牵头为教师制订健身计划，鼓励和支持教师自觉地参加各种体育锻炼，为他们提供器材、创造条件，想方设法地引导和帮助教师保持健康状况；每天坚持运动半小时，让教师在运动中增强体质、减轻压力。再次，要关注教师的心理健康。积极引导教师学会自我调节，自我保健，愉快生活，正确面对困难和挫折，增强对压力的承受能力，平静对待生活中的日常琐事。作为教师，无论工作多么忙，都应该善于忙里偷闲，参与一些有益于身心健康的活动，培养自己的业余爱好，善待自己，真正做到"每天锻炼一小时，健康工作五十年，快乐生活一辈子"。

5.怀着追求

人一旦没有了追求，生活也便没了色彩，黯淡无光。所谓"人闲是非多，人忙精神爽"说的就是这个道理。适当的工作压力和工作追求，应是生存的正常状态。教师的职业生活就像种田，春天播种下希望的种子，秋天就能收获沉甸甸的果实。幸福也好，成功也罢，都离不开平时一点一滴的努力和追求。朱永新教授说："一个教师不在于他教了多少年书，而在于他用心教了多少年书。不重复自己，不断探索，不断创新，这样的教师不会停止对生活的撞击，即使他成不了一位教育家，他也会拥有诗意的教育生活，他的生命也会更有意义。"快乐的教师，都不是原地徘徊者，而是不断的发展者。拥有追求是教师乐于从教、终身从教的动力之源，也是学生快乐、群众满意的前提和基础。成就一名教师，受益一片学生。没有教师的追求，永远不会有学生的发展；没有教师的快乐，永远不会有学生的快乐。在这个世界上，如果你不追求快乐，没有任何人能使你快乐；如果你自寻烦恼，再开心的事也只会增加你的苦恼。教师是知识分子群体，应当拥有高远的价值追求和浓郁的人文情怀。当兴趣变成职业，这样的人生无疑是完美的人生。当教师有了成绩和荣誉，必须让他们有新目标，他们才会不断攀登。正如画家以醉心线条颜色为乐，音乐家以掌控声音乐器为乐，探险家以征服险阻为乐那样，广大教师应当怀着理想从事教育，带着激情走进课堂，努力在自己的专业成长中体验教师职业的尊重与快乐。在教师发展方面，我们学校的一个原则就是创设更广阔的空间，提供更多的机会，给予更大的支持。

"待到山花烂漫时,她在丛中笑。"教师的快乐,既为了教师、为了学生,也为了教育、为了社会。一个教师之所以在学校里感到快乐,原因是多方面的,而与学生在一起,缔结了深厚的师生友情,且可以看到学生的发展,甚至出现"青出于蓝而胜于蓝"的可喜现象,无疑是一个非常重要的原因。作为一个教师,我的快乐我做主,快乐其实就把握在我们的智慧、我们的心境、我们的行为之中。

二、做快乐的自己

在当今的数字化时代,人们赖以生存的社会已经发生了巨大的变化,无论是社会各行各业,还是人们的生活方式,都大大不同于以往的时代。在每个人的成长过程中,有一样东西是起决定性作用的,那就是个人的自我追求——做快乐的自己。

教师的工作是最不可测量的,如果只是量化,而没有"心"化,就不可能真正测量出教师的思想境界。"做快乐的自己",是每一个教师心中的梦想,也是人民群众给教师的价值追求。但是现在,已经很少有教师能说"啊,我真快乐"了。如果哪天有个教师这样说,人们会以为他在开玩笑,甚至……还会嫉妒。这种现象说明了什么呢?说明快乐已成为奢侈品了。这种现象太可怕了。

其实快乐是用来独自体会的,不是用来和别人攀比的。是否快乐完全取决于自己,旁人不会理会你是否愉快,开心的钥匙在你手中。淡化对外界评价的重视,强化内心的自我追求,唯有如此,方能做到"任凭风浪起,稳坐钓鱼台"。每个人对于"做快乐的自己"都有自己的理解,笔者认为,"做快乐的自己"就是要以快乐的小"自己",发展集体、社会的大"自己"。教师应该紧紧抓住生命的核心,自然地活着,真实地活着,快乐地活着,将一切欲望、焦虑、紧张化为素养,化为超然。守住自己所拥有的,想清楚自己真正想要的,我们才会真正地快乐。享受教育的快乐,教师也应该是受益者。在这个世界里,你最需要做的,就是做快乐的自己!

1.做快乐的自己需要提升自己各方面的素养

打铁还要自身硬,妙方配神医,高招需高人。说到底,素质教育就是教师的素质教育,教师有什么素质,学生就会有什么素质。因此,修炼自身本领就显得十分重要。做快乐的自己的"快乐"是"没有最快乐,只有更快乐"的"快乐",是一个不断追求"快乐"的过程,也就是"一生学习做老师"的过程。教师只有真正提升自己的综合素养,才能以不变应万变,这样也就自然而然地具备了教学机智。一个人小成靠勤,中成靠智,大成靠德。师德是快乐教师的第一财富。在教育实践活动中,师德是教师专业发展的基础。教师如果喜欢学生,并且被学生喜欢,就具备了良好的师德。教师良好的师德修养是任何力量都无法替代的最灿烂的阳光。提升自我,将自己的人生过得精彩,也是一种道德。教师要把着眼点放在自己内心深处,省察自身的一言一行,且持之以恒,反复磨炼,使自己的各方面素养达到完善的境界。一个教师超越其他教师不是最重要的,最重要的是不断地超越过去的自己,以朴实的感情,调整自己的心态;以奉献的精神,从事崇高的事业;以高超的技艺,展示个人的才华;以不断的追求,提升自身的价值。一个优秀的教师,必然是人格魅力和学识魅力兼备的教师。教师只有具备了丰厚的文化底蕴和教育思想,其工作的技巧才会有价值;教师只有充分利用了信息技术的优势来变革当今教育中的不当之处,才不会被时代淘汰。只有教师的精神和专业水平“快乐”起来,才能带动学生知识和能力“强”起来。一句话,教师的素质高,一切问题都会迎刃而解,感觉做什么都有乐趣。

2.做快乐的自己需要发挥自己的长处

古语有“尺有所短,寸有所长”,这也说明做快乐的自己诀窍之一就是挖掘自己的潜力,经营自己的长处。对学校的管理来说,只有让教师达到高度自觉的境界,才能真正调动教师成长的主动性和创造力,并使教师在成长中体验到幸福与自由。对教师个体来说,则要有敢于“扬长”和“冒尖”的勇气,努力把自己的长处发挥到极致。我们不可能在人生的所有竞赛中都做到第一,但我们可以在每一次的竞赛中,突破自我的限制,达到自己的最高境界。经营自己的长处,保持热情并充分地加以利用,也许你就会因此而改变自己的命运。

3.做快乐的自己需要正视自己的不足

凡成功者,尽管路径不一,但其成功都有一个共同点,那就是“扬长避短”。每个人都有自己的“短板”和“长板”,我们应挖掘自己“长板”的潜能,实现“短板”的提升。每个人都有失败的时候,如果我们是睿智的,就会把这些失败当成成长过程中必不可少的一部分来接受。失败和错误并不是一件令人羞愧的事情,能够正视自己的错误才能更好地改正错误。因为永远会有人在某一方面超过你,永远会有人生活条件比你优越,永远会有人在事业上比你取得更大的成就。一个人不一定要做跑得最快的人,但要做爬起来最快的人。只有时时修正自己,才会做快乐的自己。总之,我们都在错误研究中得到成长。

4.做快乐的自己需要帮助学生成为快乐的自己

　　教育的使命是让学生认识自己、发现自己,做越来越快乐的自己。要让每一个学生都能做快乐的自己,关键是充分激发每个教师的才能和潜力。这就要求我们应该尊重每一个生命,善待每一个生命,尽你我最大努力,给每个孩子打下坚实的基础;应该有更长远的眼光,用心做好教育工作,给每个孩子最好的未来。关心学生,不是帮助或迫使他成为教师或家长所认为的最好,而是帮助他发现和实现快乐的自己。教师与学生的道德相遇,意味着教师要在相遇中努力通过自己和学生的双重视角来看世界,帮助学生实现做快乐的自己。心理学研究表明:每一个学生都有成为好学生的愿望,都有成为快乐的自己的天资和基因,都有成为快乐的自己的可能和条件。教育就应该让教育对象找到"我是快乐的学生"的感觉,就应该始终用等待的心态、期待的眼光,科学地施加教育影响,帮助每一位学生演绎不一样的精彩。学生的成长远比所教科目重要,这并不是否认智力培养的责任,而是提醒我们,作为教师要转换思想的角度,从"怎么教这些知识"转换到"怎么教这些知识技能才能有助于学生成为更快乐的自己"。教师还要利用自己的教师身份,担当起教师的责任,用一双慧眼去发现具有某种内在潜能或优势的学生,用儿童喜爱的方式去引领儿童,让儿童朝着阳光的方向出发。多让孩子感受到成功,让孩子的生命质量因我们的努力而更精彩,如开展"争做校园之星"活动,引领学生追求充满正能量之"星",使学生在现实中能够大胆地去追寻自我、展现自我、发展自我,成为真正的自己,成为对国家、民族和人类有更大贡献的自己,成为"快乐的自己"。人生是长跑,而不是短跑,帮学生成为快乐的自己,不一定现在就是快乐的,而是越来越快乐,相信孩子有无限的发展潜力和可能性。

　　做快乐的自己是一种平和的心态,也是一种激情的行动;是平凡的细节,也是辉煌的人生。李开复老师说道:"拥有积极乐观的态度,乐观面对人生。有勇气改变可以改变的事情,有胸襟接受不可改变的事情……"短短几句话却道出了快乐人生、做快乐自己的真谛。话虽简单,却需要智慧和勇气来执行。一个好教师不应只停留在不能做什么,而是要践行应该怎么做更快乐。教师无论生活在什么样的境况之下,都要活出那种境况之下快乐的状态。当你活出好的状态的时候,你会发现,你会神奇地拥有帮助别人的能力,吸引别人的魅力,教育好孩子的能力。也许我们永远达不到所谓的"最快乐",但笔者相信今天的自己永远会比昨天的自己快乐。

三、多彩活动提升快乐指数

某日朋友小聚,大家谈到对"快乐"的理解:快乐是父母无微不至的照顾,快乐是爱人甜蜜的话语,快乐是儿女亲切的呼唤,快乐是同事间无私的帮助与激励,快乐是一种愉快的心情……快乐是什么?笔者相信许多人都追问过这个问题,人们都可以从不同角度理解它,每个人都有自己的答案。别人眼中的快乐是一种感觉,自己内心深处感觉到的满足和幸福,才是真真切切的快乐体会。真正的快乐一定是持久的,是以发展和进步为支撑的,是来源于内心的,有着深刻内容的。

我国古代哲学家孟子曾讲过"君子有三乐",其中,"得天下英才而教育之"即其中一乐。然而反观现实,一个时期以来,受诸多因素影响,在某种程度上,教师的职业现状中"得天下英才而教育之"之乐不断减少,出现了生活在此却"心灵在别处"的职业枯竭,幸福指数下降的教师不在少数。

笔者认为,随着物质文明的进步,教师呼唤着更高层次的精神文化需求。快乐应该是一生的信仰,一生的奉献……人生有太多的事,如果你做的正是你喜欢的事,那你应该能体会到一种快乐的感觉。同样,做教师这份工作是你喜欢的,那你就会从工作中得到很多乐趣。其实,教育的最大快乐莫过于"促进学生主动活泼学习、健康快乐成长"。教育工作是最适合打造"快乐元素"的领域,因为构成公民的基本素养要求和个人快乐指数的所有来源都指向学校,所以学校教育是实施快乐教育的主阵地。

教育其实是一个孕育、生成的动态过程,如果离开了各种活动载体,教育就会变成没有灵魂和血肉的躯壳。学习上,简单的灌输容易让学生厌倦;反复说教、简单要求,师生也会疲劳和反感。快乐离不开活动,活动就是教育,教育需要通过活动来达成。如果能把教育融入各种各样的活动中,让师生在活动情境体验中领悟活动主题的目的与要求,那么"被动发展"自然会变成"主动需求"。多彩活动是教育最美的礼物,是教育的生命。让活动的时间归活动,作业的时间归作业,节奏不乱,活动就不会散了师生的心。每一次活动都是学习的"生活教材",没有活动的教育是没有生命力的;每一次活动都力求富有创意,丰富多彩,给师生以快乐的启迪、丰富的享受。教师理应在教育领域找到自己的乐土。以快乐之心做教师,教育便可成为最快乐的事,而多彩的教育活动是提升教师快乐指数的有效途径。

快乐教育是师生双边的互动。活动是个体自我教育的真正基础,只有通过活动体验,个体才能理解人与社会、人与自然、人与自我的关系。活动也是孩子的天性,孩子的许多知识和经验都是在活动中获得的。丰富多彩的校园活动,是沟通同学之间、师生之间情感的温馨、浪漫舞台。学生在持续不断的活动中,实现了自身与他人的对话。缺少了活动,孩子成长的历程就少了许多值得回味的珍贵精神财富,身体和心智的发育都会受到影响。学生活动,不能不看结果,但最重要的是活动的过程。学生活动需要教师精心组织,制订活动的方案,保证师生在活动过程中健康快乐成长。在学生参与活动的过程中,我们要用赏识、激励、期待的眼光去对待他们,让他们积极、主动、乐观地参与到活动中来,让他们在活动中快乐学习、快乐生活、快乐张扬、快乐创造。

丰富多彩的活动是孩子成长过程中必不可少的营养素。记得某年校运会开幕式的团体操表演,在我的精心设计与充分准备下,小运动员们伴随着《运动员进行曲》,迈着整齐的步伐,精神抖擞地和老师一起排着整齐的方队有序入场,喜悦的心情洋溢在他们脸上。就在展示完毕即将退场时,音乐突然停止了,我举起话筒,带头高声唱起退场的歌曲,也许我和孩子们的心灵是相通的,孩子们在我的激励、期待下,在我的歌声中,非常有序地完成了退场动作。在这次活动中,每位学生都是主体,并形成了多个主体积极互动的和谐集体。团体活动不仅锻炼了个体,更催生了班级的快乐文化。在随后的团体项目——"阳光伙伴"活动中,28个小运动员之间两两绑腿、肩搭着肩形成28人29足的阵势,进行50米的集体赛跑。各班学生都为争取团队第一,积极展示其阳光的一面,场面很是激烈。团结的力量拧成一股绳,啦啦队的小朋友也用足了自己的力气,为本班的小运动员们加油、喝彩。团体活动启迪了学生的智慧,塑造了健康的人格。那一刻,孩子们体验到了运动的快乐,我也感受到了成功的喜悦,体会到了多彩的活动给我带来的快乐。学生在这些活动中不甘落后,你追我赶,历练自己,一次次体验着"我参与、我快乐"的收获喜悦,一次次享受着拔节成长的快乐与惬意,一次次唤醒着潜在的积极进取、奋力拼搏的精神,催生着每一个学生不断前进。

学校要注重活动有效、教育无痕,因为丰富、动感的实践活动,能让孩子们在释放天性中更好地成长。只有生活化、常态化、系列化的活动,学生才会在其中主体参与,快乐体验,有效内化;只有品尝了橄榄果,学生才能理解苦涩的滋味。教师工作亦如此,教师确实付出很多,很苦也很累。做一名教师,没有辛苦,也就没有快乐。虽然工作很累,但很多教师依然乐在其中,兢兢业业。很多教师的快乐,不是外加的,而是发自心底的自然流淌。这很大一部分原因就要归功于小环境中的公正和领导的管理。老师们在孩子们心中的美好形象很多都是在一次次活动中形成的,老师们的快乐指数也是在一次次活动中提升的。

"内在精神的满足"是快乐的最高境界,其核心内涵是爱的互动,来源于人与人之间彼此的互动体验。为了让全校教师都享受到快乐,学校注重开展内容丰富的教师活动,把教师活动作为一个系统工程进行研究与构建,多维度促进教师发展,提升教师快乐指数。学校教师有自己的合唱团、舞蹈队,每周例行排练一次,每逢重大节日教师一定会露一手;每月工会组织教师开展如篮球、气排球等比赛;每学期学校还开展一次教师才艺大展示……各种各样的文体活动,使所有教职工都能找到自己喜欢参加的活动。教师们本着"挥动激情,和谐奋进"的信念积极参与,在文体活动上收获了自信、快乐、激情、友谊和健康。多彩活动的开展,培养了教师的良好兴趣与爱好,使教师们劳逸结合,减缓了压力,释放了心情,愉悦了身心。在这样的活动中,即使以前有点隔膜,也会在活动中消解,大家的心情也舒畅了;在这样的活动中,教师们精神振奋,激情满怀地工作生活,感受到学校大家庭的温暖。

丰富多彩的教育生活带来了自我生命的充实、高雅、满足的快乐心境,充分显示出享受教育的价值和功能,它是一种快乐源泉,是一种信念支撑,是一种价值追求。当我们把课堂、校园、各项活动都变成快乐的因子的时候,学校就成了工作生活的乐园。教师们就能以更好的心态与饱满的激情投入与孩子们的共同成长中。快乐就是这么简单,有时你甚至都无法感觉到,而潜移默化的快乐却是最感人的。在追求成功和梦想时,稍稍放慢脚步,和你身后的快乐打个招呼吧!学会活动,创造活动,享受活动,我们会活得云淡风轻!

四、善待教师是学校之福

教师有思想、有个性、有尊严,也需要得到领导的关注与呵护。领导的人情味既是一种政治修养成熟的标志,也是一种与教师同呼吸、共命运、心连心的体现。校长管理的核心是人不是物,是人心不是权术。校长最大的贡献是带出良好的师资队伍,增强管理的亲和力和幸福感。一个没有智慧的校长,是很难把队伍管理出幸福的味道的,是很难让教师感到快乐的。学校领导对教师多一点关怀,将会增进校园人际情感的动力和活力,让教师找到温暖的感觉。作为校长,需要用真挚、丰富的情感去感化、激励教师,时时处处关注教师的点滴,真正把他们当成学校的主人,使每个人都能有尊严地工作,让老师感受到学校的关爱。善待教师不能停留在口头上，而应该体现在行动中。一则短信、一张贺卡、一句问候、一次探望、一次交流、一句暖心话，对教师而言不仅仅是赞许和肯定，更代表着管理者的一种态度：教师的事就是最大的事。

1.做教师的交心人

善疏则通，能导则安。交心是一种"对话"。教师群体中既有"知无不言，言无不尽"者，更有含蓄、不轻易流露情感的人，这给校长与教师的沟通砌筑了一道屏障。为了打破这种僵局，学校将每周一设为"校长接见日"，教师可以主动与校长交流自己的生活与工作情况。教师找校长交流沟通，交换看法，主动反映学校里出现的新情况、新问题，发表自己的见解，提出合理化建议，表达改进管理的主张，是有利于学校发展的好事。有境界的校长不会觉得自己高教师一等，而是清楚地明白自己与教师只是分工不同而已，不存在高低之分，尊卑之别。尊重教师，走近教师，与广大教师交心，成为事业上的伙伴、生活中的朋友，这样的校长自然会得到教师的拥护，激发教师教书育人的热情和奉献精神。校长要善于打开教师的心结，做教师的忠实听众，让他们"一吐为快"，从教师的牢骚话中思考自己应着力改进的方向。学校定期举办校园论坛、开通校长邮箱等，为教师提供与领导对话的平台、沟通的桥梁。有一句话说"距离产生美"，其实不然，校长如果和教师之间产生了距离，那学校的工作就不可能"美"了。校长要主动走到教师当中去，深入课堂中，与教师做真心朋友，在与教师沟通上下功夫，花力气，做文章；平时积极寻找机会和教职工一起工作，一起座谈，一起活动，同甘共苦，倾听呼声，交流感情，让教师将不满情绪表达出来，让教师感到校长"心中有他"。"知民情、用民智、聚民心、顺民意"的管理理念如同源头活水，能造就学校民主、开放、透明、支持的管理文化。教师是千差万别的，校长不仅要和优秀教师、与自己关系亲近的教师交心，还要和普通教师、与自己关系不那么亲近甚至对自己不够尊重的教师交心。只有校长和教师打成一片，融为一体，学校的各项工作任务才能出色地完成；只有校长和教师在心灵上产生平等的共鸣，才能演绎出学校民主和谐的奏鸣曲。

2.做教师的鼓励人

学生成长需要鼓励，教师亦然。鼓励他人既是处世的艺术，又是做人的美德。每一位教师，都希望校长能走近他，关注他，鼓励他的才能和他的努力，并且能察觉他心中的梦想。智慧的校长总是把鼓励教师作为善待教师的重要手段，因为鼓励可以生成积极的正能量。校长要善于运用各种激励手段，真诚地欣赏每一位教师，乐于为教师的成功喝彩，让每一位教师都感受到自己的工作时刻被校长关注，自己的努力和创造经常被校长鼓励。鼓励的办法自然很多，如果人云亦云，教师就不会"买账"。随着手机的普及，笔者认为，校长的"鼓励短信"，体现了校长在与教师沟通交流上的极大情感和智慧，所谓良言一句，多少辛苦都温暖。每当重大节日来临的时候，我都会情不自禁地送上真诚又简单的祝福鼓励，比如教师节——教师节是鲜花和掌声笑脸簇拥的日子，在这样美好的日子里，请允许我携班子成员送给孩子王最真挚的祝福，永远的健康，永远的快乐，永远的幸福。每当教师的文章获奖或发表的时候，我也不忘将鼓励祝贺的短信送上："看到你的文章获奖了，可喜可贺啊！"每当看到新教师的点滴进步时，我会一同分享他的快乐："只要有追求，是任何力量也阻挡不了的。"每当教师事业受挫、情绪郁闷的时候，我会一同与他分担："要学会珍惜自己，微笑着走过每一天。"这些鼓励文字承载着思想，也承载着感情，一句句热情、真挚的话语流淌着无限的关心与支持，恰似一股暖流涌遍全身。没想到，"鼓励短信"活动的效果大大超出了预期的预想。

3.做教师的感谢人

常言道："感人心者，莫先乎情。"在笔者看来，无论是谁，只要关注学校，就等于在关注我；帮助学校，也就是帮助我，我会打心眼里感激他们。每当学校重大活动举行之后，我会有感而发，与教师一同分享活动给我们带来的快乐。记得一次"'快乐生活'艺术节"活动结束后，我立即发了一则微信给教师："就在此时，就在此地，我们一同见证学生的精彩，一同感受学生的进步，一同体验学生的激情，一同聆听学生的成长。感谢全体教师的倾情付出、全力合作，是你们让我多了份感动的理由。"虽然只是"感谢"二字，却是对教师的巨大肯定。校长把每一个教师都当成有自主性、能动性和自我发展能力的人，每一位教师都能感受到学校因他的成长而骄傲，感受到在校园里心灵的自由、灵魂的安宁、理想的放飞和奋斗的快乐。教育理当春风化雨、润物无声，学校常规管理何尝不是如此？

4.做教师的知心人

一所学校，教职员工人数众多，各人有不同的生活环境，谁都有一本难念的经，谁也难免碰上一些头疼之事。笔者常想：只有管理者把教师放在心上，教师才会把学校放在心上；只有管理者重视教师，关心他的感受，关心他所处的状况，教师才会报以同样的态度。因此，校长要努力办"得人心、暖人心、聚人心"的实事、好事，要努力做教师的知心朋友，了解校内每一位教职工的那本"难念的经"，同时平时要时刻以满腔热情关心、爱护每一位教师。无论教师生病或家中红白喜事,什么事也阻挡不了我人到、情到、心到。教师生日当天,都会收到一份温馨的礼物;春节来临,每一个家庭都会收到贺春对联、"福"字;开学之初,在教师嗓子疲惫的时候,都会收到一袋润喉含片;在教师繁忙的时候,总会收到一张上面写着诸如"你辛苦了""你干得非常出色"之类的精致典雅的小卡片。当教职工困难的时候给予帮助,需要的时候给予支持,失误的时候给予宽容,而不是简单的管理、约束。其实,教师工作的节奏那么快,大部分都忘了一些最基本的问候。许多人都认为这些是无足轻重的小细节,其实正是这些细小方面使人与人之间的情感变得不那么紧张;正是这一个个看似很小的行为,却能带给教师一抹清新、一抹暖意。学校管理的改革和创新不是在加大管理力度上做文章,而是要在细节的管理上增强亲和力和平常心,多点将心比心,多点为人服务。校长在自己职权范围内有效地帮助教师解决工作上、生活中的一个个问题,把领导的关怀和集体的温暖送到教师的心坎上,教师心里就会充满阳光,充满希望,也会充满感激。

5.做教师的共情人

共情即设身处地地体会对方的内心感受,深刻理解其思想活动,同时把理解和体会准确传达给对方,以此达到感染对方的目的。校长应该正视教师的合理需求,把自己定位于"教师需求的满足者,成长和发展的促进者、合作者"的角色上,服务于学校每一位教师的发展。也许我们在教育行业中很微不足道,既无法左右政策,也无法左右教师工资,但我们可以改变学校的小环境,多站在教师的角度思考问题,让教师的归属感、价值感得到一些彰显。做校长的,要善于换位思考,多从教师的角度去看问题。理解教师需求,设身处地地为教师着想,这是校长善待教师的好策略。古人云:小猫喜欢吃鱼,小白兔喜欢吃萝卜,拿鱼给小白兔当然不受欢迎。其实没有基于共情的需求,既强迫了他人,又造成学校资源的浪费。我们常常讲,与人交往要换位思考,即站在对方的立场来思考,这样双方的矛盾就容易解决了。生活中,人人难免有个人的需求,人人又都有自己的处事原则,此时,校长的理解、尊重、体贴、关心等情感投入,最能打动人。校长应该学会换位思考,无论要做什么决策,说什么话,先换个角度想想,不要总以自己的高度要求和衡量别人。换个角度,观察同一事物、现象,看到的结果可能不一样,得出的结论也可能不相同。大多数的校长都是从一线教师走向管理岗位的,要常常想自己做教师时心中优秀的校长应该是怎么做的。当下属犯错误时,并不急于找来训斥一顿,而是先要自己默默思考,站在对方立场设身处地地思考,体会他人的情绪和想法,理解他人的立场和感受,并站在他人的角度思考和处理问题。"人非草木,孰能无情?"领导的共情能换来下属的亲近感,激发他们的工作热情。

人都是有感情的,更何况有知识良知的老师呢? 有时一句话、一个笑,就可以让教师感到无比幸福。讲规定、讲原则是对的,但是面对教师群体这一特殊对象,还要讲求领导艺术。"士为知己者死",教师只有在道理上接受校长的主张,在情感上与校长融会贯通,才能真心实意地发挥自己的积极性去努力工作。所以,作为校长,一定要唤起教师的情感共鸣,让教师感受到校长的善意的理解和期待。不仅要对教师热情,更要让教师感受到校长的热情;不仅要善待理解自己的教师,更要善待不理解甚至和自己唱反调的教师,真正学会把教师放在第一位。校长一定要尽一切可能让教师多一点幸福,教师多一点幸福,学生就多一点幸福;学生多一点幸福,教育就多一点幸福。校长要让自己的心成为阳光般的能源,去辐射教师、温暖教师,让教师接受他,反过来温暖他,把他当成知心朋友。我们不能改变手中的牌,但是可以决定如何出牌;我们没有能力改变教师的待遇,但我们可以改变他们工作的心态;我们没有办法提高教师的社会地位,但我们可以改变他们工作的状态。教育,说到底是心灵的事业,如果没有教师自觉自愿、创造性的工作,提高学校的教育质量便无从谈起。善待教师其实就是善待学校。教师会因受到关心而感激学校领导,最为直接的表达方式就是努力工作,回报学校。

五、没有快乐,谈何成长

著名特级教师程红兵说,"教育家一定是自由的教师"。他所说的自由,就是超越羁绊和功利,超越诱惑和束缚,尽享教育本身的乐趣。这是教师对教育、对人生的一种态度。荣誉与外在机遇相关,唯快乐才是教师成长的最大动力。

可以说,教师的成长,最重要的不是外在的荣誉,而是内心的快乐。教师只有在快乐的环境中才能彻底唤醒内在的潜力,实现专业成长。作为学校,应该在学校常规管理中给予教师充分的自由与信任。学校常规管理的中心环节是对人的常规管理,一个科学、合理的制度环境,绝不仅仅是制约人,而是兼具激励、支持发展等功能。常规管理的核心是教师,教师的专业发展决定了常规执行的效度。这也是建立教育人力资源开发机制的本意。倘若我们的常规管理没有人文关怀,没有幸福感,有的只是分数、升学率,那么谈何教师成长,学生成长。诚然,有时压力确实是动力,可对一个从事着塑造人这一崇高职业的教师来说,如果他的动力只是来自压力,这样的塑造,其结果必定是十分可怕的。古人云:"举大事者必以人为本。"现代教育是追求科学教育与人文教育的自然发展和完美结合的教育,与之相适应的学校常规管理亦应是有较高理智水平的"柔"性管理,即"以人为本"的人性化管理。所谓"以人为本",就是要求我们的校园能够体现人文精神和人文关怀,倡导把情感看成人的基本存在方式,关注教师的精神状态和内在需求。

1."以人为本"的管理,就应该做到"刚柔并济"

教师的劳动自主性非常强,单纯靠制度约束,效果并不理想,需要一种更加人性化的管理模式来替代,需要"人治"与"法治"的和谐统一。随着社会的发展,教师、学生的个性化倾向和自我实现的倾向正在日渐加强,在执行常规管理时,既要铁面无私、坚持原则,又要晓之以理、动之以情。制度为刚,沟通为柔、理解宽容为柔,无刚则不立,只刚则易折,刚柔并济才能互补、互彰,走向共赢。在学校常规管理中,刚性的制度必不可少,柔性的因素也不可或缺,两者应是相辅相成、互为补充的,关键是学校管理者需要在刚性与柔性管理中找到整合点,把握刚与柔的"度",以达成"无为而治"的管理境界。刚柔相济,是属于天地运行的规则。笔者认为制度是第一位的,只有在制度健全下自觉遵守的人文管理才是理想化的人文管理,才可以有效纠正教育法治的异化,构建和谐人际关系。我们确立了"以人为本,张弛有度,无为而治"的管理目标,并采取有效措施,改变以往只重管束不重理解、只重约法不重实情的局面,努力提高管理实效。学校管理者需要本着"以人为本"的理念,做到用严格的眼光看自己,用欣赏的眼光看别人。从以人的本性、人的尊严、人的潜能在教育过程中得到最大的实现与发展的方面进行人本管理,更加尊重、理解、关爱每一位教师。但常规管理与人本管理并不是孤立存在着的,而是一枚硬币的两面,正像科学与人文"本是同根生"的关系一样。常规管理与人本管理缺一不可,没有常规管理,学校将失去存在的基石,而没有人性化管理,学校将失去未来的发展。制度与人的素质也是相辅相成的,高素质的人在完备的制度环境下会养成一种自觉遵守规章制度的习惯,会把制度内化为自己无形的自律。笔者一直反对那种没有常规管理的人文管理,这种没有"规矩的人文"是野蛮的人文。固执于这样管理理念的学校即使发展,也将是昙花一现。笔者认为,在常规管理中,应更好地体现"以人为本";在人性化管理中,要以常规建设为基础。一所学校,一旦其常规管理形成了人本文化,就将创造一个公平、公正、宽松、和谐的成事环境,引领学校成为师生生命积极舒展、张扬的空间。

2."以人为本"的管理,就应该确立民主管理的理念

"以人为本"就是要让管理的目的、方法和实施和谐地融合在"以人为本"的理念之中,形成一种"场",不露痕迹又无所不在。要充分重视教师的创造意识,发挥教师在学校管理中的主体地位,不断强化其主人翁意识和工作责任感,努力调动广大教职工齐心协力办好学校的积极性和创造性,激发其主动精神和创造意识。其实"校长一言,畅通无阻"的团队表面上看是和谐的、团结的,但往往是没有活力的,更不可能创新。校长要带头推进领导集体化、决策民主化、制度规范化、管理科学化、工作人文化,为广大教职工营造一种既有民主又有集中,既有组织纪律又有个人自由的环境。教师所想的,就是校长应该做的。学校要把教师的意见、愿望、志趣和对学校,尤其是对学校常规管理的感受、看法和建议放在重要的位置,做到对教师工作上的信任、决策上的依靠、管理上的尊重、生活上的关心;坚持"从教师中来,到教师中去"和"集众人之智为上智"的原则,坚持走"共同领导和共同管理"的路径,坚持发挥民主管理正能量作用。教职工如对每一项常规管理的由来、制度、规范都熟悉,那么,在执行过程中就能做到自觉遵守。因此,学校要认真实施"四个依靠"的管理特色:依靠公平激发活力,依靠情感赢得信赖,依靠目标凝聚团队,依靠过程服务教师。校领导经常深入班级和教师办公室去了解教育教学情况,努力为教师创设思考和行动的空间,鼓励他们提出自己的主张和建议。学校常常邀请教师走进校长室,了解教师的需求,把做决定的选择权归还教师;请他们为学校把脉挑刺,让他们积极参与学校事务;持续开展"我为学校发展献一计"活动,动员广大教师为学校改革和发展献计献策。学校建立起教职工代表大会制度、民主评议制度和校务公开制度,用教师提案改进常规管理工作。班子成员实行近距离服务、走动式管理,实现从"制度加情感"到"情感加制度"的转变,树立"学习、工作、尽责、服务是快乐"的核心价值观和苦乐观,倡导"表扬、鼓励、激励、欣赏、分享、快乐"的文化理念。

3."以人为本"的管理,就应该强化服务意识

"以人为本"就是要从教师自身的需要出发,形成内化的更适切的文化氛围,努力为一线教师的教育教学工作保驾护航,努力把学校办成教师展现才华和实现人身价值的舞台。学校不能仅为教师下达任务,而应当着眼于教师的发展,根据教师的需要为教师提供服务。学校教育是公益事业,因此,学校的育人、教学、管理等都是服务。管理变成了服务,命令变成了感召,威严变成了亲和,尊重教师、关心教师、服务教师,才能唤醒教育者的生命自觉。学校落实

服务行为,就是要以服务的心态,坚持以人为本,努力为师生的工作、学习和提高、发展搭建平台,创造条件,提供方便。我们坚持出台"三个服务"的治校原则:为教育教学服务,为师生生活服务,为学生发展服务。遵循学校管理是为了教师、服务教师、发展教师的理念,切实做到"权为民所用,情为民所系,利为民所谋"。管理者作为服务者,不是当裁判比较教师的长短快慢,不是盯着教师的不足并将其扩大化,而是全方位地了解教师工作、生活和心理的合理需求,并竭尽全力地加以满足。尽量减少低层次、表面化的管制,少些怀疑,少些监视,少些指责,少些斤斤计较,使教职工心情放松些,手脚放开些,使上上下下都把真正的智慧和宝贵的精力用于实实在在、富有意义的工作中。当管理者成为货真价实的服务者,他们就会努力从建设、多赢的角度想对策、出谋略。当学校"激情式听课""问题式教研沙龙""共享式教案""以师为本的检查制度"等深入教师人心的改革方案相继产生时,广大教师就会自觉接受、主动遵守。

其实,管理是一个投桃报李的过程。学校倡导"以人为本"的管理思想,营造了和谐宽敞的人文环境,于是,就有了领导与教师内在的一种呼应,一种共同努力发展的和谐。学校管理的目的是规范人、引导人、服务人、发展人、成就人,最后达到人人都拥有快乐人生。在学校常规管理中,只有用"以人为中心"的管理理念替代"以管人为中心"的管理方式,以教师为本,让教师尽情享受职业的尊严与快乐,才能让团队成员由他律到自律,感到有一点压力,但不觉得压抑,感受到来自学校的快乐。

学校常规管理是一个动态发展的过程,它需要我们吐故纳新,充分发挥教师集体的教育智慧,不断建立和优化教育教学常规,并不断超越常规,去追求更高的常规管理境界。

第二章　构建学生的快乐乐园

　　童年是稚嫩与敏感的,无论学校给予了什么影响,它都会深深地刻在"底色"中。只有儿童阶段发展得充分和完满,以后的发展才会有良好的起点和坚实的基础。学校是放飞学生快乐的圣地,它的神圣使命就是努力营造学生成长的快乐乐园,让每一个孩子拥有健康、快乐的童年,为孩子的一生打下幸福的底色;让儿童走进学校,生活在学校,喜欢上学校,进而享受学校生活,体验快乐。

第一节　快乐课堂

一、还快乐课堂的本来面目

　　课堂是学生快乐达成的主渠道。学生在学习中体会到的快乐应该是课堂学习活动本身的快乐,是在主动学习的过程中体验到的快乐。在新课改的大潮中,我们的课堂教学的确发生了很大的变化,有了全新的景象,教学的形式更丰富多彩,师生的交流更畅通,学生学习的兴趣更浓厚。然而在欣喜之余,当我们冷静地审视现实中的课堂教学,却发现一些教师片面理解新课程理念,旧的课堂教学方式与新课程理念的矛盾、教学内容多与课时紧张日渐凸显。课堂上出现了"散乱的快乐",教师的主导地位缺失,片面突出学生主体地位的重要性,错位运用了"自主、合作、探究"的学习方式。课堂上太多的资料补充,太多的媒体演示,冷落了教科书;太多的非教学活动,降低了学习的效果,使得课堂教学"像雾、像雨,又像风"。笔者认为,快乐课堂是基于尊重学生的美好天性、激发学生的精神动力、努力让教学迸发智慧光芒的课堂,是推动学生自主学习、主动发展、创新发展的改革行动。课堂教学应在继承传统教学的基础上有所创新,不应为了改革而改革,一味追求新奇、刺激、热闹的现象,更应该正本清源,返璞归真,真正还知识以情感、还课堂以灵性,还快乐课堂的本来面目。

1.师生相和谐——快乐学

在传统的课堂中,教师的地位带有"文化霸权主义"和"知识权威主义"特征。他们忽视儿童的各种学习权利,总是以教师为中心,滔滔不绝地满堂灌,让学生跟着自己走,想自己之所想,答自己之所问,导致课堂上师问生答、师讲生记、师令生从,课堂活动匮乏,课堂气氛沉闷。

课改理想的课堂应当是快乐的,在这样的课堂上,师生们在平等互信的基础上传播着知识信息的同时也传播着情感信息,进行着心灵的交流、思想的碰撞。在这样的课堂上,教师心中有学生,把学生看成有自控能力的行为主体和伙伴;学生心中有老师,把老师当成可以信赖的导师和朋友,在沟通、合作、对话、互动、交流中,师生彼此敞开自己的精神世界,获得精神的交流和意义的分享。学习成为一种生动活泼、积极主动和富有个性的创生活动。

但是,教师如果忽视应有的教学主导而一味让学生自主、合作、探究,片面强调学生感悟,认为讲得越少越是创新,稍加开讲便是守旧,这种理解错误也是显而易见的。教师该讲清楚说到位时不敢说,该补充作拓展时怕浪费课堂时间,该批评纠正时而不置可否,这才是教师主导作用的错位。教师的社会职能就是体现出"导"这个特点来。小学生年龄还小,学生要义是学,不能让学生像无头的苍蝇一样盲目乱撞。在教学中,教师应乐于提供适当的帮助和指导,善于选择学生中有价值的问题和意见,引导学生开展讨论,给师生对话创设一个愉快的教学氛围。

快乐的课堂教学过程,既有知识的传授,又有情感的交流。教师眉飞色舞,学生畅所欲言,课堂氛围也融洽和谐,师生都很开心快乐,共享学习的快乐。

2.天然去雕饰——朴实学

我们有些课堂,尤其是公开教学,热闹得让人吃惊:学生表演代替了分析,讨论代替了思考,音乐干扰着阅读,竞赛充斥着课堂。那些"课本剧展演""实话实说""分组辩论"似的"合作学习",尽显其能的是班上的优等生,大多数学生就成了看客。学生的回答,基本上是对课文内容及参考资料的翻版或重复。课堂表现出的不是学生思维、想象的活跃,而更多的是肢体的活跃,师生游离于自然与真实之外。课堂上只见热闹,而不见沉思;只有满堂的热烈,而不见冷静和有序。

全国小语会理事长崔峦说："语文教学一定要删繁就简,要返璞归真、简单实用,提倡简简单单教语文、本本分分为学生、扎扎实实求发展。"课堂教学,要回归学科的本色,做实实在在的训练。让课堂走向平实,其实并不需要太多花哨的形式。让学生读,就要朗朗地读,大声地读;写,就要认真地写,做到心无旁骛,专心致志,让学生在书中品味文字的纯情魅力,在阅读中领略文本的真正含义。

任何学习都要求真、求实,因此我们的课堂应该是实实在在地为学生谋求真正发展的课堂。课堂学习要向绿色与宁静回归,追求学习的简约。须知课堂过多地直观表演、展示会制约学生的想象力和思维水平的发展,扼杀学生个性化的独特体验,不仅占用了读书时间,而且影响了静思静默。实际上,学习需要动,也需要静,课堂学习的节奏就要讲究动静互补。动和静本身只是课堂学习的一种外在状态,在真实的课堂学习中如果只关注形式的变化,而忽略了动、静背后教学的本质,课堂学习目标的达成就永远是一句空话。真实的"动感"应该是建立在"安静"中,那种没有足够时间来静悟的结果是肤浅的,丧失了课堂中的"真"。或许,真实的课堂不是完美的课堂,但不真实的课堂绝对不可能是完美的课堂。

3.淡浓总相宜——准确学

现在很多课堂学习综合性太浓,学科味太淡。有这样一种说法,课文是"新娘",拓展文本是"伴娘"。在语文课上,"伴娘"花枝招展,装扮时髦,远比"新娘"漂亮,导致学生往往忘记了"新娘"而记住了"伴娘"。有的课堂,学生还没有读课文,就开始交流课外收集的资料,然后说故事,提问题。有的公开课,学生不得不花大量的时间去学习歌曲、舞蹈、表演等,然而在课堂上一番展示后,学科本身的学习却不着边际,该读的没读,该练的没练,该写的没写,该讲的没讲。有的把语文课演绎成思想品德课、人文探究课,语文课被"异化"为政治、历史、地理、美术等的大杂烩,而恰恰把属于语文的东西给丢失了。学习重点被撂到一边,学习难点并未触及,有效的课堂实践就落空了。

在学习语文课之前,我们一定要抛弃浮华,研读文本,吃透教材,明确课文的学习目标,弄清课文的重点、难点,掌握教材的主旨,要站在一定的高度来分析课文、领悟课文;考虑学生实际知识水平和生活经验,设计出有价值的问题让学生讨论;走进文本,在师生的共同学习中,去体验、去发现、去感悟语言文字之美,作者情感之美,文章意境之美,这样的语文课才会"有滋有味"。理性的课改呼唤我们的课堂学习要洗尽铅华、回归本真,把学科课真正上出原汁原味的学科味来。

4.清水出芙蓉——智慧学

快乐的课堂是一种充满情趣的学习过程,不是教的单一体,也不是学的单一体,更不是单纯的一加一等于二。教学艺术的提升永无止境,让学生不断享受高层次的课堂快乐,是我们永恒的追求。特级教师华应武悟到:老师说话要尽可能少些,学生智慧学习要尽可能多些。真正的有效教学,就像是初恋的感觉,就是心里有但是不讲,说尽了就没意思了。只有教得有效,才能使学生学得更快乐,学得更有效,学得更有趣。

课堂是不确定的,每一分钟都孕育着创造,都可能诞生新的方法、新的思想和新的创意,这就要求学生必须立足文本,遵循自身的认知规律,进行智慧学习。学生要想学出效率,就必须在学习方法下功夫。在学习过程中,我们应该智慧地去引领,智慧地去抉择,智慧地去引申,智慧地去点拨。只有智慧的课堂才能赢得更多的闲暇时间,为实现课外拓展提供时间保证。

建设快乐课堂是一篇大文章,绝不是一蹴而就的事。因此,课堂教学只有立足教材,从学生实际出发,选择合适的教学方法,才能行之有效。教师要努力从学生学的角度、学的效果去反思自己的教学,思后又虑前,想前又思后,充分发掘学生的兴趣点,调动学生学习的主动性和积极性,实现课堂教学的两大目标:一是学生层面要达到"乐学、会学、享受学习";二是教师层面要达到"乐教、会教、享受课堂"。师生共同品味课堂带来的多维人生,享受快乐课堂。

二、课堂是允许犯错的地方

学生是一个"生长的人",他的成长过程其实就是一个不断改正错误、完善方法、积累经验的过程。这意味着学生是一个会犯错误的人,对于学生犯错误的权利,我们必须要尊重,而不能剥夺。正因为他们发展得不成熟,才更需要我们的呵护、宽容和理解。不断修正自己的错误,接受教育是使人成长为人才、成功者的必要条件。

记得一位高新技术企业老总曾说过,他们企业成功的秘诀就是"鼓励成功,宽容失败"。课堂作为教育的主阵地,"鼓励成功,宽容失败"的氛围不可或缺。课堂中永远有不可避免的因为记忆、认识偏差或思维偏离而犯的各种错误。学生有自己独特的思维和体验,当学生出现错误时,是批评"错误"还是善待"错误",往往只在教师的一念之间,但会出现两种截然不同的效果。学生的教育,重要的不是得出正确的结果,而在于走向正确的过程。这个过程最有价值,也最能使人快乐。课堂是允许犯错的地方!教师要有允许学生犯错的胸襟与智慧,保护和张扬学生的探究精神,把课堂中的"节外生枝"恰到好处地进行"修剪",从而使学生在课堂中的成长真正成为一道美丽的风景!

(1)课堂是允许犯错的地方。作为教师,首先要本着以人为本的教育观,尊重、理解、宽容犯错的学生。学习中的错误是难免的,犯错误是学生发展中的权利,所以教师一定要善待学习中的错误,帮助学生认识到人生自古谁无"错","错误是创造的开始";要以包容为原则,允许并鼓励学生犯错,更要允许有改正错误的机会。课堂始终要在一个宽松的环境中进行教学,使学生拥有快乐、宽松、积极的情绪,并形成良好的师生关系。这样,学生在课堂上才会没有压力、没有心理负担而心情舒畅、情绪饱满。在这种情况下,学生的思维最活跃,实践能力最强。其实,害怕犯错是一种典型的心理,如果教师总以正确答案来评价学生,还有谁敢冒出错的风险?一些公开课,学生往往一个犯错的都没有。一旦学生成了工具或手段,真正的学生就消失、隐蔽了。学生从课堂上消失,教学也就不是真正的教学了。如果教师总是限制太多,条条框框设得太多,只会让孩子长期处在一种谨小慎微、瞻前顾后、循规蹈矩的成长模式中,孩子许多异想天开的东西就没有了。在这样的氛围中,学生的灵性之光难以迸发,学生的思维火花难以闪现。探究是科学学习的核心,创造本身就意味着突破和否定眼前的"完美",已经"完美"的事情就无须创新。一般来说,只要学生经过思考,其错误中总会包含某种合理的成分,出错往往隐藏着正确的思路,大多是"差那么一点""拐个弯就对了"。要知道,学生的学习欲望,总是发生在教师的不经意之时,所以教师要善于捕捉学生学习错误中的闪光点,及时给予肯定和欣赏。学生在课堂中犯错的时候,往往是最需要教师鼓励与帮助的时候。可以这样说,对于出错的学生,教师的一句和蔼的提示、一个鼓励的眼神、一次信任的微笑、一个尊重的姿势,都能点亮学生的心灯,都能重新点燃学生渴求真知的燎原之火。教师要为学生在吸取知识过程中的畅想畅言撑起一把"心理安全"的保护伞,要为学生课堂发言敞开一条自由的通道,这样才能让学生养成思考、质疑、立异的习惯,激发学生的创新思维。

(2)课堂是允许犯错的地方。作为教师,应该允许学生在课堂中犯错,同时也应该正确对待学生的错误,更重要的是要把"出错"融为教学不可或缺的教学资源。正确,也许只是一种海市蜃楼般的短暂模仿;错误,却绝对是一种刻骨铭心的难忘经历。一个人在犯错中,不可能学到解决问题的方法,但错误却是一种特殊的教学资源,学生犯错的过程往往是他们大胆尝试和创新的过程。学生的心智需要用错误作为养料以促进其成长,他们只有在错误之中才能一步一步地走向正确。课堂正是一个创新、尝试的过程,走弯路在所难免。一个缺少尝试、不犯错误的学生是恐怖的,这并不意味着该学生未来会学得更好。也许恰恰相反,由于没有课堂探索的铺垫,他的认知基础反而很薄弱,在未来的学习中不得不花费更多的力气去辨识世界,适应学习。学生在课堂中出现错误,就给我们提供了这样一种信息:或者学生的知识基础缺乏,或者学生的理解有误……此时此刻,我们就应该根据学生犯错的原因,用自己丰富的知识储备,掌握其错误观点运行的轨迹,摸清其错误源头,以敏锐的洞察力捕捉错误所隐含的教学价值,然后对症下药,采取针对性的方法进行调控。教师通过引导,让学生经历找错、辨错、改错的全过程,鼓励学生"打破砂锅问到底",让他们从错误的反思中提高辨别能力。这样,才能有效地帮助学生,使学生的错误成为走向正确的起点,实现由不完美走向完美的美丽蝶变。在这一过程中,学生不仅感受到自己在课堂上的改变和成长,还能体验到人格的尊严、真理的力量、交往的乐趣和人性的美好。因此,教师必须审视自身教育中的缺陷,然后确定克服这些缺陷的方法步骤,为所有的学生提供成功的机遇。正因为如此,名师的课堂才精彩纷呈、高潮迭起,学生在课堂中不仅仅学到了知识,更收获了学习的信心。要知道,教学不只是课程的执行和传递,更是课程内容持续生成和转化的过程,是帮助每一个同学进行有效学习和共同发展的过程。

(3)课堂是允许犯错的地方。作为教师,帮助学生不再犯同样的错误是教学工作应尽的义务。当学生在课堂上出现错误时,教师不能置之不理,更不能斥责挖苦学生。课堂上的学习错误如果处理不当,将会给教学带来困难或是意想不到的"麻烦",从而影响学生的发展。面对学生自己创造出来的错误,学生之间容易引发争论,此时教师应以宽容的心,帮他一把,抓住错误,引导学生在思维的碰撞中思考,用好错误进行教学。学生就会在一次次"茅塞顿开"的激情鼓舞下,在为自己的想法寻找依据与支撑的过程中自主找错、纠错,不断从错误走向正确。这样虽然看似浪费了时间,实际上却能使学生得到有益的启发和教训,同时也有利于培养学生敢说敢问的习惯,让学生体会到学习的乐趣,其思维品质也正是在不断的纠错过程中才更加深刻、敏锐。这难道不正是我们进行教学的目标吗?与此同时,我们还应不断引导学生在反思中发现自己学习中的不足,帮助学生分析错误原因,找出正确的解决方法,使学生在我们的正确引导及鼓励下,敢于正视错误,逐渐形成实事求是的学习态度。正确很可能只是一种模仿,而错误绝对是一种经历,真实而自然,它是通往正确和成功的必经之路。只有发现自己的不足,学生才最有兴趣和耐心去探索、研究;只有"折磨"之后,学生才能铭记在心,印象深刻。我们就应该像医生那样通过望、闻、问、切,准确判断"病因",然后"对症下药"。

(4)课堂是允许犯错的地方。作为教师,要最大限度地培养学生的个性,也只有这样,学生的天赋才能得到发展。在教育中,错误往往不是一个结果,而是进步的起点,是一个过程。教师要清楚认识到犯错不是学习过程中的弯路,推开"犯错之门",我们同样可以看到美丽的景色。如果一节课第一遍讲,学生没有一个犯错的,我们就应该思考这样的课还有上的必要吗?如果老师怎么说,学生就怎么做,学生自己的想法被压抑着,也许很少有出错,但还谈得上创新、成长吗?过度的防错、避错,缺乏对犯错的欣赏与悦纳,大大阻碍了学生扩展认知范围,使求知欲以及大胆尝试的探究意识被压抑。久而久之,对犯错的单一评价维度会让学生感到,只有回答对了才是老师欣赏的,才会得到别人的认可,错了可能会受到嘲笑甚至歧视,于是产生严重的挫折感,不敢创新,而是以一种循规蹈矩的方式去做事。多一些弯路,少一些捷径,未必是坏事。任何正确的答案和方式,都是通过曲折探索才得到的,往往在出错和改错的曲折探索过程中,课堂才是最活的,教学才是最美的,学生的生命才是最有价值的。对待学生的思维成果,不是着眼在对还是错上,而是应着眼于有价值还是没有价值上。每个人都是在不断认识错误又不断产生新的错误和修正错误的过程中长大的,错误是每个人成长的必由之路,是不可避免的。在课堂生活中,学生要有自主学习的权利和时空,多元思维能够自由展示和碰撞,独特性学习体验得到尊重,暂时性的学习错误得到宽容,学习个性得以体现和张扬。相对于所谓的答案,学生的自主思考更为重要。自主思考是学生课堂学习的结果,是目标,是对出错过程的回眸。出错的价值并不在于出错本身,而在于师生从中获得的新启迪,学生在尝试错误、不断争鸣中收获真正的成长。

小学时代是人生的奠基阶段,在这个阶段为其形成创造性思维品质提供优质环境的话,就会让他们的当下精彩纷呈,更会让他们的未来快乐无限。学校本来就是一个让学生在不断地犯错中认识自己、接受自己、完善自己的地方,教师的责任就是帮助学生完成这一过程。善待犯错,不是鼓励犯错,不是任由学生信马由缰,而是鼓励学生探究的勇气,激发学生挑战的精神,保持学生创新的激情。从某种意义上说,犯错是走向成功的助推器,是通向真理的必由之路。只有学生在尽最大努力避免出错的前提下所犯的错,才可能最具有教育价值。课堂教学的过程,在很大程度上就是引领学生从模糊走向清晰、从错误走向正确、从肤浅走向深刻、从片面走向全面的过程。课堂就是一个宽容错误、理解错误,艺术性地处理错误的地方。教师不仅应该知道学生过去犯的错,而且应当纠正学生现在犯的错,以预防学生未来犯错。同时教师要借"错"发挥,因势利导,在探讨、尝试中为学生开辟出一片创新的"新天地",从而激发学生的创新情感,激活创新思维,让"出错"发挥最大的功效。

三、课堂需要"适合学生的教学"

学校不是要培养适应学校的学生,而是要提供适合每个学生成长的教育。尽管从理论上讲,学校和教师都是为学生而存在的,但学生在学校、在教师那里,如保罗·弗莱雷所言,属于"被压迫者"。由于师生关系的不彻底平等,大部分教师把课堂当学堂,教师教什么,学生就学什么;教师怎么教,学生就怎么学。对于不适合教师的学生,教师可以帮助,也可以批评;但是,对于不适合学生的教学,学生则毫无办法。教学中的许多冲突、缺失,都源于教师的教学习惯是让儿童适应教师。

课堂教学,是师生精神成长的一段重要经历和美好时光,是师生生命交相辉映的快乐家园。课堂教学面对的是一个个活生生的成长中的儿童,每一个学生生而有异,各有各的特点,各有各的优势,后天成长与生活的环境与教育又各不相同,我们不可能用同一种方法把所有的孩子都教好。每个学生又都有自己的发展特色,我们在教学过程中不能"一刀切",要求每个儿童都达到同样的高度。适合学生,从学生的实际出发,是促进每一个学生发展的基本前提。可是传统的教学就是用统一的要求、统一的方法、统一的进度、统一的作业、统一的目标……对待不同的学生,让大多数学生对学习失去了兴趣。教师一个人的统一教学模式无论如何也不可能是精彩的,其教学效果当然就不可能理想了。关注课堂、聚焦课堂、创新课堂是教育人追求的永恒的主题。课堂是师生共同的舞台,教师应当摒弃一元中心,走近学生并走进学生的内心世界;要从为教师需要而教的传统框框里跳出来,重新学习和构建为学生而教的专业思想和行为。不适合的教学,会造成一些学生不良的发展状态,主要表现在学生童年的忙碌、童年的恐慌以及童年的逐步消逝。那么,学生会认可和欢迎什么样的教学呢?最基本的答案就是"适合他们的教学"。从"让学生适应教学"走向"让教学适应学生"无疑是艰难的,但这又是必须迈出的一步。

1."适合学生的教学"就要让所有的学生都能成长

这里所说的成长,是在原有基础上的成长,是适合学生最佳发展的成长。这里所说的所有,是注重所有学生的发展,不放弃任何一个学生,让所有的学生都能够通过课堂教学得到成长。学生的差异是客观存在的,学生之间的差异无法消除,但却可以通过采用适合各自学习风格的方法加以平衡。其实,没有一个万能的秘方让我们去应对学生的所有问题,也没有哪个方法可以适用于所有的教育情景。适合学生的教学,不是适合学优生的教学,而是适合所有学生的教学,尤其要关注"边缘人"的教学。如果教学与学生的发展相契合,那么学生的发展也就自然而然了。这种与学生发展相契合的教学,就是"适合学生的教学"。它的目标是适合学生的个体差异,它的内容是适合学生的心理需要,它的模式是适合学生的年龄特征,它的评价是适合学生的发展趋势。"适合学生的教学"是标准最高的教学,它是符合学生水平、需要、特点的教学,是有益于学生快乐学习的教学,因此也是最难做的教学。为了学生和国家的未来,我们有必要把"适合学生的教学"由理念变为现实。而这是需要一系列前提的。

2."适合学生的教学"就要高度尊重学生的天性

"适合学生的教学",不仅仅是教师提供的,更重要的是学生自己的,是要尊重学生的发展规律的,而每一个学生成长的途径和方法又没有确定指向。"适合学生的教学",突破了那种只重视教师设定下的统一,无视学生个体差异和个性需求的传统教育的理念和模式。这样的课堂倡导尊重、信任、理解、包容、民主、平等、对话的活力课堂文化,把学习的权利还给学生,让每个学生充分发挥自身的智力优势,选择适合自己风格的方式进行学习,从而使智力得到深化与拓展,并获得知识和技能。教学的本质是教学生学会学习,因此教学改革必须以学生学会学习为核心。学习必须经由自己才能完成,自己才是学习的真正建构者。教师要遵从学生的认知规律和学习心理,做好学情分析,提高备课质量,教给学生真正需要的东西。"强拉牛头硬喝水"式的教学,往往得不偿失,甚至还会伤害学生身心,贻误其一生的成长。其实世界上没有不爱学习的孩子,只有不合适的教学方式。而不合适的教学方式,恰恰来源于我们的错误假设,即所有学生的学习方式都是一样的,每个学生都是按照老师的方式来思考的。课堂教学的很多问题,都源于此,在于教师没有很好地处理教学内容,呈现给学生的更多的是成人化、概念化的东西。学生的情况也许不是我们希望的,却一定是最适合他的。尊重一个学生就让他做自己,而不是让他按教师在心中勾画的样子去成长。课堂教学要以学生为起点，以学生参与为基础，以学生获得知识、启迪智慧与润泽生命为目的，不断创造着和实现着"快乐源"，促使学生在主体自觉的基础上不断产生独特的体验和生成独特的自我。

3．"适合学生的教学"就要教师具有教学的艺术

"适合学生的教学"，是从愿望开始的，却必须落实在操作上。贵重的钟表在于准，分秒无误；恰当的教育在于适，适事、适人。教学的方式五花八门，一个方法不可能对所有的孩子都好用，所用的方法也不可能对一个孩子都适用。课堂教学的成败关键看教师的教学艺术。根据学生的不同需求，教师在课堂上应设计多种灵活开放的学习方法，帮助学生找到适合自己的学习方式；教师在课堂上应积极引导学生，在现有的基础上，帮助学生"跳一跳摘到自己的果子"。这就要求教师深入细致地了解和掌握班级中每一名学生的学习个性；这就要求教师的每一个行动都必须是充满智慧的、不假思索的。这样的课不完全是预先设定的结果，而是在课堂教学中，有师生的真情实感和智慧的交流。课上只有教师"指点江山、激扬文字"，才有学生个性洒脱、神采飞扬。教学的艺术发生和存在于课堂教学过程中，是教师根据学生的现场反应不断调整自身教学行为和状态的现场艺术。教师对学生的学习个性了解和掌握得越多，越有利于教学的个性化，越有利于每一个学生的成长和发展。优秀教师往往能十分自如地针对学生的实际进行教学，教学实例信手拈来，教学对话交流融洽。

4．"适合学生的教学"就要教师切准学生的学习心理

教师要以人为本，从学生实际出发，从学生生命的角度关注学生，真正做到因材施教。教师只有用学生的眼光看待课堂教学，设计安排教学流程，体会学生的感受，才能上出"适合学生的教学"的课。教师应当站在学生的体验中教学，让他们自主、独立成长，而不是每节课都在复制自己，并粘贴到学生的心里。这个过程有太多的不可预见性，当然也存在着太多的生成性自由；这个过程既有教学资源的生成，又有学生的生成。虽然不是每个教师都有创造"适合学生的教学"的明确意识，但在潜意识中，他们都希望自己受到学生的认可和欢迎，都希望激活每个学生学习主体的学习"内源"。虽然我们不可能为每个学生提供量身定做的教学方法，但实施分层教学是完全能做到的。我们不仅在教学内容上要分层，在作业上也要分层。我们提倡课堂是一个多元思想相互激荡的文化思想领地，让学生内生并保持一种对课堂生活的自我归属感。在这个课堂里，既有基本知识体系，又有弹性发展空间；既有人文素养的书香

浸润,也有科技创新的思维引领。

一个学校无论多么成功,如果缺少核心竞争力的课堂,仍然只是行走在教育的边缘上。课堂应该"扬长避短",为不同类型学生提供更多的机会和宽广的道路。课堂要适合学生,而不是学生适合课堂。这就是活力课堂的儿童立场,教学就要从这一立场出发。这样的课堂,是一个打破规矩、创造精彩的课堂。教学适合学生,不是放弃教学的使命,恰恰是在适合学生中完成发展学生、提升学生的使命。当然,"适合学生的教学"与公平公正地对待学生并不矛盾。公平公正并不意味着教学要"一刀切","适合学生的教学"也并不意味着教师可以不讲原则而有所偏颇。适合,不是一味任性而为,教师还应坚持严格的纪律与规范;适合,并不是只给孩子们快乐,更要让他们在快乐学习中有所得,有所悟。

四、我的课堂我做主

现行的班级教学大多没有真正面向全体学生,因为它通常无力顾及学生的差异,不得不在教学内容、方法、速度上一视同仁。因此,很多成绩好的同学为了等待成绩不太好的同学,被老师要求反复做一些他们早就不想再做的题目,回答一些他们早就会答的问题;很多成绩不好的同学,每天需要做大量的题,又因为基础不牢已没有时间去静心琢磨它们,从而更加不会做了。成绩好的同学在学习中因为内容过于简单而"作壁上观"中渐渐失去了学习的热情,成绩差的同学在"吃力地追赶"中丧失了学习的信心。学生个体能力的自由发展受到了阻碍,大家都慢慢地不喜欢课堂了,于是课堂学习就成了负担。这背后的根本原因是,我们总让学生"被动地在后面跟跑",而不是让学生"主动地到前面探路"。

教育家陶行知说:"创造力最能发挥的条件是民主。"宽松民主、和谐快乐的课堂氛围是传达知识的最佳媒介,是培养能力的无形钥匙,是促进成长的潜在力量。课堂不再是教师板演的三尺圣台,而是学生创造性发挥的舞台。我们提出打造活力课堂行动,就是要让教师建立以生为本的课堂意识,致力于让每一位学生都能真正成为课堂的主人。学生始终是课堂教学的主体,每个学生的生长发育有快与慢,但学生的快与慢只代表着现时的状态、本阶段的认知水平,并不代表最终到达的高度。教师该如何面对这些或快或慢的学生呢?

1.自主学习的原则

课堂的活力源于学生的自主性、能动性与创造性,自主让课堂高度活跃。

现代课堂之所以能够取代传统课堂，就在于新的课堂里，学生学习的主动性呈现出前所未有的活力。学生的自主学习表现为两个基本特征，即主动和选择。没有学生的自主，发展机会就难以真正到来。学生需要自主，渴望选择，就必须把课堂还给学生，就必须充分培养调动学生的学习兴趣，促使他们主动学习和探索学习，让他们拥有自主选择的机会与权利，改变那些习以为常的学习方式。因而要留给他们自由支配的时间，留给他们属于自己的天地，减少不必要的规定；把自由表现的机会还给学生，使学生思维的火花、创新的火苗时时燃烧，使学生生动活泼地发展。

　　人的一生中在学校的学习时间不过十五分之一，其余的时间都是靠自主的学习。课堂改造采取什么形式不是最重要的，最重要的是培养学生自主学习的能力，成为学习的主人，学会学习。在课堂学习中，我们追求民主、平等的师生关系和谐，从而构建一个自然、开放的民主课堂。笔者认为，课堂教学的效益不在乎教师教了多少，而在乎学生学了多少。以学生为本的课堂教学改革不是空洞的，而应当创造适当条件将之落到实处。比如，在学习内容的选择上，我们经常是带着孩子们先研究"一个个局部"，然后才告诉孩子"这其实是一个整体"，能否先将孩子们带入这"一个整体"让孩子们建立起"整体观"，再放手让他们用自己的方式去研究其中的"一个个局部"？在学习方法的选择上，能否坚持"适合的就是最好的"原则，让课堂彻底翻转，让学生找到课堂的"存在感"，允许学生用自己喜欢和习惯的方法学习，让学生获得更高的学习自主权和主动性？在学习进度的选择上，能否给孩子一个较长时间的学习周期，让孩子们根据自己的思维特点，"先快后慢"或"先慢后快"，而不是总那么"齐步走"？在课程结构的设置上，能否让孩子们有更多的选择课程的机会，更多地发展自己的特长与爱好，形成自己的"亮点"，进而体验成功的快乐？这些改变，关键要落实到课堂如何建构、师生如何互动、学生自由时间如何保证等更为具体的日常教学行为中；关键要把本属于学生的学习权利真正还给学生，让每一个生命都能得到应有的发展；关键要在课堂上留足时间，引导学生自己通过实践去内化、升华所学的知识，拓展思维，提升素质。

　　2.展示对话学习的原则

　　人都有被尊重的需要，都希望被认可，学生更是如此。如果说教学是一种积累和内化，那么展示就是释放和外显。课堂就应满足学生的表现欲望，让更多的学生获得成功体验，让学生尽情地展示自己的个性和特长，主动分享学习成功的快乐。真正的教育就是展示对话，是发生在师生之间、生生之间的互相影响。展示对话过程的价值在于,教师通过适当的对话诱发学生学习的积极性,调动学生的思考兴趣,掀起学生思想情感的波澜。展示对话是解决学习内驱力的金钥匙,谁都不能轻视展示对话。学生展示交流可以得到同伴的尊重和鼓励,而这种尊重和鼓励是学生学习的不懈动力。教师在教学中要给每个学生提供适合他自己特点的展示机会,因为学生需要得到别人的认可。

　　一堂课中,个体展示是亮点,是形成人格、自主自强、勇敢有为的重要途径;群体展示是高潮,学生不断追问,展示同学的回答和同学间的补充将课堂推向高潮。一堂课只有孩子们上得精彩才算精彩;只有把教师的课堂变成学生的课堂,课堂才能真正成为学生快乐的情感生活和积极的情感体验的乐园。快乐的课堂,不能缺少学生主动展示的时空;快乐的课堂,不能缺少学生对话交流的机会。快乐的课堂就要让学生借助书面展示、口头展示、行为展示等方式,把学习成果展示出来,让大家分享成功的喜悦。学生在说、讲、写、听、看、思、疑这些展示中,认识到自己的重要,体验到成功的乐趣,树立起学习的信心。研究证明,当学生把自己的知识讲给他人听的时候,他对知识的掌握是最牢固的。学生也更喜欢同学之间的讲解,因为他们交流的评议相近、心灵相近、最近发展区相近,学生在相互反馈、修正中得到发展。教师要充分利用学生喜欢展示的这一天性,为学生提供充分的展示时间和空间,充分尊重学生的个体生命,善待学生的个性差异,给予学生个性学习的权利。在课堂上,教师学生自信地展示学习成果,表达时滔滔不绝,神采飞扬,有自我价值实现后由衷的喜悦,也有团队合作成功后的欣慰。在课堂上,教师就是要让学生展示生命历程快乐,不再拘泥于单一的语言表达,而是利用各种表现手法来展现。在课堂上,教师不仅要引导学生丰富学科认识,还必须关注学生的道德生活和人格养成,追求学生主动、真实、健康的发展。正如一位教师所说的那样:"展示对话学习不仅使学生的学习成绩提高了,也改变了学生的性格,使学生变被动为主动,真正成为课堂的主角。"

　　3.合作探究学习的原则

　　知之者不如好之者,好之者不如乐之者。小学阶段,知识不是最重要的,兴趣和学习持久力才是最重要的。每位教师都在想这样一个问题——怎样让孩子喜欢我的课,换句话说,就是怎么让孩子爱学。笔者认为,学习本身就是同学之间互教互学,彼此取长补短的过程;就是让学生自主去合作和发现,享受自己创造精彩的过程。合作探究学习的价值是共享和互补,学生因共同目标而产生合作意识,因互补需要而强化合作意识,因合理分工和正确方法指导而使合作意识变为有效行动。不论什么样的课堂模式,学生的课堂学习质量在很大程度上取决于教学过程,因此充分调动学生学习的积极性、主动性,可以为孩子们的学习兴趣提供多方面的支持。于是教学不再只盯在知识上,而是把课堂的着力点转向了孩子的学习兴趣上。

教学是师生、生生互动的过程。互动中要形成合作探究精神,既要有互动帮助,也要有彼此分享。学生与学生的互动就是要求学生在课堂上积极参与,加强对话和合作,既要充分发挥个人优势,又要集思广益,相互学习,扬长避短,在不断的求异、发散中碰撞出思维的火花。实际上,正是由于课堂上有了互动的可能、交往的空间,精彩也才成为教学的基本存在形态。正是在这种合作中才有了互助与分享,才有了更高的学习效率,才有了良好品质的生成。对于知识,教师永远教不完。教师只是引路人,绝不替学生走路。只有让学生通过自己体验和亲身实践,生成的知识、达成的技能才能自然而然,学生才能品味过程的艰辛与快乐。在课堂上,教师"退隐"到"幕后",放手让学生去合作、去探索、去发现、去创新;学生走到"台前",交流、探讨、质疑。学生能自己掌握的知识,就让学生自己去探索掌握;学生能自己发现的方法,就让学生自己去探索发现;学生能自己解决的问题,就让学生自己去探索解决;学生能自己总结的规律,就让学生自己去探索总结。只有全班都解决不了的问题,才由老师来解决。所有的课都以孩子的主动学习为前提,教师只讲在疑难处,学生却练在关键处。孩子就在自己是主角的课堂上,享受着与同学、与老师的和谐,享受着探索真理的过程。这种给学生更多尊重和鼓励的课堂,老师很尊重学生的感受,不会把自己的意识强加给学生,笔者蛮喜欢。衡量一堂课效率的高低,不但要看学生是否当堂掌握了,还要看学生是怎样掌握的,是教师灌输给他的,还是他通过自学掌握的,这有本质的不同。

学习,是孩子自己的事情,谁也替代不了。学生只有自己在学,他才是学习的主人。我们注重课堂的参与度、亲和度、自由度、整合度、练习度和延展度,使学生成为课堂上一道道亮丽的风景。孩子只有根据自身的特点选择适合自己的方式,才会更加主动、更加投入、更加负责。站在学生的角度审视和完善我们的课堂教学,以学生的根本利益为出发点,关注每个学生的不同特点和个性差异,充分挖掘每个学生的优势和潜能,满足学生多样化和个性化发展的需求,尊重个性选择,鼓励个性发展,正是课堂教学改革的核心。当我们把学习的主动权交给学生,把创造的权利还给学生,把大胆提问和小心求证的空间给予学生,让学生真正成为学习和发展的主体时,学生探究的边界和深度会超乎我们的想象。学生不再是可有可无的角色,也不是有些人眼中的"配合老师教学"的角色,而是教学必须关注的焦点,是我们评价教师课堂教学成败的主要依据。

五、让课堂成为快乐成长的原野

教育,往往是变革年代社会关注的热点;而课堂,则承载着这个课改年代最丰富的表情,是课改的晴雨表。孩子80%的时间是在课堂中度过的,要办孩子喜欢的学校,当然得有孩子喜欢的课堂。有人对"孩子,课堂中你为什么感到不快乐"这个话题做过抽样调查,得到的反馈是这样的:老师总请优生回答问题,我们无事可做;老师上课单调,我们感到无聊;老师教学内容深奥,我们无法回答;老师布置作业太多,我们写不完……不难看出,快乐,这个生命中最重要的情感体验,距离课堂越来越远了。

课堂作为教育最广阔的舞台,既是学校教育教学的主战场,儿童学习的场所,更是学生快乐的重心,儿童快乐成长的摇篮。小学生的年龄特点和心理特征决定了他们的学习行为要由兴趣主导。课堂是践行快乐教育的重要载体,没有快乐课堂就没有真正意义上的快乐学习。因此,要让学生感受快乐,让教师挥洒自如,最务实的方法就是走上快乐教育的主渠道,成就"快乐课堂"。课堂教学是一个动态随机多变、个性理智张扬、快乐自然溢显的过程。

课堂是师生交往积极互动、共同发展的场所,因此,快乐教育需要为孩子打造快乐课堂。课堂拿什么让学生快乐,如何让孩子们爱学、乐学、会学,让学习不是负担?这一问题具有很强的现实针对性,是一个必须认真解读的题目。在现实的课堂中,学生的确不快乐。这个问题带有普遍性和经常性。学生喜欢轻松愉快的课堂,愉快的课堂保护学生的学习兴趣,学习兴趣是保证一个人终生具有学习生命的基本元素。没有快乐的课堂就没有高品质的快乐教育。只有真正地让课堂学习愉悦起来,做到课课有精彩,节节有收获,才能打通教师和学生联系的快乐通道。快乐的老师总会用快乐的方式走进学生心灵的深处,让学生在课堂上找到自己该做的事情,让学生在获取知识的同时,获得身心的愉悦,获得愉悦的情感体验。因此,我们从学生的视角,应更多地从学生的立场和"快乐成长"的立场出发去开展教学,帮学生营造充满生命活力的课堂,让课堂成为学生自我学习的乐园、互动生成的乐园、情感体验的乐园、快乐成长的原野。

快乐的课堂是一种自然的、原生态的课堂。原生态的课堂是一种充满人情之味、人性之美的生命课堂，一种互动愉悦、和谐共生的课堂。学生生命的"原生态"是指在学习过程中，学生的学习需求、探索精神及表达欲望的本来面目，它是学生生命创造力的自由释放。课堂既是学生学习的主要形式，还是学生的一段生命历程、一种生活，生活中不能没有快乐。在课堂教学的过程中，放在第一位的应该是让学生有健康的心态并获得快乐学习的能力。我们明确提出打造"因材施教、教学相长、民主合作、其乐融融"的活力课堂，构建以"快乐、民主、尊重、个性"为特征的课堂文化。实现课堂教学从单纯的关注知识到关注学生个性发展、动态发展和全面发展的基本转变；实现课堂教学"黑板"变"白板"，"课堂"变"学堂"，"演员"变"导演"，"一言堂"变"百家鸣"，"统一要求"变"分类推进"。学生变成了小老师，他们动手、动口、动脑，有的板书，有的讲解，有的质疑，有的交流，有的评价。课堂上，一个个鲜活的生命彼此对话、唤醒、碰撞、交融、体验、分享。学生全身心地积极参与学习，分享彼此的思考，真正实现了课堂教学有情趣、有希望、有欣赏、有风格，真正将学生的"自主发展能力""学生上课时的快乐感"这类摸不着、看不清的东西以课堂为载体落到了实处。

快乐的课堂不是走过场，不是秀形式，不是以少数优秀学生的快乐代表全体学生的快乐。它应该是让学生有足够的独立思考、自主学习的时间，让每个学生都能够表达自己的见解，都有机会暴露自己的困惑，都能成为对课堂有贡献的人，并保持持久的学习兴趣和热情。如果学生在课堂上都有收获，那么他们就能体验到成功带来的愉悦，感受到学习过程的美好，感受到思考的乐趣。实践证明，把读的时间还给学生，把思的空间交给学生，把说的机会留给学生，把练的方法教给学生，则会让更多的学生感受到学习的快乐。因此，课堂的设计起点要稍微低一点，落点要有高度，让各类学生都有收获。以灌输方式开展教学活动，学生被动接受课本显性知识，师生之间缺乏情感交流互动，气氛呆滞压抑，双方生命成长受阻的课堂是不快乐的。自主、合作、交流的课堂才是具有生命活力的课堂，是打破知识记忆型的教学，是让学生形成多样性思维的课堂，也是我们要找的"快乐课堂"。这样的课堂，每一双童眼都用敏锐的目光搜索着有价值的研究问题，每一颗童心都渴望发现的问题能够得到更多人的认可。学生在从不知到知、从知之甚少到知之较多、从不会到会再到自己会学的课堂中追寻快乐成长的力量源泉。

快乐的课堂倡导的是"教的快乐"和"学的快乐"。从过程上来说，"快乐课堂"既体现出和谐相生，同时又充满了鲜活灵动和开放互动，是师生共同享受成功的舞台。学生在课堂上的快乐应是一种自发的意识表现,这份快乐的发酵主要来自教师的发掘和利用。因为,快乐从来不是单向的,教与学都应该是快乐的。在快乐的氛围中教学,教就成了一桩乐事,乐教乐学,其乐无穷。如果教学仍然是教师的独白,仍然是教师支配的课堂,仍然是教师表演的场所,也就谈不上快乐的课堂。教育的目的是让孩子成为快乐的人,教学的手段和方法也应该是快乐的。教师的真正本领,不在于他是否会讲述知识,而在于他是否能激发学生的学习动机,唤醒学生的求知欲望,让他们兴趣盎然地参与到教学过程中。"快乐课堂"的"深处"就是师生关系,一定要处理好学生和老师的关系。就像一根细小的输液管,你从这头输进去的如果是苦涩的汁水,那么在另一端流出的也绝不会是甘甜的蜜汁。因而教师要努力将学生个性化的"学"与教师个性化的"教"融合为一体,充分尊重学生的选择、思考和情感体验。课堂中除去了一切繁文缛节,省略了不必要的言说,就如同秋天的天空一样明净,让人有一种心旷神怡的感觉。课堂中随着学生的即时学习的内容而调整,教与学的良性互动,生成以学生的思考、学生的问题为出发点的"快乐课堂"。课堂中教师对学生是真正的尊重,学生思维高度活跃,教师和学生都进入了一种快乐成长的境界。当学习处于一种快乐状态的时候,思维也就进入了天马行空的境界,有时还会出现思维开放的巅峰状态,创造的灵感不断闪现。快乐不是一定要有笑声,而是要有触动生命的激情碰撞,拔节生长的美妙声响,能将枯燥的知识不着痕迹地转化为有趣的探究与尝试。课堂上,教师有了魅力,学生就为之折服;教学有了活力,学生就如沐春风;课堂有了分享,学生就如原野般呈现出千般面貌、万般精彩。

快乐的课堂,需要激情,需要以情激情的精神交往。众所周知,学生的学习是一项长期的、反复的,甚至枯燥的脑力劳动,对于小学生可以说是很大的负担。聪明的教师首先会运用感染的作用来活跃课堂,振奋精神,帮助学生快乐地学习。可以说,课堂教学是否有感染力与教学设计有关,但是起决定作用的是这位教师是否富有激情。因为课堂是一个涉及教师和学生在理性与情绪两方面的动态的交往过程,是教师用激情点燃学生、用智慧营造愉悦的教学过程,同时让学生心情放松,感到学习是一件简单轻松的事情。试想,如果教师没有教学激情,其言谈举止怎能感染与带动儿童流淌出生命的韵律?只有激情才能让课堂这池春水荡起涟漪,以情启智;只有激情才能点燃心灵之火,拨动生命的琴弦。这就要求教师首先必须有对学生的至诚之爱和真挚情感,引起学生心理认同和情感共鸣。教师的魅力在于激情,激情的背后是信念,是理想,是不断的学习和思考。课堂因为激情而精彩,教师的激情投入教育教学中,一定会在感染自己的同时感染学生,尤其是在学生的探究学习中具有极为重要的作用。如果教师在课堂中将热情与激情释放出来,就能激发学生的激情,就会让学生的思维在这种激情中燃烧和碰撞,发出耀眼的火花,也就必然出现你意想不到的课堂学习结果。相反,教师如果没有积极的情感投入,课堂就如同没有花香的草地。教师情绪低落、面无表情、声音微弱,课堂古板枯燥,学生没有受到激情感染,就会疲于应付,精神面貌萎靡。课堂气氛应该是有温度的,这种温度的传递就会在课堂里形成一种良性循环。教师亲切的目光、启发性的语言都能给学生带来探究的勇气和热情。教师要善于营造情感交融的良好氛围,怀着一颗童心,走进学生的心灵,激发学生的学习兴趣,使其学习热情高涨、情绪饱满,整个学习过程非常愉悦、甜蜜和幸福。做教师,永远都不要把心肠变硬,因为教育需要悲悯;永远都不要把情感变冷,因为教育需要激情;永远都不要把心灵变木,因为生命需要灵动。古人说得好:"情动而辞发。"学生动情的时候,也是思维和语言活跃的时候。正是在课堂的激情碰撞里,师生的内涵才迸发出火花! 激情点燃的课堂教学,会闪现智慧的光芒,更会在学生的心中树起一座巍峨的人生丰碑。激情教学,可以让课堂学习充满活力,让学生的学习效率和学习质量更高。

如果将课堂看成一个快乐系统,那么"快乐课堂"无疑是宽松、和谐、平等的。与同学切磋、互相探讨问题的课堂是快乐的课堂,充实、幽默、质量高的课堂是快乐的课堂,气氛活跃、观点碰撞交流的课堂是快乐的课堂;全员参与、人人都能融入其中的课堂是快乐的课堂……课堂就应是充满美与智慧,而不该是枯燥无味的数字、文字游戏。课堂上,师生、生生、学生与教材之间都加强了对话,学习不再沉闷枯燥,而是充满乐趣。快乐的课堂是播撒快乐种子、书写快乐人生的课堂,是生命的课堂、和谐的课堂、发展的课堂。叶澜教授在《新基础教育探索性研究报告集》中有一段话:"课堂应是向未知方向推进的旅程,随时都有可以发现意外的通道和美丽的图景,而不是一切都必须遵循固定线路而没有激情的行程。"笔者觉得这正是对"快乐成长的原野"最好的诠释。教学是快乐的事业,教学是创造快乐的事业,为此,作为教师不仅要让学生学到知识,更要让学生快乐地学到知识,彰显探究的魅力;不仅要高度关注学生今天成长的需要,更要为学生明天的快乐成才奠基。

第二节　自主发展

一、为学生创造闪光的机会

有人说,"江山易改,本性难移"。笔者却不这样认为,关键是采取什么方法,用什么样的态度去教育他们。笔者认为,孩子都有渴望表现自我的需求,即使他在多数人眼中一无是处。每一个学生都是上天赐予我们的礼物,就看我们是否欣赏和珍惜这份礼物。面对学生,我们应该追根溯源,对症下药——努力去发现他们的闪光点;应该让每个学生都有经历成功的机会,让他们体验成功的欢乐,使他们增强信心,去争取更大的成功,督导自己改掉身上存在的毛病,这是行之有效的方法。

学校是学生汲取知识的海洋,是学生快乐成长的摇篮,是学生创新精神和实践能力培养的主阵地,也是师生向往的智慧乐园、精神家园。怎样才能让学生在学习中体验到成功呢?就是要抓住学生身上潜在的闪光点,善于赏识学生的每一点进步,让学生永远充满自信。学生的快乐源于被赏识,源于自身天赋被激发了,自主快乐地思考。每一个学生身上都有一定的长处,这就需要教师具有敏锐的洞察力,善于寻找和挖掘学生上进的火花,一旦发现就要充分肯定,大力扶植。

教师赞美学生,可以赋予学生积极向上的精神力量。课堂上,教师根据学生的学习情况设计不同层次的问题,鼓励、启发学生大胆发言,并善于发现学生的闪光点,及时加以表扬、鼓励,用充满信任的话语给学生以信心和希望,以强化学生对本学科学习的自觉性和自信心,提高学习兴趣,激发学习热情。

正是因为学生是发展中的人,所以才潜藏着极大的可能性,才需要教师的正确引导。正如金子要有阳光的照耀才会反射出耀眼的光芒一样,每个学生犹如未经雕琢的璞玉,有自己的闪光之处,也有白璧微瑕,作为教师,不去呵护,不去琢洗,怎知他们的光芒?"尺有所短,寸有所长。"教师要用发展的眼光辩证地看待学生。学校中的后进生虽然人数较少,但能量却较大。每个学生都有自己的优点和不足,后进生也不例外,甚至某些方面更为突出。后进生并不是从来就后进的,他们也有闪光点。一味生气发火无济于事,简单批评说教也苍白无力,我们要找准教育的契机,让学生发自内心地认识自己的错误,反省自己的行为。学生需要因材施教，就如同植物需要浇水一样，没有因材施教，就没有后进生翻身的机会。俗话说：数子十过，不如奖子一长。其实这些学生更渴望教师的关爱，往往一句不经意的关心的话语，都会令他们激动不已。教师不仅要关注他们学业上的进步，还要关注他们那些行为习惯鲜明的、无异议的闪光点。后进生更需要老师为他创造一定的机会，他的闪光点才会为人所知，为人所赏。我们要像哥伦布发现新大陆一样去发现他们身上的闪光点，并让这一闪光点逐渐成为他们的优势，以树立他们的自信。要"骨头里找肉"，哪怕是找到一丁点"肉丝"，也把他们看成一块"好排骨"，带着欣赏和赞美的眼光去看他们。确实，他们的才华和表现希望得到大家的认可，他们的缺陷和短处希望得到集体的宽容和谅解，他们的努力和付出希望被大家发现和赏识。

　　每个孩子都是一本书，是一朵需要耐心浇灌的花，是一支需要点燃的火把，他们的心理脆弱，情绪容易波动。笔者的班上有一位学生自制力差导致他犯这样那样的错误，是班上知名的后进生。课堂上，他一次次把手举得很高、很高，可有的任课教师对他总是熟视无睹，还有个别教师对他说：不会答，就别滥竽充数……其实，爱一个"问题学生"是对教师的考验，也是教师的天职。笔者抓住了该生爱举手这一闪光点进行引导，适时地创造机会，用其所长，掩其所短，经常鼓励他"你能行的""你再试试""你行的"……终于有了他闪光的机会。通过在课堂教学中用"放大镜"为他制造"闪光点"，引导他有意识地发扬优点，学生也纷纷感到"真想不到，他还有这么多地方值得我们学习！""他这么受关注，真是太幸福了！"如此等等。是的，野百合也有春天，只要有足够的阳光和爱。教育和培育一朵绚丽的花一样需要无数的心血和智慧，但是冷落一颗心灵只在一个眼神中。看到"问题学生"背后的"闪光点"，既是一种工作方法，更是一种生活态度。我们要不懈地用爱心、耐心等待"问题学生"背后的无限希望。教师就像阳光，给学生一点他们就会灿烂，当"问题学生"某一行为表现出色时，我们应发自内心地对这样的学生给予鼓励和表扬，但不要因此而忽略其他学生的内心感受，而是让每个学生都体验到来自教师的公平和公正，切不可"激励一个打击一片"。宽容不是姑息、放纵，而是在严格要求下对犯错误的学生的理解、尊重，给予他们充分反思的时间、改过自新的机会，使他们最终改正错误。我们要让每一个学生在无形中受到教育，使他们对学习的信心大增；让每一个学生在集体的生态环境中找到自己的位置，享受到集体的阳光雨露。老师欣赏自己的学生，眼中自然永远闪耀着欣喜的目光；学生爱戴自己的老师,眼中自然流露出敬佩的神情。

教育教学过程离不开教学主体间有效的课堂对话,师生之间的对话,不是简单的问答,而是情感的交流与思想的沟通,需要以互为关爱为前提,需要多元动态的评价机制。在传统教育中,教师很容易犯一个错误,即在评价学生的时候,更多的是从学生身上找原因,而忽视了教育者自身以及整个教育环境可能存在的问题。有的教师说话尖酸,出口伤人,不懂赏识教育的运用,不会使用艺术性的批评教育手法,甚至对调皮学生使用语言暴力或体罚等不当的惩戒手段。从某种程度上说,学会评价比学会教学更重要。别总说孩子的短处,说多了他就觉得自己一无是处了;多看到孩子的长处,让他们从小快乐中培养大快乐。只有灵活地处理评价的方式,鼓励创新行为,珍惜创造结果,才能更好地保持学生的创造热情。在教育教学评价时,要坚持"说你行,你就行,不行也行"的积极心理暗示原则,用描述式表扬取代评价式表扬,用努力取向的表扬取代能力取向的表扬。

管理学上有一个著名的理论叫"肥皂水效应",是由美国前总统柯立芝首先提出的。柯立芝说:"你看见过理发师给人刮胡子吗?在刮胡子前通常都要先给人涂些肥皂水,为什么呀,就为了刮起来不会使人感觉疼。"作为教师,要坚持创造一个鼓励性的环境,坚信每个孩子都有优点,即在帮助学生发现和承认自己错误时,应该循序渐进,步步推进,千万不能因为差生某些方面差而一票否决,从而导致其闪光点被压制,不能发挥。在学生认错的过程中,教师要鼓励和引导其自我批评,让学生深刻反省。我们深知,每个孩子都有其闪光点,用好了这些闪光点,再因势利导,举一反三,旁敲侧击,学生就会获得其他方面积极发展的信心和动力。其实每个孩子都有很多优点,教育就是要将这些优点守住守住再守住,强化强化再强化。因此,教师需要拥有一双善于发现闪光点的"火眼金睛",及时捕捉并激活学生的闪光点,挖掘那些潜在的、可能的闪光点,让这些闪光点不断地生长,最终长成"参天大树"。当人性中最优秀的部分被激发出来之后,一个人的自我认识就会得到充分的扩展,伴随其中的问题也会逐渐被引导到良好的方向。当学生的求知欲被充分激发之后,他们就能成为学习过程中的发现者、探究者,享受学习的乐趣,实现情智的共生。

为什么千里马常有,而伯乐不常有呢?每个学生都有他闪光的一面,关键是我们有没有以尊重的态度去对待。一个有责任的教师必须彻底抛弃"差生"意识,努力关心每一个孩子,爱护每一个孩子,以全面的、发展的眼光促使每个孩子健康成长。孩子特别需要得到教师的肯定与鼓励,这是一个共通的心理。

真正意义上的教育,绝不是不许孩子犯错误,而是让孩子从错误中吸取教训,从而更好地成长。教育的功能就是帮助孩子的生命增加尽可能多的亮丽,把灰暗降到最少。作为教师,要及时捕捉学生的闪光点,用发展的眼光看待学生,赏识每个学生的才能,采取积极和欣赏的态度,让学生有快乐的教育教学经历,有作为学习展示的愉悦感。更重要的是,来自教师的期待是学生积极进步的动力,由此形成了自主学习的品质,积淀下了优质的心理。

古人云:"善用物者无弃物,善用人者无弃人。"其实我们身边并不缺少美,缺少的是发现美的眼睛、感受美的心灵。多一双发现的眼睛,学生就多了一份快乐的保障。多一些对学生的赏识,多一些对学生的关爱,多一些对学生的包容……有许多的"多一些",你就会发现:众里寻她千百度,蓦然回首,"闪光点"就在灯火阑珊处。

二、让学生有成长选择权

"学习好的学生,一般各方面也容易好;不好的什么都不好。"家长们常这么说。深入思考一下,为什么不好?是学生不具备一定的能力,没有突破真正意义上的个性学习。那么怎样才能让这些学生有所突破呢?学校是学生学习成长的地方,真正的教育应激发学生进行自我教育,应帮助学生主动发展。学校就是要想办法帮助他们学习自己喜欢的东西,拥有自己的生活追求。其实,每个孩子都会找到自己的爱好,孩子先天带来的爱好是天造地设的。

今天,我们的学生并不怎么喜欢校园,就是因为他们来到学校找不到自己喜欢的事情做。他们不能选择自己喜欢的课程,不能选择自己喜欢的教师,不能选择自己游戏的时间和项目……按照马斯洛的需求层次说,是实现不了自己的价值,所以学生自然就会对校园生活产生厌倦感。有选择的教育不仅是社会多样化发展的需要,而且是给学生带来快乐的重要途径。作为教育者,我们总是以不容置疑的口吻和"一刀切"的方式,毫不客气地剥夺了孩子选择的权利,或者总是迫不及待地替孩子进行选择。

没有自由,就不会有快乐;而自由的前提是选择。哲学界给快乐的简单定义是能够达成自己所选的价值。显然,如果不是自己所选,按父母所选达成的某种价值那是父母的快乐,按老师所选达成的某种价值那是老师的快乐。所以,"选择"正是学生寻找自我快乐的关键。蔡元培先生说:"教育就是让人做出选择。"教育,不是帮学生选择人生,而是尊重生命发展需要的选择。教育的过程就是选择的过程,孩子的兴趣、爱好、特长以及由此发展起来的能力,都需要经自身的不断选择和体验，才有可能被发现和培养。选择，即便是在一些细枝末节上也可以给孩子们带来参与的愉悦。当我们真正把学生当成生命个体来看的时候，就会发现，他们有着很强的自我发展的愿望和自主发展的能力。教师的天职就是发现上天给学生赋予了怎样的兴趣和爱好，并支持学生将自己的爱好发扬光大，帮助他获得更好的生存空间。学生是课堂教学中最有潜在价值的主体性因素，具有主体性、个体差异性、顺序性和阶段性、发展性等特点。如果不充分顾及学生这一重要的课程资源，课堂教学就失去了活力，失去了意义。教师要做的就是提供可选择的途径，帮助他们开发潜能。

真正的教育最终是要化为自我教育的，而自我教育的过程是克服自身种种障碍的过程。离开了个性发展的全面发展，也就不存在整体的全面发展。发展是"让人成为他自己"的过程，课程是"使人成为他自己"必须获得的"经验"。学生的学习是否快乐、生命力是否丰富主要取决于其主动性、选择性。要相信儿童天生就对邪恶的东西有抗拒和抵触，健康、阳光的心理不会轻易受到坏东西的诱惑。学校课程通过引导儿童从自然和社会中获取个人自由发展的经验，让其个体潜能得到充分发展。走进海沧区霞阳小学，通过与孩子们的交谈，很快就可以感受到这所学校的学生表达能力非常强，他们有主见、有想法。许宇航是这所学校五年级六班的一名学生，一见面，她便向笔者描述起自己在学校的生活："我最喜欢的就是每周二、周四下午学校的校本课程活动，合唱、舞蹈、羽毛球、篮球、素描、管乐……我什么都想学。"许宇航告诉笔者，上学期她学习了管乐，这学期她又加入了学校的女子羽毛球队。当每个学生的成长都变成自动自发的行为时，"快乐育人"的局面也就形成了。

事实上，每一个学生都是一个具有很强"可能性"的主体，在他们身上蕴藏着极大的潜力，而学生的发展又是多层面的，有的不擅长歌舞，却擅长书画；有的不善于言谈，却善于运动……孩子的个性化发展需求存在着巨大的差异性、多样性和发展的不平衡性。由于学生之间存在较大的差异，因此国家课程很难充分满足全体学生的多样化需求。借用英国著名教育家斯宾塞的表达，课程是奔向目标的"跑道"，跑道指向哪里，育人目标就在哪里；跑道适合学生，学生才会更喜欢奔跑。笔者认为，选择一种课程就是选择一种未来。课程要满足学生发展需要，就必须体现课程的选择性。只有赋予学生充分的选择权，让学生自由选择感兴趣的、适合自己成长的课程，学生才能从内心生发出自主成长的意愿和能力。我们将"学生在校一切活动皆课程"作为校本课程建设的理念，将"发现学生的差异，满足学生的需要，促进不同学生的发展"作为课程实施的重要内涵,把"学生自己选择"作为课程改革的重要节点。学生的选择多一分自由,教育就多一分美好。

　　学校的每一位学生都跟许宇航同学一样,可以按照自己的喜好任意选择选修课程。但学生有时和成人一样,在最初选择时往往带有功利性,他们会以课程"有没有用"来衡量。因此,课程实施时应激发学生的主动性、积极性,而不应强迫学生去学习。我们把可提供学生选择的选修课程、校本课程和综合实践活动纳入学校课程系列,统一供学生选择。相信这个世界的丰富必然会让孩子挑战更新的领域,因此他们需要通过不断尝试各种事物来找到自己真正喜欢的东西。如果孩子想放弃曾经的喜好,学校就让学生在每个学段都有选择的机会,也同意"孩子想换就换"。课程的选择过程完全根据孩子的自主选择和自我定位,允许学生放弃旧有的选择,支持学生迎接新的挑战。可以肯定地说,学生可选择的课程越丰富多元,其成长就越积极主动。

　　在国家课程逐步得到落实之后,校本课程开发的问题日益凸显出来。每个学校有自己的校情、学情,学生需要什么样的课程,学校能开出什么样的课程,这在开设校本课程时必须予以综合考虑。通过理论演绎和实践总结,学校将国家课程校本化和校本课程特色化实施结合起来,利用海沧当地有"保生大帝信俗""钟山的送王船民俗""五祖拳"等这样"地杰"和"人杰"优势,通过调查,分析家长和孩子的需求信息,制订校本课程的开班计划。学校开发了"慈济文化课程""闽南文化"等校本课程,这些选择性校本课程根据当地特点和学生兴趣开设了包括音体美、科技、天文等 30 门选修课,于每周二、周四下午定时开展。学校重点引导学生在众多的课程选择和学习中得到个性发展,特别是让不同智能发展类型的学生发现自己的优势。选择性课程还将社会大课堂的教育资源转化为课程资源,开发和完善具有当地特色的地方校本课程体系,如开设"我爱海沧""走进海沧""探索海沧"等,带领学生走进社会大课堂,以此开阔学生的视野,更好地塑造健全的人格。学校通过校本课程开发,促进了学校课程文化的建设与发展,弹性、开放、动态的课程文化得以充分释放。选择,让教育多样化的同时,也让学生的个性得到应有的尊重,让教育得到长远的发展。

　　教育是为了适合人的需要,而不是人去适合教育的需要。所以有什么样的孩子,就应该有什么样的教育。小学阶段的孩子暂时定不了型,尤其是小学低年级阶段的小孩子并不清楚自己究竟是喜欢科学还是音乐或是其他。但他们想学的更多、更广,他们想体验的更深、更独特,他们有太多的想法要表达,有太多的本领需要展示。不仅课程的选择令学生兴奋,即使是在一些细枝末节上,选择也往往可以给孩子们带来愉悦。尽管让学生自主选择会出现"撞车"的可能,但"撞车"之后却会产生许多新的教育机会。

笔者认为,要尽可能为孩子的发展提供多样化、特色化的课程选择,让学生在不断选择和尝试中,最终找到适合自己发展的方向。所以学校在办学过程中,要积极整合资源,搭建各种平台,为学生提供个性化发展的空间和表现的舞台,解决不同层次学生的学习需求。学生可以和家长协商,在教师指导下选择并规划自己想学、有能力学、学得好,而且能够发挥自身潜能的最佳方向。只有我们给孩子打开一扇扇窗,他们才会还给我们一个个精彩的人生。校园就是七彩调色板,它能让孩子们找到属于自己的颜色,释放自己独特的光芒,能让孩子有更多的途径和机会选择他们需要的、想要的、感兴趣的知识。

三、多元的课程献给多元的你

"总有一款适合你",每次看到这句广告语,笔者都受到了许多启示。作为教育工作者,我们要做个有心人,找准学生成长的突破点,给学生一个成长的支点,让其在成长的路上,找到一块属于他们的快乐宝石。

一个人的天赋与潜能,如果在小学阶段能够得到良好开发,就会形成赢得未来极为重要的个性品质与创造力。这首先取决于适宜学生成长的课程。今天的课程设置,就是明天的国民素质。学校特色要有生命力,必须是课程化的。课程的设置和实施是学校育人的主要途径,也是体现学校办学特色、创新育人模式的主要内容。课程是学校的核心软件,是学生的一种生存和成长方式,设置什么样的课程,学生就会接受什么样的教育。我们的教育价值追求是使学生的潜能得以最大限度地激发。

多元智能理论指出,智能是多元的,每个人身上都存在着多种智能,而且每个人都具有自己最优势的智能。兴趣、智力、文化背景、发展节律等因素的差异导致每位学生的起点不一,个性各异。学校要做的就是要为每一个学生的特长发展和健康成长搭建平台,把创造引领、激发、提升学生潜质的课程作为自己的重要职责。所谓"成也课程,败也课程",课程是学校的生命力,是学校可持续发展的根,也是学生发展的本,它是办好学校的核心。优质的课程成就优质的学校,优质的学校成就优秀的学生。好的课程设计和架构,是学生自主发展的关键。不一样的孩子需要不一样的方法,需要不一样的引导,也需要不一样的课程。学生要通过适合他的课程才能获得最好的成长,学校就应该促进学生多元成长,开设多元课程,让多元的课程献给多元的学生。

　　课程是学校的主要产品,是实现主要目标的载体。理想的课程应该是学生成长的沃土,应该为学生快乐成长提供适宜的营养体系。如果给学生提供的课程菜单营养搭配不好或质量不高,就会导致学生营养失衡。俗话说,"吃百家饭的人长得壮",这也说明丰富多彩的课程对学生发展有重要作用。大一统的课程,很难满足不同个性学生的要求;丰富多彩的学校课程,则为各种各样爱好与特长的学生提供了发展的平台。多元课程体系一定是一个动态的可选择的体系,是一个不断发展和完善的体系,是一个以满足基本教育需要为主要任务的体系,是一个以人为本的工具性和服务性的体系。多元课程能为学生提供体验平台,使其在课程选择中明晰人生方向,发展兴趣爱好,唤醒成长动力。在学校课程体系中,国家课程是抓手,在实施过程中求"实",引导教师从学生生涯发展视角重新审视学科价值,追求国家课程中的品质与实效;地方课程是延展,在课程实施中求"用",引导学生立足当地,关注社会;校本课程是丰富和补充,求"拓展",最大限度地拓展学生未来发展的可能性。未来的社会需要个性化、多元化、复合型人才。学校在高质量完成国家课程的前提下,构建起适应每个学生的、能够让学生们自由选择的多元课程,既十分迫切,也十分必要。

　　在课程实施中,学校必然要视学生为最重要的教育资源,使课程更有效地促进学生的发展。我们以多元课程为平台,构建起着眼于奠基学生可持续发展的基础性课程,适用于满足学生多样化和个性化发展的拓展性课程,着力于学生发展和创造的探究性课程,带给学生终身影响与精神感召的隐性课程。这四类课程相互融合,相互促进,给学生提供丰富多彩的课程套餐,让学生的聪明才智得到最大限度的发展。每学年初,学生都会收到一张调查表:你有什么爱好?想学点什么?对学生兴趣和需求,学校想方设法予以满足。学校通过课程结构的优化组合,使其符合专业知识的内在逻辑序列,形成了一套完整、严谨的知识学习和技能训练课程体系。与此同时,学校将课程资源的整合与学生的兴趣联系起来,与学生的发展联系起来,最终与学生的快乐联系起来。

　　我们从校本课程、活动课、大课间活动、社团活动、节文化活动、社区活动等活动课程入手,开发学生潜能,引领个性发展,培养快乐感性的孩子,构建满足学生多元需要的课程实施方案,做到"规划落实、管理到位、训练有素、成效明显"。其中,校本课程涵盖了版画、英语口语交际、陶艺、茶艺、生活百科、乐器演奏等 30 余个不同课程,五彩缤纷的活动内容,为学生开辟了广角度、宽领域、多层面的素质发展平台。大课间活动丰富多彩,到处荡漾着欢声笑语,给了孩子们一片多彩的天地。各项学生社团活动正红红火火进行着,这些社团以素质发展为目标,以兴趣爱好为纽带,为每个学生提供多元化、个性化的发展,促进了学生知识结构的不断完善,也为学校培养了大批各方面人才。"每月一节"主题教育活动是学校"个性教育"的一道亮丽的风景线,包括"闽南文化节""科技节""英语节""读书节"等在内的 8 个节日备受学生青睐,囊括了学生在校生活的 8 个月时间。节日根据孩子们的需求有针对性地开展活动,成为受学生快乐的载体,给学生提供了广阔的发展平台。组织学生走进社区,走向工厂、农村、军营和祖国的自然山水,让学生体验丰富多彩的社会生活,熟悉自己长大后将要投身其中的各行各业,拓展视野、开阔胸襟,形成资源意识,让社会育人的"大教育"观念更加深入人心。在学校,学生有多少种爱好,就有多少类活动课程。一个又一个的特色活动,总有一种活动让孩子心动,总能让学生找到发展兴趣、特长的一片天地,总会让每一位学生因活动而体会到快乐。这些异彩纷呈的学校活动课程,成为受学生欢迎的校园魅力课程。这一切让学生有更多自己的想法和主张,有更多独立思考、挑战教师的空间,有更多自己安排时间、选择爱好的能力,真正成为学习的主人。

　　课程不是孤立的,需要诸多支撑条件,要从设计、组织、运行、评价等方面进行研究和实践,让课程追随学生。课程实施不是一个僵化的知识传递和技能传递的过程,而是一个充满智慧和爱心的生命影响的过程,是一个情感互动的过程。但受到理念、文化、价值观、师资水平、资金、社会资源、教学空间等多种要素制约,课程建设不可能一蹴而就。在学校层面上,我们保证多元课程有一定的时间和空间;在教师层面上,我们提出建立师本课程,让每个教师都拥有属于自己的课程;在学生层面上,我们鼓励学生自主创新,让不同潜质的学生都能得到发展。我们把课程开发和实施的目标主要建立在理解学生、尊重学生个性和智能差异的基础上,以课程建设引领学校内涵发展,让每一个生命都能独特地绽放出自己应有的色彩。我们把课程设计的思路集中于 3 点,一是"为多元智力而教",二是"通过多元智力来教",三是"为多元的学生服务";把课程的评价集中在 3 部分,学生、家长、教师,侧重多元评价,鼓励前行;把课程的保障集中在 3 方面,组织、制度及物质。

　　每个人都是独一无二的,社会对人才的需求也是丰富多样的,所以学校应该提供多元化、个性化的教育。在学校里,课程设置应该是多元的、动态的、精致的,学生的选择也应该是多样的。有机会才会有参与,有参与才会有体验,有体验才会有感悟,有感悟才会有成长,有成长才会让每个孩子朝自己的发展高度迈进或大或小的那一步。我们不求孩子在小学有学得多么好,而更关注孩子能够在校园里享受到"丰富性",每个孩子的爱好都能得到发展,都能按照自己的优势去发展,都可以鲜活地感受到自主学习的乐趣。在为每一名学生的个性张扬和才情展示提供广阔空间的同时,关键的共性化需求相继走进孩子的校园生活,如人人会演奏一种乐器、人人会打羽毛球、人人会下象棋、人人学会游泳、人人参与经典诵读等。多元课程充分满足了不同层次学生的需要,真正做到了让学生个性发展,助他们成就最好的自己,为他们未来的"快乐生活"奠定了基础。

四、力求把每张牌打好

笔者很喜欢周华建的《朋友》这首歌,喜欢那句歌词"一句话,一辈子"。笔者认为,老师的一句话,学生可能记一辈子,甚至让他为此奋斗一生。老师的一句话,可能造就一个天才,也可能毁灭一个天才。笔者也很喜欢这一句古话:"人皆可以为尧舜。"教育的意义和价值,就在于引发每个人积极向上的生命价值,将每个人的生命价值发扬光大。

当教育正在迈向更多元、更包容、更公平、更民主目标的时候,肯定会体现出既着眼于共同发展,又能关注个别差异的人道的、大众的、包容的特点。学生是鲜活的生命个体,每个生命与每个生命都不一样,要遵循生命成长的规律来栽培生命,就要让每个学生在校园里自然成长,各取所需,各得其所,让每一个生命都精彩。然而,学生之间的个体差异,又让多数孩子从小就要品尝失败的滋味。作为教师,要让每一个自己教过的学生都可以做得很棒、很棒,而不是因为你的原因,让某个学生像花一样凋谢。让每一个孩子都能拥有一个快乐的童年,是我们的期盼,也是我们努力的方向。

班主任的工作就像打牌,牌是学校发的,我们不能选择,也不好更换。我们能够做到的、应该做的,就是如何将手中的牌进行优化组合,并力求把每张牌打好。在班级管理中,笔者一直在寻找一个支点:帮助全班学生建立对班级和老师的认同感和归属感。良好的班级生活就应该让每一位学生有成就感,感受到自己的收获和进步。班级管理不应成为"世界杯",以31支队伍的失败来成就1支队伍的成功;班级管理应该是"奥运会",各展所长,各显其才,各有特色,各自成功。毛主席曾说过:"要想知道梨子的味道,你就得亲口尝一尝。"

对教师而言,促进每个学生健康成长就像那充满诱惑的梨子一样,不尝一口始终是种缺憾。笔者认为,每个孩子都是一张自己专属的牌,每个学生的珍贵在于他就是他,而不是别人的复制品。教师要平等对待每一个学生,珍重学生的独特性。只要用期待的心去等待,用宽容的心去对待,用真诚的心去引导,天生其人必有才,天生其才必有用。

三(1)班是笔者开始尝试打牌的第一个班级。刚接手该班时,笔者发现孩子们在展示自己和班级时显得缺乏自信。班级事务往往只有班长心怀热情地主动承担,其他同学表现得似乎都是一副事不关己的样子。学生在不自信的同时,往往会把自己掩盖起来,造成他们身心亚健康发展或处于不健康状态。于是,一个念头在笔者脑中盘旋:打造"快乐班级"必须从实施自我管理开始,启动学生的心理自信系统,把班级管理的权利和机会还给全体学生,只有让学生最大可能地做自己的主,才能改变这种冷漠的现状。笔者告诉学生:"老师是你们45名同学的大家长,你们都是班级的小主人,我们是相亲相爱的一家人,每个学生都要参与设计'家',每个学生都要直接参与班级管理。"

出乎意料的是,当笔者在班里宣布这种想法时,得到了孩子们的积极响应。针对班级现状独立设定班级目标,制定班名、班训,设计班徽、班旗……为此,小朋友们忙得不亦乐乎。很快,"我能行"的班名诞生了。为了让孩子们不存在"他是官""我是民""他管我""我是被管"的想法,笔者在班级中设立了大大小小40多个岗位,制定了40多张牌,采取了班级分工制,竞聘上岗,使班级事务"人人有事做,事事有人做"。班里的每一扇窗、每一扇门、每一盆花、每一个水桶等,每一样东西都有人负责了。过了一段时间,孩子们不仅能够把分内的事干好,还会主动找事做。

学生的成长是不能替代的,学生参与规则的制订,那种主人翁意识能够得到彰显。每个学生都积极为规则的建立出谋划策,都把自己当成了实实在在的"班主人"。笔者认为,班级规则面对的是天真烂漫、朝气蓬勃的学生,所以未必要"板着面孔"。在规则的体内植入人文情怀,可以让规则更好地引领生命的成长。笔者知道,班里没有所谓"差生"的存在,每个学生都是独特的,也是出色的,每一个人都是班级的主人;每一个学生都有自己的岗位,都可以在自己的岗位上为班级、为同学尽一分力,发一分光。这种"人人有事做,事事有人做"的措施,既增强了孩子的责任心,满足了他们被尊重的心理要求,又增进了孩子们的相互理解,体会到了人类社会中的自我角色。总之,学生都动起来,这是一个很好的开端。

　　因为班级目标要靠每个成员承担班级责任来实现，所以笔者提议在每个人的牌下标出具体的姓名、微信、职务、职责等个人信息。在所有信息确定后，笔者将开展"打牌制"班级自主管理文化建设的打算告诉孩子们："班级建设不是我一个人说了算，也不是几个班干部的展示台，每个学生都要参加班级建设。班级事情，人人有责，人人出力，人人享受。"笔者将教育教学过程的每个环节都交付于学生，努力营造一个能让学生自主管理的氛围。于是，班级分为若干小组，组员各自发挥优势特长，通过自主选择班级精神文化、自主管理班集体、自主召开主题队会、自主评价激励、自主布置教室环境，师生如同朋友共同管理班级事务，学生情同家人互学互助，每个学生都感受到自己就是班级的主人。笔者引导每个小组找到擅长做的事，把事情做好，做到让自己为之骄傲，做到让自己意识到：我还能做好更多的事情！在班级管理中，笔者制订了一套评价体系来调动学生们的学习积极性，从按时到校、地面整洁、学具齐全、文明课间等10个维度对学生进行评价，为每一个学生打出美丽成长的"牌"。

　　伟大的教育家苏霍姆林斯基说过："教育者的责任，就是让每一个孩子都抬起头走路。"哈佛之所以成为哈佛或许正是由于关注"每一个"，让每一颗金子都闪闪发光。教育要尊重每个来到你面前的孩子，你没有权利选择每个不同的孩子。不能因为有的学生不讨自己喜欢，不对自己胃口就冷落、排斥，更不能把学生分成三六九等。今天素质教育所倡导的也是从关注"每一个"学生开始。教师不能做"探照灯"，只把目光聚集在几个优等生身上；而应做"太阳"，使每个同学都有均等的注视的机会；要做"显微镜"，去寻找每一个学生的亮点。笔者相信，只要是适合学生的班级就是好班级，只要是适合学生的教育就是好教育，所以一定会出现一种群星灿烂的优秀班集体。教育就像种花，带着希望去播种，带着信念去耕耘，耐心等待花开。学校，要像春风，怀着对生命的敬畏，吹开每一朵生命之花。

　　一位家长对笔者半开玩笑地说："老师，您也有这样的牌吗？"笔者自信满满地说："我有属于我的牌——我带过的每一个班级，教过的每一名学生就是我的牌。"因为笔者相信：每一朵花都会开放，只是季节不同。相信那些迟开的花朵，也会美丽动人！

五、分级实施彰显快乐特色

　　德育是可为的，却也是难为的，德育的着力点有时会令人无从下手。当前小学教育中，无论是教育内容还是教育形式，都存在着一定的成人化倾向，缺少对儿童年龄特点、年段特点的足够关注。有些活动超出了学生生理和心理的承受能力,有些活动学生处于被动接受、被强迫、被规制的地位,这些都影响、制约着小学教育的发展。如何突出小学教育的阶段特点,彰显其独特价值呢?

其实,德育具有层次性,要更好地将德育工作落到实处,就要符合学生的年龄特征。不同年级学生的素质、才能、知识、个性、兴趣等都是有差异的,他们对某一具体问题、具体事物有着不同的看法,对学校活动的理解、对活动的参与度也不一样。了解孩子在不同阶段的发展规律,把握不同能力和品质培养的最佳时期,在合适的时间里做合适的事,这才是最好的教育。我们根据不同年龄段学生的身心特点和成长规律,本着"近、小、实、亲",避免"高、大、空、远"的原则,分时段、有系列地展开学生德育教育工作。针对同一主题,不同年级的活动内容和形式应有所区别,这就产生了"分级实施"行动,即以年级组为单位,从本年级学生的特点出发,充分考虑学生发展的内在需求、动机和兴趣,制订适合学生的活动计划。我们既形成全校"一盘棋",又对不同年级学生开展的各项活动提出具体的要求,分年级设立活动工作目标,体现了活动的梯度。针对学生差异设置对应的教育情境,更加关注和重视不同年级学生的个体差异,让德育活动更有针对性和实效性。

我们以年级为单位,构建先进的年级主题文化和中队个性文化,有效实现了"快乐生活"对不同年级学生的全方位浸润。学校每一个年级有自己的口号,有自己的班队文化建设计划,有丰富多彩、体验创造的特色项目。一年级的口号——"我能行!",他们的特色活动是"我为红领巾添光彩";二年级的口号——"快乐学习,学会合作",他们的特色活动是"手拉手行动";三年级的口号——"快乐体验,精彩无限",他们的特色活动是"少先队员兴趣行动";四年级的口号——"养成好习惯,争做好队员",他们把"我们长大了"集体过10岁生日作为特色活动项目;五年级的口号——"珍爱自己,关爱他人",他们"成长不烦恼"的特色行动深受人们关注;六年级的口号——"给你一个舞台,还我一份惊喜",他们的特色活动把"快乐向前冲"作为主题,体验红领巾给成长带来的快乐。

我们还把"六个系列"的德育活动以年级组为单位列成丰富多彩的"菜单",再以"特别的日子"为时间顺序建立德育工作行事历,充分挖掘活动本身的优势,营造有个性、有特点的德育环境,让德育与学生生活紧密相连,不可分割。根据不同年龄孩子的身心特点,为他们量身打造丰富多彩的主题活动类课程。系列一："温馨我和你,关怀到永远",进行"爱的教育",让学生学会尊重关心。系列二："小卫士在行动,实践中显才干",进行"责任教育",让学生学会对自己、对他人、对社会负责。系列三："挑战极限,自救自护",进行"安全教育",让学生学会自爱自护。系列四："快乐成长,成长快乐",进行"自信健康教育",让学生学会宽容待人。系列五："美好生活,绿色守望",进行"环境教育",让学生学会保护环境。系列六："学会感恩,成就人生",进行"感恩专项教育",让学生学会给予、奉献。

在探索多种渠道、多方式的社会实践活动中,学校经过不断的探索与实践,逐步形成了小学六年素质培养的系列性的、连续性的分级推进计划。一年级走进周边社区,走进当地历史文化,弘扬"爱我社区、爱我家乡"精神;二年级走进交警指挥中心,学习交通自救、自护的知识;三年级走进县茶艺馆,了解家乡茶文化;四年级走进竹工艺馆;五年级走进生态公艺园;六年级走进家乡博物馆。各种各样的教育基地承载着深邃的文化与精神,深深地影响着孩子们,培养了他们强烈的民族精神、健康的心理品质。

此外,我们还根据各年级特点开展班级经典诵读活动,开展"唱健康童谣,做有益游戏"的主题教育活动等。学校设计了很多适合不同年级开展的活动。一年一个主题,让学生在六年的小学生生活中,接触更宽广的教育,增长见识,培养情趣。特色鲜明的年段主题,使活动更有感染力,自主教育更扎实。

当然,学生的活动不是学生自发的,需要教师来引导、指导和帮助。学校和教师要根据不同的年龄阶段精心设计学生活动的建设方案,引导学生主动地参加。在各年级特色活动建设方案中,我们构建了"六大体系",即目标、内容、途径、方法、管理、评价体系。各大体系内容由低到高,由具体到抽象,突出各段的重点,从"小处着手,大处着眼",抓小促大,引领着孩子成长的脚步。在同年级不同班级上,我们也依据特色年级建设方案的要求,由各班班主任及任课教师根据学生特长及本班实际,广泛挖掘学生才能,建设本班的特色活动。在班级特色活动中,要坚持"学生是主体"的观念,放手发动学生,让学生自己去组织活动,发挥他们的创造性,培养他们独立工作的能力、组织活动的能力。

桃李不言,下自成蹊。这些具有较强针对性的目标避免了以往德育工作中存在的盲目性、随意性,实现了德育工作的可操作性和有效性。通过构建各年级快乐文化,让学生懂得快乐,体验快乐,并积极地创造快乐。每次主题分级活动的策划,都让学校的德育工作充满了活力,形成了磁场,让学生在快乐中超越,更让共同体的每一个成员都充满着无限的自豪,从而有效地促进了学生快乐成长。

第三节　健康成长

一、健康,让生命之树苗壮成长

人们常说,儿童是祖国的花朵。让每一个儿童健康生活、快乐成长,是我们的国家走向未来、走向富强的奠基工程,更是全面实现"中国梦"的重要前提。健康生活应该成为一种人生追求,也应该成为教育的终极目标。健康是人类永恒的追求,是快乐人生的前提,也是教育永恒的主题。

学生成长首先是身心健康成长,没有健康的体魄,就不会有健康的心灵。拥有强壮的身体和健康的心理是一个人生活、学习、工作的基础条件。但长期以来,由于受应试教育的影响,人们对健康教育工作的认识不够。学校体育仍是整个教育工作的相对薄弱环节。学校教育普遍重视知识学习,考试制度更是加速了对知识学习的重视,把教育简单地等同于知识教育。学生耐力、柔韧素质不理想,肥胖率、近视率居高不下,学生体质健康状况依然严峻。学校健康教育"讲起来重要,做起来次要,忙起来不要"的情况十分严重。今天学校所说的健康已超出了学习传统健康课的范畴,不仅指身体健康,还涵盖心理、人生态度、生活方式、文化修养,也包含学校的办学理念、教育方式,还有环境健康、社会健康等方面。知识教育是重要的,但它并不是教育的全部。与知识教育同样重要的,是身体锻炼,尤其是健康教育。健康教育是学校生机活力的体现,学校要坚持贯彻大教育观,把健康教育工作作为实施素质教育的重要途径放在应有的位置,让各项健康活动蓬勃发展。

1.切实开展阳光体育活动

阳光体育活动不仅可以展示学校形象,强健学生体魄,而且能凝聚团队力量,振奋学生精神,满足学生表现和实现自我,使每一个学生思想、言行和心灵在活动中得到熏陶和升华。我们牢固树立"健康第一,终身体育"的思想意识,把阳光体育运动作为实施素质教育的切入点,面向全体学生,以学生的成长、发展、幸福为出发点和落脚点,认真制订了校园阳光体育活动方案,分为常规活动、主题活动及大课间活动三块内容。常规活动为每月月末举行小型运动比赛,跳绳比赛、踢毽子比赛、羽毛球比赛等,实现了师生人人参与。主题活动为每年秋季学校组织的体育节。一年一度的体育健康节,将传统体育项目和民间健身活动相结合,融运动、健康、趣味于一体。大课间活动是指每天上、下午在完成三套操后,全校师生以班级、俱乐部为单位根据季节特点和天气变化,灵活安排具体活动。走进大课间的校园,总能听到孩子们的欢歌笑语,看到孩子们朝气蓬勃的身躯。学生参加体育锻炼的积极性高了,操场上更加热闹了,跳大绳、踢毽子、打羽毛球、打乒乓球……每一个环节、每一个项目,都无不体现着阳光体育指导教师的心思和智慧。校园充满阳光快乐,洋溢着健康和谐,让人仿佛听到了生命的拔节之声。校内定期开展各种体育竞赛活动,让学生感受到了成功和愉悦,培养了学生团结协作、顽强拼搏的精神,体现着学校"安全体育、健康体育、快乐体育"的教育理念,真正让学生每天一小时的校园体育活动得到切实保障。

2.抓实体育课教学的过程管理

促进每个孩子的健康成长,最终还是要落实到课程上。我们狠抓体育课教学的过程管理,科学制定各年级技能学习具体目标,强化学校体育课程的开齐、开足、开好,做到师资、课程、场地、督查"四落实"。领导定期和随机检查教案,随时走进操场听课和评课。我们还要求体育教师应该"一专多能",不仅要有扎实的专业知识,还要掌握多种体育技能,善于根据场地的特点开发适合学生的体育项目、传统体育游戏。我们立足课堂教学,以课程为载体来建立突破口,通过拓展国家课程、开发校本课程、创设环境课程等多种渠道,将"健康第一"的理念真正落到实处。课程的开设不强调专业化,而是重在普及和多样,目的就是激发学生的运动兴趣,让每一个学生都有更多的选择和体验。在体育课教学中,我们以学生的学习和锻炼为中心,着重树立学生的体育意识,养成锻炼习惯;教会学生健康生活的健康常识,全面了解、熟悉科学的生活技能。在体育课程建设上,学校注意体育文化、卫生保健知识的传授,培养具有全面体育文化修养的学生。我们还自主创编了独具特色的体育校本课程,探索出了符合师生实际、切实能够促进学生健康发展的教学模式,从而增强了特色办学的动力和活力。

3.注重丰富课外体育活动

一些学校把安全作为不开展课外体育活动的借口,这是一种推脱,是对孩子的不负责任。学校恰恰要在活动中教给孩子们怎样保护自己,避免不必要的伤害。"一张一弛,文武之道。"学校要给学生留出锻炼身体的时间,每天拿出一定的课外时间让学生锻炼身体,呼吸新鲜空气。学校还要拓展体育锻炼社会资源,增加学生学习与锻炼的内容。许多学校体育课从没有课外作业,而霞阳小学不仅有,而且生动活泼、丰富多彩。我们通过布置课外体育作业,开展"五个一"活动,即每天做一分钟仰卧起坐,跳一分钟绳,跑 600～1 000米,每周比赛一场球,每月和家长一起进行一次野外郊游活动。同时,引导学生将兴趣变成其生活的情调,如开展足球、围棋、游泳、斯诺克等兴趣活动,积极健康的休闲方式让学生的生活充满高雅的情趣。

4.凸显学校的体育特色

学校以健康理念为统领,发展体育优势,开展多种活动,着力促进学生的身体健康、心理健康,提高学生社会适应能力。我们确立了以"快乐体育打造幸福人生"的发展思路,充分发挥学校传统项目优势,全力打造体育特色品牌。学校构建了健康体育课程体系,开发了五祖拳、羽毛球、健美操、游泳等体育特色课程,并把它们作为重点特色项目来抓。在开拓学生眼界、增强趣味性的同时,把体育运动的目的放在参与者自身的满足的目标上,满足了学生健康发展的需求,最大限度地发挥特色专项课程的功能。特别是校园足球运动的开展,让更多的孩子走进足球的世界,点燃了更多足球少年心中的"足球梦",也为培养优秀足球后备人才奠定了基础。校园呈现出"运动·健康·快乐"的浓厚体育氛围,学生体验和享受到阳光体育的快乐,体育工作成了学校健康、特色教育的有力支撑。

5.建构身心统一的体育

如何回归教育本质,让学生有更多的时间、空间参与体育运动,让体育在培养学生的意志、心理、人格等方面发挥重要作用,这是每一位教育工作者都需要认真思考的问题。身心健康、体魄强健、意志坚强、全面发展既是个体追求快乐人生的保障,也是社会对创新人才提出的必要指标。身体是一切素质的载体,直接影响其他素质的发展。现代环境下成长起来的独生子女,往往表现出唯我独尊,缺乏协作精神,缺乏理解、宽容和同情心等特点,同时意志力薄弱,情感脆弱,易受挫折。现在的学生面对困难和挫折时,缺乏一种"咬咬牙就挺过去"的能力,根源就在于体质健康上。而体育活动会对学生思维、意志、性格、情感、人际关系、社会适应等产生积极的影响,提升其道德品质水平。现代体育已经由手段论转向目的论,即把体育运动的目的放在参与者自身满足目标上。现代体育注重的是全员、全面,关注每个人的身心健康,关爱每个人的生活情趣,健全每个学生的人格。每天做一些快乐的运动可以让孩子在生理上得到一定的快乐,孩子的生长本能需要运动,并且也能从运动中得到能量,释放坏情绪。在参与体育活动的过程中,学生体会到团队的重要性,体会到从队友到朋友的心理变化过程,使学生更加成熟,从而收获快乐。体育不仅使学生充分感受运动所带来的愉悦,而且促进学生形成良好的意志品质、团队精神和沟通能力,对学生未来的幸福生活具有重要影响。

在学校,体育工作关系每一个孩子的身心健康和一生快乐。体育课应是名副其实的"主课",它让每一个生命个体都能在阳光下健康成长,让每一位体育特长生都能得到充分发展的空间,学生的主体性得以体现,个性发展得到尊重。在阳光体育运动的号召下,学生从教室中走了出来,教师从办公室中走了出来。师生共同地走上了操场,走上了跑道,走到了阳光底下,走进了健康的生活。我们践行着"每天锻炼一小时,健康学习每一天,快乐生活一辈子"的承诺。运动让学生变得更加快乐和自信,不仅让他们学会了技术,增强了体质,也激发了孩子们高昂的斗志和强烈的进取心。健康生活教育的"正能量"已充盈在校园的每个角落。

二、艺术,让生命之花绚丽绽放

早在 2007 年 8 月,时任总理温家宝同志在看望钱学森的时候,他回答了"钱学森之问":"处理好科学和艺术的关系,就能够创新,中国人就一定能赛过外国人。"钱学森用自己的成长历程说明了,在杰出人才的培养过程中,科学和艺术之间的融合起到了很大作用。

在素质教育过程中,学生的艺术发展是指学生的艺术知识和技能的发展,是通过审美意识、体验、创作的过程获得审美的知、情、意、行的发展。艺术教育在学校教育中的作用越来越凸显,艺术教育是发展学生个性与创造力的重要手段,是学生感受美、创造美的最直接方式。艺术教育在提高学生审美能力、促进学生全面发展、陶冶学生高尚情操、丰富学生生活亮色方面有着不可替代的作用。艺术与快乐也有着天然的血脉联系。我们的艺术教育不是以培养学生的音乐专长为目的,不是以造就音乐家为己任,而是培养未来能过上快乐生活的普通人。笔者认为,当我们的学生在以后漫长的人生道路上,能够增加一点情趣,能够增加一些诗意,能让生命艺术之花绚丽绽放,那我们的艺术教育就是功德无量的。笔者常常感动于在用艺术激扬生命力、用文化提升教育品质的过程中,我们始终能够静心聆听艺术的声音。

1. 抓好学校艺术教育

为了科学规范地进行艺术教育管理，我们建立了艺术教育管理网络，制定和完善了艺术教育教学规章制度，确保艺术教育整体水平的提高。学校成立了校级、处室、教研组三级艺术教育管理机构，并各司其职。实行了"三结合"的指导原则：一是普及教育与重点培养相结合，二是环境熏陶和课内外活动相结合，三是艺术教育与学科渗透相结合。我们以育人为目的，以校园环境艺术化建设为手段，通过对学校硬环境和软环境的充分开发和利用，使"为了视觉的美好，为了心灵的崇高"原则体现在校园环境艺术化建设过程中。学校形式多样的艺术教育培养了学生健康的审美情趣，陶冶了学生高尚的情操，提升了学生的艺术素养。学校师生全员参与，艺术教育的事已经成为全体教师群策群力的事、全体学生共同参与的事。

2. 严格艺术学科教学

艺术学科的教学工作是艺术教育的核心工作，没有艺术学科教学质量的提高，就没有学生艺术素养的提高。学校严格按照教学大纲开设音乐、美术等学科，做到开全学科、上好课程、定期考核，艺术课从来没有因考试、复习等安排而被挤占。艺术教师是教育的直接实施者，他们的教育思路、教育艺术及自身的素质直接影响着艺术教育的成效。因此，学校应重视艺术师资队伍的建设。学校强调所有教师要练就一种艺术特长，要把具有一种艺术特长作为学校教师必须具备的教学基本功。此外，艺术学科教学中最重要的是让学生学会自由表达自己。抓好学校艺术教育就是要让学生多接触艺术，多接触经典，成为一个情趣高雅的人。小学艺术课堂应该是开放的、不拘形式的，应成为播种情感的乐土，成为激发师生与生生情感交流、碰撞、共鸣的磁场。例如，在音乐课程中，教师依托学校民乐特色，深入挖掘出不同的授课内容，增强对民族乐器的了解、文化主题的渗透，通过欣赏、演唱、表演等多种教学形式，使学生能够深入感受艺术美，不断提升自身艺术素养，不断提升艺术课教学质量。

3. 举办校园文化艺术节

在笔者看来，艺术就是孩子们体验童年最美妙的方式，孩子们的丰富和灵动、天性和创造，在很大程度上是通过艺术活动展现出来的。学校每年5月举办校园文化艺术节，鼓励全体学生参与艺术实践。文化艺术节将比赛与展示内容相结合，涵盖了歌唱、舞蹈、戏剧、相声、小品、茶艺、书法、绘画、剪纸、摄影等多种艺术门类活动，学生参与率达到80％以上，成为学校规模最大、涉及人数最多、影响最广泛的艺术活动。艺术节期间举办的学生艺术作品展，为艺特长生搭建展示平台。摄影、书画、剪纸、小制作等各种艺术作品展,面向全校学生进行艺术作品的征集,对参展作品进行评选奖励,学生参与的积极性很高。可以说,每年的校园文化艺术节都是一次艺术教育的普及,目的是让每个学生真正受益。

4.开发艺术校本课程

在新课程改革的背景下,我们大胆改革艺术教育课程,在面向全体学生的基础性、普及性的基础上,兼顾个性化教育,力争让每一个孩子都成为艺术教育的受益者。我们深刻认识到,课程资源建设是艺术教育提升和滋润生命的保障和推动力。校本课程是推动学校艺术教育的重要内容,是学校办学特色的呈现。我们开设了多门艺术类选修课,注重提升艺术校本课程的规模与品位,尽可能为学生提供多样性的实践舞台。为此,我们挖掘校内外的各种资源,根据当地的自然和人文环境,因地制宜,多渠道、多方式地开发和利用艺术课程资源。学校不断发展优势项目,为学生提供更多的艺术教育资源,初步形成了促进学生综合发展的艺术教育校本课程体系,相继开发了"闽南音乐""校园集体舞""校园啦啦操""口风琴"等校本课程,不断丰富艺术教育的形式,提升其内涵。这些艺术课程的实施,不仅仅是一个简单的文本验证过程,更是一个充满探索、创造和建设的过程,使每一节课、每一次活动都充满创造的快乐与激情。

5.开展艺术社团活动

学校文化建设要取得实效,就必须从学生的个性特征出发,尊重并发扬他们的长处,挖掘并发展他们的潜能,使众多的个性特长生在学校的有效组合下,产生不同的特色,形成学校丰富多彩的艺术文化。艺术社团是学校课外活动另一道亮丽的风景线。我们让每个孩子都进入社团,奠定课程多元发展基础,继续通过艺术社团活动促进学生自主发展。闽南戏社、电影艺术社、魔术活动社、音乐戏剧社、摄影艺术社、摇滚音乐社、剪纸艺术社等艺术社团占全校社团总数的一半以上,学校在活动时间、活动地点和经费方面给予了充分的保证。这些有着鲜明特色的艺术社团活动,犹如春风化雨,在不知不觉中浸润着孩子们的心灵。

艺术教育把学生的知识、创新、特长、爱好、兴趣、才智、能力、爱心、健康激发出来,培养了学生健康的审美情趣、良好的艺术创意素养,进而鼓励他们创造美、享受美,让他们的个性发展多样化,在培养和满足学生当前发展需求的基础上,更奠基了学生终身发展需要,使艺术在学生生命的发展中起到了浸润作用,逐渐形成自信的艺术气质和完美人格。

三、情绪,让生命之魂注入"正能量"

每个人有不同的个性、爱好、习惯、性格、思想、文化、专业素养、家庭背景等,具有丰富而复杂的情绪情感。如果教师因为工作、人际关系、感情、收入、职称……这些大大小小的事生气、心烦,我们觉得很理所当然。可是学生如果生气了,哭了,打闹了,有的教师就会斥责他们无理取闹。教师生气叫"发脾气",学生生气叫"耍脾气",好像学生生气根本就是不应该的!对于大多数学生来说,快乐应该是无处不在的。但当前社会功利化现象比较严重,许多父母也把所有的期待都放到唯一的孩子身上。压力之下,大多数孩子在成长过程中都会或多或少地出现一些心理上的问题。在我们身边,还有不少学生整天感到烦躁抑郁,甚至产生厌学等不良情绪。这些学生爱生气,排除性格遗传的因素外,还因为学生不能很好地管理自己的情绪。

情绪是个体对本身需要和客观事物之间关系的短暂而强烈的反应。心理学研究表明,人百分之百是情绪化的,情绪可以改变一个人,人任何时候的决定都是情绪化的决定。当一个人受到一定的教育和感染之后,在他心中,善和恶是对立存在的,该偏向哪一边,当时的情绪是至关重要的。教育的核心是培养健康人格,而情绪恰恰是人格最自然、最深厚,也是最圆润的部分。一些人认为积极情绪就一定好,消极情绪就一定不好,并在心理健康教育中如此教育学生。这种似是而非的观点并不正确。每一种情绪都有必要存在,只是过犹不及。极端事件通常是在极度的情绪下发生的,孩子因不能正确识别情绪并将其疏导排解,则会导致该行为的产生。许多教师关注学生的学习,却很少关注他们的心理、情绪及真正需要的东西。其实,人生应对困难与危害,最为重要的是情绪!情绪稳定则可以坦然应对,变逆为顺。因此,教师应尽可能地指导学生了解情绪,学会调控情绪,保持良好的情绪状态是当务之急,为学生成长提供"正能量"。"正能量"指的是一切给人向上的希望,是促使人不断追求,让生活变得圆满幸福的动力和感情。在家长眼中,自己的孩子永远都是优秀的,这是多么了不起的"正能量"!教育需要"正能量",更需要"正能量"的传播者。成功的教育都是具有"正能量"的教师而为的。

1.接纳孩子的倾诉情绪

心理学指出,小学生处在一个特殊的年龄段,自然带有这个年龄段的一些特点。正处在成长中的孩子,有情绪是正常的,没有情绪反而是不正常的。闹情绪是学生一个不可缺少的成长过程。面对学生闹情绪,教师要理解、接纳他们的情绪。作为教师,首先要意识到消极情绪也是正常的。与孩子共情,这是打开孩子心扉的钥匙,也是接纳孩子情绪的基础。如果孩子出现情绪反应,教师要先倾听学生的心理诉求,接纳孩子的情绪。当孩子知道你愿意理解他的感受时,就会慢慢将心情沉淀下来;当孩子倾听教师教育时,消极情绪也就得到了释放。

长久以来,我们的教师很少考虑孩子的感受,很少给予他们精神上的满足和引导。学生有负面情绪的时候,教师不是想要帮助他消除,而是否定他的情绪,要不然就打压。当今孩子的情绪问题一点也不比白领和成人差,千万不可以压抑孩子的情绪,否则,孩子表面上可能没事,但内心的"情绪垃圾"愈积愈多,最后一发不可收拾。但是,接纳孩子的情绪,并不代表接纳孩子的行为,更不是放任孩子把情绪表现当成工具,可以违纪违规。也只有接纳孩子的情绪,才可能指导孩子的行为。但我们要让孩子明白:所有的感觉都是可以被接纳的,但是不当的行为必须被规范。

2.厘清孩子的情绪原因

学生是人,是人就有思想、有感情、有情绪,他不可能样样都跟着老师亦步亦趋。合理的观念促使健康的情绪,不合理的观念导致负面的情绪。学生产生一些负面情绪,往往是受年龄特点和认知水平的限制,对事件看得不够清晰、不够深入、不够全面、不够长远等,在情绪特征上表现出好冲动、不稳定、极端化等特点,自控能力差。学生有了情绪,我们需要给学生时间和机会,诱导他们表达情绪。一旦观察出学生的表情有异样,教师就要像一面情绪镜子,深入探究,有机引导,自然能够打开学生的心扉,协助孩子觉察、认清自己的情绪。当遇到学生之间出现冲突时,教师应该首先理解和关注他们的情绪,然后再去关注事件的本身,这样的交流对于真正解决问题才是更有效的。

例如,当学生之间出现摩擦时,笔者会先说:"我看到你有点怒气,是什么使你生气呀?"回应孩子的感受,可以让孩子明了自己的感觉。之后,继续用开放性的提问方式:"今天是不是发生什么事了? 可以和我谈谈吗?"这样的话语虽然很简单,却充分反映了教师对学生的关注,能够让学生感受到被接纳。不难看出,随着教师的附和,学生才会大胆地敞开心扉,这样教师才能协助孩子正确表达情绪,厘清情绪背后的原因。只有找到情绪反应的真正原因,掌握孩子的心理需求,才能对症下药、及时调控;只有在情绪上与学生互动,才能成为培养良好价值观的基础,进而培养有道德观念的个人。

3.了解孩子的情绪需求

其实,我们每个人都希望消极情绪远离我们,但"如何做"成为我们的一大难题,要解决这个难题,我们首先须明确孩子的情绪需求。俗话说:小孩的脸像6月的天,说变就变。的确,情绪不稳定是小学生的年龄特点,同时也是情绪发展还不成熟的标志。学生有生理和社会心理方面的种种需求,但这些需求往往不稳定、不连贯。有些需求如果是合理的,也是教师力所能及的,就应当给予满足,这样可使学生情绪稳定下来。有时学生不好表达自己的需求时,教师必须细心体察、了解,随后正确对待。其实孩子的情绪很敏感,同样是一句批评的话,出自不同教师之口,孩子的情绪可能完全不同。教师要时刻关爱每一个学生,尽量避免学生产生不良情绪;尽可能多地给学生创造表现和成功的机会,让学生在学校中积累更多的成功体验,从而走进成功体验和积极情绪互相促进的良性循环中。

4.帮助孩子的情绪化解

没有规矩不成方圆,任由情绪信马由缰肯定是不行的,但绝对的理性与绝对的情绪都是太过生硬的两个极端。如果一味掩藏或转移孩子的情绪问题,久而久之,这些没有解决的问题就成了垃圾,成了各种心理问题的根源。其实人不快乐的原因是把负面情绪扩大化了。教师的本事,就是想方设法把不快乐的变成快乐的,让学生感到"累,并快乐着"。当孩子伤心、难过、生气的时候,往往十分脆弱和迷惘,这时,需要化解的通道、解决问题的路径。在这方面,教师不能不管不问,或给学生施加压力,而应采取一些应急措施。因为心中的负面情绪如果不能及时释放和疏导,其危险性不亚于一颗炸弹。如果,这时学生的负面情绪已经主导了全部意识,已经控制了理智,就不是灌输规则与训诫说教的好时机,需要先处理情绪。只有等孩子情绪缓和下来,再谈具体内容,引导他调整认知,从另一个角度看待引起他困扰的事情,这样就比较容易化解情绪。例如,"玩具被同学不小心弄坏了,你觉得很生气。但是你打人没办法让玩具恢复原状。我们一起想想看有没有更好的方法,好不好?"注意与孩子的情感交流,为孩子的不良情绪寻找一个宣泄的出口,让学生从愤怒的情绪中摆脱出来,能理智地思考。如果学生不能理智思考问题,就如同汽车没有闸,迟早要肇事。当学生冷静下来想一想,往往就想通了,不用老师批评,他们也会主动承认错误。当学生情绪过去了,教师就不要翻旧账,不要把负面情绪过分强调和延伸。同时,也要让孩子坚信自己的情绪、智力是自己掌控的,通过努力都可以加以提高。我们帮助学生化解不良情绪的目的不是为了如何限制孩子,我们只是限制了不良的情绪,但是限制不良的情绪,不是就此打住,而是打开无数通往自主、独立、接纳、尊重、包容、合作的大门。这样就把疏导不良情绪延伸到一个更加积极的、有爱的、支持的途径中,使学生明白自己就是自己情绪的主人,自己的想法决定自己的情绪。

积极的情绪是学生心理健康发展的核心,也是学生健康成长的一种重要的表现形式。从某种意义上说,教育就是改进孩子身上那些消极因素,弘扬那些积极因素,并在这种改进与弘扬中,引领、帮助和促进每个人的成长和进步。学生情绪管理是一个复杂的工程,也是一个充满智慧的工程,在情绪与理性之下,要增加温度,增加艺术,在两者的转化之中让教育更像教育,让教师更像教师,让学生更像学生,让一切在本然与应然之间有着最美的绽放。孩子培养情绪需要时间,这是一个持续进行的过程,一旦开始,就会渐入佳境。

小学阶段是学生身心发展最快速的时期,学校不仅要传授他们文化知识,而且还要培养他们健康向上的心理品质,只有这样,才能为他们今后继续学习、走上社会奠定良好的基础。在教育实践中,如何让学生合理管理情绪,科学调控情绪,有效传导情绪,是所有教师必备的基本功。只要教师投入时间和耐心,运用技巧和练习,优化学生的心理环境,清除学生的情绪垃圾,就能调好孩子的情绪状态,让孩子知道自己可以有所选择。只有做好自己情绪的主人,才有不可阻挡的正能量,有正能量就一定有正效益,一定会让自己的世界一片晴空。

四、沟通,让生命之叶鲜艳夺目

曾经听过这样一个故事:孔子的一位学生在煮粥时,发现有脏东西掉进锅里去了,他连忙用汤匙捞起,正想倒掉时,忽然想到,一粥一饭都来之不易啊,于是就把它吃了。刚巧孔子走进厨房,以为他在偷食,便教训了那位负责煮食的学生。经过解释,孔子感慨地说:“我亲眼看见的事情也不准确,何况是道听途说的呢?”

21世纪是一个注重沟通、强化交往的时代。教育是一项与人打交道的工作,沟通是开展教育教学的基本保障。师生之间的人际互动是最重要的教育途径之一。心理学家说:“沟通对我们的生活质量具有决定意义的影响。”因此,在当下的教育环境中,尽量给孩子营造一块绿地,即使很小很小,也可以让孩子幼嫩的心在那里欢畅地呼吸,让孩子的生命之叶鲜艳夺目。笔者认为:沟通,使心灵与心灵之间架起一座桥梁。教育,需要师生内心深处的沟通和交流。只有那些始终不忘记自己曾经也是个孩子且能与孩子沟通的人，才能成为真正的教师。

对于教育学生来说，"空杯以对"非常重要。作为教师，真的听懂了学生的话了吗？是不是容易用自己的权威打断别人的语言？我们经常犯这样的错误：在对方还没有来得及讲完自己的事情前，在自己还没有来得及了解情况前，就按照我们的经验大加评论和教育。打断别人的语言，武断地下结论，一方面容易做出片面的决策，另一方面使对方缺乏被尊重的感觉。时间久了，学生将再也没有兴趣向你反馈真实信息。反馈信息被切断，教师就成了"孤家寡人"。只有与大家打成一片，教育工作才会如鱼得水。只有在班集体建设中注重师生、生生关系的建设，用阳光的人际关系感染彼此，温暖彼此，才能培养学生热情、乐观、欣赏美和追求美的积极心理品质。

每个学校甚至每个班级，都会遇到不好管的学生。笔者班上有这样一个学生，他经常上课吵架、下课打架，一会儿把脏东西放进别的同学的书包，一会儿走在同学后面推前面的同学，一会儿踩了别人的脚反过来打别人，老师板书时做鬼脸、站凳子。一次上课，学生正在做练习，突然有人举起手来："老师，他不写练习，一直在簿子上写字。"我巡视着走到他跟前，拿起他的簿子，刚想发火批评时，却发现他簿子上写了好大的一个"忍"字。

笔者认为，表达是人的基本需求。他想表达什么？他又在忍耐什么？通过这个"忍"字，我似乎感到学生在教师主导课堂中的弱势地位，他表达的权利肯定受到了一定程度的压制。我看得出他不喜欢上课，讨厌做作业，甚至可以看得出他更反感教师。

我平静了一下自己的情绪，先肯定了他上课不影响别人的做法，接着认真倾听了他写"忍"字的原因。他看到我放下教师的架子，静心听他诉说，就把自己的心里话告诉我。这时，我将簿子高高地举起："同学们，你们看这是什么字？"

"忍！"大家齐声回答，可有些学生不解地看着我。

"对。俊博同学，为了坚持上完这节课，约束自己要忍耐，只有'忍'才可能上好课，才能不影响全班同学学到知识，你们说他值不值得我们学习？"

"值得！"这时，全班同学都用钦佩和惊异的目光看着他。而他却不知所措，因为我的话语大大超出他的意料，他不知该如何反应。"那好，让我们为俊博同学的'忍耐'精神鼓掌。"

这时，他红着脸悄悄地低下了头。我走下讲台，双手把簿子送到了他的手里，然后微笑着对他点点头："你是好样的!"他也笑了。

我接着说："同学们，谢谢你们观赏俊博同学的书法，由于我们拿出时间来看他表演，现在我们必须继续把课上完。"因为自己的原因而影响了别人的上课，也因为看到教师与自己一同承担责任，同龄人的压力让俊博觉得调皮捣乱也没那么有意思了。他为自己的行为感到有点惭愧也有点感激，同时，也唤醒了向上的自尊。

这一案例告诉我们：课堂上遇到意外事件，教师除了爱与包容，应该更多地运用沟通，了解对方的想法。沟通是一种艺术，不仅需要方法，还需要用心、用情。摒弃简单伤人的做法，多些尊重和智慧，多一些关爱和耐心，才能收到良好的育人效果。一旦开始指责了，后面的就不再叫沟通了。教师要不吝惜自己的情感，走进学生的心里。要知道，转化"问题生"，不能一味地责备，要给予时间和空间，帮助他慢慢转变，来自他自己的力量才最强大。"同孩子的心弦对准音调"，教师才能不荒腔、不跑调，才能串起一个个不同的音符，谱写出美妙动人的旋律。这一案例也让我们想到，今天的教育似乎更执着于把学生捆绑在现实秩序和科学理性的柱子上，较容易忽略人的精神塑造和维护。我们需要理解和掌握学生的成长规律、情感诉求、心理变化，因为我们是教师。

学生在学校的学习过程中是认知过程和感受体验过程的统一，它不是单纯知识的接受和技能的训练，而是伴随着交往、创造、意志、努力等的综合过程，是学生全身心参与其中的过程。所以，师者不仅是传道解惑，而且是关心学生身心的"整体"，更重要的是沟通交流。只有在学生的心理挖一条沟，教育才能水到渠成。孩子的成长是在不断失败、吸取教训、体验成功中螺旋式上升的，因此师生的沟通贵在坚持，难在艺术。同样一个意思，会沟通的人能说得人笑起来，不会沟通的人能说得人跳起来。一个真正的老师，他会在一个特定的场合坐下来，与孩子们面对面地谈，设身处地地谈，对等地谈，这样，孩子才会说出他真正的动机，说出他真实的想法。孩子一旦不会讲、不会沟通，就会暴力行为，因此我们要给予孩子倾吐、抱怨的机会。教育中如果缺乏沟通，则学生的"心事"教师很难猜透，教师的"柔情"学生也永远不懂。为什么学生喜欢与同伴交流？因为与同伴沟通是平等的。他们觉得老师是权威，永远是对的，老师总是在教训人。因此，教师要放下架子，与孩子交朋友。与学生沟通，年龄不是最重要的，重要的是教师的心态。如果孩子能把心里话讲给你听，那么教育就成功了一半。

通过和学生过招，笔者学会了与学生有效沟通的方法：不能急，慢慢来；要动脑,讲技巧;先肯定,再批评,再勉励等。与学生沟通时要注意用词、语速和语调,给学生留有足够的理解和思考时间。需要学习和掌握"同理心"的理念和技巧,微笑和专注地倾听也是必不可少的。行要告诉孩子们行的理由,不行同样也要摆事实,讲道理,来说服孩子。同时,笔者也懂得了与学生沟通的重要性:沟通让学生感受到被老师尊重、信任和理解,从而帮助他们树立自尊心和自信心,他们就会主动靠近老师,敢于质疑,敢于发表自己的观点。好多所谓屡教不改的学生,是因为老师没有给他们沟通的机会。期望通过学生的改变使课堂秩序更好,倒不如想想自己怎样改变教育方式才能取得效果。其实,带着一种兴趣、一种探究的心态,去跟孩子交流沟通,你会觉得更加愉快与成功。时代在不断发展变化,学生都是时代的追赶者,教师应紧跟时代,学会与学生进行更现代、更"潮"的沟通。

中国古代对君子的标准有"三和":语柔和、身矮和、心平和。"沟通"首要的就是话语温软如玉,在表达心意的同时让对方生出欢喜心,尊重别人的同时,赢得他人的尊重。"亲师信道",我们对学生的接纳、欣赏,也会影响到孩子,学生之间的相处少了争吵,少了冷漠,多了理解,多了欣赏,孩子们变得自信了,宽容了,彼此关系更融洽了,阳光了。在对待学生的问题上,最简单的推脱,表达的只是教育的功利;最耐心的担当,表达的才是教育的用心。好的关系就是好的教育,而好的关系是以有效沟通为前提的,在沟通的过程中协调各方力量,以促进学生的发展为最终目的。教育有法,但无定法。每个孩子都是一个亟待开发的宝藏,需要我们教师做教育的有心人,顺畅沟通,寻找最佳的教育方法。

乐于沟通是一种积极的传递,必须用心,不放过每个细节。多做一些沟通,我们与学生就会有数不完的共同话题;多做一些沟通,我们与学生都会获得心智的启迪、精神的感染。当你进入学生的心灵世界,成为他的好朋友以后,他才会把你当成一个可以信赖和交流的人,他才会愿意进入你的世界,并且围着你转,围着你转的学生越多,说明愿意和你沟通的学生越多。笔者总觉得,人对信息的沟通是一个恒量,沟通多了,意味着不和谐就减少了存在空间。学生围着你转,转出的是你牺牲休息时间解决学生问题所呈现出来的人格魅力和给予学生个别关怀的人文力量。

五、品行,让生命之本扎根固魂

一位一年级教师告诉笔者,因为她所带的班在二楼,下楼集会活动的时候,她会牵着弱小的孩子下楼。结果有一天,一位家长跟她说,孩子回家说不上学了,原因是老师下楼时没有牵过她的手,她不喜欢这个老师,不想在这个班上课了。

这个故事告诉我们,人首先是感性的存在,人是有感情的,感情驱动人的品行。当今的学生个性太强,心理素质脆弱,容易表现出过激行为。老师在学生心中占据着重要的位置,学生既会因为喜欢老师而喜欢这个学科,也会因为不喜欢这位老师而拒绝老师的教育。很难想象,只顾完成教学任务,只有简单的管理,不顾及学生的内心感受,不顾及学生身边的一些"小事情",一意孤行,我行我素,能营造出和谐互动的教育氛围?小学是最基础的育人阶段,而德育是育人的重点,育人要从学生品行习惯抓起。因为美好的品行就像一个巨大的磁场,成为一个人身上最大的魅力,引着别人靠近他、欣赏他、效仿他,甚至跟着他。美好的品行能帮助孩子一生都能做出正确的决定。

1.养成习惯

行为形成习惯,习惯决定品质,品质决定命运。好习惯受益终身,坏习惯贻害无穷。小学生是养成行为习惯的关键时期,做教师的最高水平就是培养学生养成良好的行为习惯,做教育的最大成绩亦是培养学生养成良好的行为习惯。学生良好的行为习惯不是与生俱来的,它需要环境的塑造,需要后天的学习实践,需要众多人的培养。学校最为可贵的应是坚守,在不间断地坚守中,小学生的养成习惯逐步形成。孩子们有时不关注自己的言行,并不一定是教师对他们的教育过少造成的,而是因为通常形式下进行的教育过于呆板,没能真正联系他们的生活,因而没能真正给他们留下足够深刻的印象。任何一个孩子内心深处都渴望能够成为一个好孩子。所有的问题都只是孩子成长的拐点,我们的任务是引导他往正确的方向前进。因此,和孩子交流,给孩子讲道理,是我每天必不可少的"功课",并且这些"功课"随时随地以一种温暖的形式进行着。教育,光靠教师的启发是远远不够的,必须得有活生生的例子作为引导。如果能够结合孩子身边的故事,以最为恰当的形式表达出来,也许效果会更好,比如讲故事。当看到孩子桌椅摆放不整齐,课前没准备好学具,作业刚写完又找不着了……笔者就会给他们讲一些有关习惯的故事,如:"一个记者问一位诺贝尔奖获得者,是什么让他如此成功?他说:'是幼儿园老师,是她教会了我把手绢叠得方方正正的;是她告诉我上厕所要排队,饭前便后要洗手;是她训练我要仔细观察大自然。'"这些故事的拓展,于情于理,避免了随意性,听了这样的故事后,学生行为习惯自然就会做得好一些。

然而,在当下的许多独生子女中,不良习惯像野草一样丛生。面对孩子的坏习惯,我们不应通过"怕你"禁止其行为,而应用一颗真诚的心帮孩子悄悄改变。对待孩子的习惯问题,防治胜于矫正,培养胜于预防。围绕学生行为习惯的养成,需要教师以一颗赤诚之心去关注每一位学生,用大爱浇灌每一位孩子的成长;需要我们教师不断的督促引导,学生的长期努力,像滴水穿石一样,一点一滴经年累月,良好的习惯和良好的品行定能培养出来。好的习惯积累多了,自然会有一个好的人生。小时候养成良好的习惯,就等于为孩子的一生积蓄了一笔终身受用的精神资本。所以,教师要以智慧的头脑、积极的态度协助孩子养成良好的行为习惯,以"先讲感情,再讲道理"的办法,用鲜活的事实抵达学生心灵,触动其心弦,让其在感动中悟情,以心动带行动,让其对养成一个好习惯、改掉一个坏习惯产生一种强烈的认同、向往和信心。

对于小学生的规范、约束、教育是必要的,但文明习惯不能靠惩罚的方式来培养。要帮助学生建立内在秩序感,让他们慢慢养成良好的、能够自我约束的行为习惯;要帮助学生建立内在责任感,让他们不仅应当为遵守规章制度而积极学习,更应当承担基于相应的道德和准则下的责任。此外,好习惯不光是管出来的,它是由好习惯的人带出来的,潜移默化比管理、训练更接近教育的本质。教育者要永远地牢记"身教先于言教,身教重于言教,身教必须体现言教"的道理。习惯的养成不会立竿见影,应是螺旋式上升、跳跃式发展的。一个人良好的行为习惯是靠无数连续的行为过程、行为结果积累起来的一种文化、一种形象。

2.唤醒体验

体验是人生成长的必修课。经验是知识的积累,体验是价值的叩问,它具有超越性,它给学生学习和实践带来的是情感的生动化、意义的深刻化和感受的个性化。人生是丰富多彩的,孩子们应该体验到更多,还要为未来的生活积累经验,而不仅仅只是学业。我们面对的是一群正处在生命萌芽期的儿童,他们是一个个独立的、不可替代的个体,对这个世界充满了好奇,会主动去认识、探究、了解自己所处的环境。但是尚未成熟的他们身上存在着太多的不确定性,需要教育者们不断地唤醒和引导,不断地丰富其生命体验。每个人都希望拥有快乐和幸福,但学生在拥有它时却常常不能感觉到它的存在。因为他们往往是坐享其成,本身并没有追寻和付出体验。其实,酸甜苦辣都有营养,成功失败都是收获。尊重学生属于自己的体验,让他们走进自己的生活世界,体验生活,体验社会,即使是失败,也可能成为学生终身受益无穷的财富。

"教育无小事",意义非凡的、影响深远的教育从来就不是一蹴而就的,而恰恰是由那一桩桩看似不起眼的、琐碎平凡的小事构筑而成的。教育的原点是育人,育人的原点是育德,育德之本在品行。品行教育没有一劳永逸的点金术,教育就是每时每刻地浸润化育,长期不懈地了解和启迪;教育就是每时每刻地规范行为,在具体而扎实的训练中规范学生的言行。一个人只有对良心有信仰,对品行有敬畏,对他人有感恩,才不会逾越做人的底线。要让高尚的品行流行于我们的社会,就需要唤醒每个人的良心——这,正是教育的重要使命。对于孩子们来说,过程和体验是一种生活积累,是一种人生积淀,是一种最宝贵的教育矿藏。丰富的经历更能提高儿童的生命体验,要唤醒学生获得真实的体验,就要给他们充分的时间,让他们经历一次次教育成长的全过程。孩子们的经历结果并不重要,过程已经成为宝贵的成长经历,改变着他们对自己、对生活、对社会的认识。唐僧经历一次次放了被抓和抓了被救后取得了真经,孩子们靠写了改和改了再写学会了作文,靠算了错和错了再算学会了数学。体验了完整的过程,孩子们才会明白工作的辛苦,进而珍惜劳动的果实。在过程中感知,在体验中成长,那一刻,孩子们内心的体验就是一种自我教育。只有"耗时费时"的体验过程,才是体验教育真正的价值所在。

教育还应该是有温度的,因为它指向的是一个个独一无二的、鲜活的生命体。有温度的教育能够唤醒学生的热情之心,能够感化学生的真情之心,能够激发学生的奔放之心。真善美的语言就像春风,能浸润、温暖所经过的每个角落。我们减少传统德育的思想灌输模式,更多地以活动的形式唤醒学生的体验与感悟,让学生在活动中学会标准,让学生在体验中充满爱,形成良好的习惯与品格,培养自我教育的能力。教育,原本就是"前人种树,后人乘凉",只要播下的是善因,一切只需顺其自然。面向现实生活,注重实践体验,已成为时代对中国教育的强烈呼唤。

3.真诚关爱

如同钥匙开门一样,一把坚实的大锁挂在门上,一根铁棒费了九牛二虎之力,还是无法将它撬开;钥匙来了,她瘦小的身材钻进锁孔,只是轻轻地一转,大锁就"啪"的一声打开了。铁棒奇怪地问:"为什么我费了那么大的力气也打不开,而你却轻而易举地就能把它打开了呢?"钥匙说:"因为我最了解他的心。"是的,每个孩子的心中都有一把锁,许多学生的心都像上了锁的大门,如果锁还没有打开,那是因为我们还没有配出打开这把锁的钥匙。教育方法不对,任再粗的铁棒也撬不开,唯有真诚关爱学生,才能用童心打开每把心灵的锁。

学生的心灵最不能缺失的就是真诚关爱。孩子毕竟是孩子，我们不能在他们犯了错之后想着怎么去处罚他们，而应该再给他们一次机会，相信他们愿意成功，也可以成功。在教育过程中，我们要善于观察与揣摩学生的心态处境，然后选择时机有针对性地用"良言"抚摸他、温暖他、鼓励他。"一把钥匙开一把锁"，只有科学而艺术地做好教育和思想工作，才会把道理讲在心坎上，把工作做到点子上，从而达到思想通、行动快的效果。如果一味地以说教为主，缺少人情味，缺少爱心，学生迫于压力，也许能做出一些让教师相信的反应，但却不能真正起到教育作用。反之，我们若以关爱去感动学生，用真诚去打动学生，用沟通去感染学生，教育工作反复做，做反复，久而久之，他们就会在老师的引导下变得懂事，学生的品行习惯也就会越来越棒。

当老师们把点点滴滴的关爱化为浇灌花朵的雨露时，我们惊喜地倾听到了花开的声音。有智慧的教师有一双推动教育进步的手、抚摸童心的手、启迪智慧的手，他会带给学生理想的目标，带给学生奋斗的动力，他会带领学生去追求高尚的精神世界！

当今社会正处于一个复杂多变的时代，不断增加的复杂性和不确定性，对每个学生的品行习惯提出了内在要求，不能不深切关注、自觉和积极地浸润学生的品行习惯。学校不仅要对学生的成长负责、为学生的快乐人生奠基，还要教育学生自觉地服务于自由、开放、民主、文明的社会建设。我们所能做的更多是在播种，在孩子生命成长最宝贵的年华里，一路播撒下美好的种子，而后，守望岁月，静候花开。

第三章　提升教师的快乐指数

　　教师的快乐,既是生命价值的体现,也是职业操守的诉求;教师的快乐,既为了教师、为了学生,也为了教育、为了社会。可以说,没有快乐的教师,就没有快乐的教育,也就无法真正实现学生快乐成长。学校要着力提高教师工作的快乐指数,引领教师品味快乐、享受快乐、追求快乐,让教师智慧而快乐地工作,进而以快乐的教育润泽快乐的学生。

第一节　快乐团队

一、营造与教师交流的"心灵场"

　　美国芝加哥郊外的霍桑工厂是一个制造电话交换机的工厂,有较完善的娱乐设施、医疗制度、养老金制度等,但工人仍然愤愤不平,生产状况很不理想。后来,心理学专家专门对其进行了一项试验,即用两年时间,专家找工人个别谈话两万余人次,规定在交流过程中要耐心倾听工人对厂方的各种意见和不满。这一谈话试验收到了意想不到的结果:霍桑工厂的产值大幅度提高。

　　人与人的交往实际就是心灵的交流。教师都是活生生的人,有着作为普通人的感受与需求,需要从"人"的角度去和教师交流。不良的人际关系常常给教师带来严重的身心困扰。教师和工厂的工人一样,在学习和工作的过程中难免有困惑或者不满,但又不能充分地表达出来。"人之交往,贵在交心。"教师的内心世界是丰富多彩的,他们的心只对自己信任的人敞开。教师的内心是怎样的,直接关系到孩子的心灵是怎样的。教师在紧张繁忙的工作之余,都希望拥有一个宽松融合的人际交往环境。要办好学校,就必须让教师向往高尚的东西,就必须净化教师的心灵,就必须营造与教师交流的"心灵场"。要想让和谐团队走向良性发展,同事之间、上下级之间的互动交流就显得很有必要了。因此,学校管理者要做到与教师勤于交流、善于交流、勇于交流,使交流成为有效沟通、情感交融和凝聚合力的重要途径;要视情况不同,用学者风度、长者胸怀、智者眼光营造与教师交流的氛围,使每一个教师的整个生活都充满激情,充满理想,充满活力。

1.尊重是交流的前提

交流是双向的行为,只有双方都积极地投入交流,才能使交流有效。在人际交往中,自己待人的态度往往决定了别人对自己的态度,因此,你若想获取他人的好感和尊重,必须首先尊重别人。古语有云:树怕伤根,人怕伤心。作为知识分子的教师尤其如此,"你敬我一尺,我敬你一丈",是教师的普遍心理。温情、友情、尊重、关怀似的交流能够拉近教师之间的关系,加深相互之间的感情,从而感受到由此带来的温暖、快乐和幸福。无论你是否赞同他人的观点、想法、行为,都应该首先表示尊重。教师作为特殊的脑力劳动者,普遍具有强烈的自尊心和自我表现欲望,他们对尊重的需要,高于对物质的需要。懂得尊重是一种快乐,学会尊重是道德要求,更是美学追求。学校要从根本上尊重教师,尊重所有教师的付出,尊重教师的职业生涯,尊重在专业发展上达到不同程度的教师。放手让教师去做,不要给教师太大的压力,成长是需要时间和过程的,我们要耐心一些,即使有些偏差,也有价值。领导与教师间应提倡平等的交往,在交往中应自尊而不骄傲,尊重别人而不谄媚。做好倾听,即是表达尊重的最佳方式,表示"我很重视你的想法、行为和信念",从而促进教师的内心表露。学校设立了干部定期与教师对话谈心机制,畅通干部与群众的谈心渠道。校领导经常走到教师的办公室,与教师进行深度的交流,倾听教师的心声。通过青年教师座谈会、骨干教师座谈会等多种途径,让倾听的双耳更为广阔,给教师把话说完的权利,我们所追求的理想教育境界往往会在不经意间呈现。只有真诚、平等地交流,教师才能打开心扉;只有真正和教师交流,实行民主决策、科学管理,才能激发出广大教师工作的积极性,学校工作才会顺利开展。

2.需求是交流的主题

俗话说:无利不起早。任何人做任何事情都是带有一种需求的。人的每个行为都直接或间接、自觉或不自觉地为了满足某种需求。需求是人的积极性和主动性的根本动力,它既是人性之所在,也是人行为的逻辑起点,更是人们交流的要点之所在。人生是为了让自己幸福而存在的,一个人积极进取的动力在于满足自己的幸福需求。尊重并满足对方的需求,别人才会尊重我们的需求。学校在对教师提出教育教学要求的同时,更要考虑其精神生活和物质生活的需求。校长和教师交流时应该少说多听,了解教师的真实需求。教师们有思想、有感情、有独立人格、有各种需求,渴望实现自我价值。其实,教师们的要求并不高:无非是多提供一些发展的机会,多给一些帮助和指导。而要做到这些并不难,很多时候不花钱也能办到。我们要了解教师的需要,关心教师的发展,帮助青年教师的成才,支持中年教师的成名,关注老年教师的身心平衡。任何学校都不能视教师为制造分数、创造政绩的机器,而应该更多关注教师的内在需求,多和教师沟通、谈心,了解他们的生活学习、工作情况,不仅要做到锦上添花,更要做到雪中送炭,用真情融化他们,凝聚人心。在交流中,我们体会彼此各不相同的思维方式和角度,思考着各自背后的育人理念,也通过质疑、对话、碰撞,衍生了新的实践智慧。沟通越深入,我们对彼此关注领域的理解也就越深入,就越容易找到共赢的机会。学校领导班子带头树立快乐教育理念,人人做播种校园快乐的使者,想教师所想,解教师所难,真正将温暖送进教师们的心里。

3.互动是交流的重点

走出困境需要自己的努力,更需要外在的帮助。教师这个职业本身就意味着不断奉献和甘于平淡,如何帮助教师从工作压力和职业倦怠中解放出来,让他们能够感受到生活的美好和工作的快乐是学校和谐教师团队建设的重中之重。良好的人际关系,还得依靠于互动交流。互动交流带来的往往是彼此关系的推进、轻松的体验、愉悦的心境。丰富多彩的教工活动,是凝聚人心的好形式。老师们大都忙于自己的工作,别说与校长,就是与其他年段甚至本年段的老师,都很少有交流的机会;而互动则让这种交流成为可能。在工作之余,学校经常开展高雅健康的集体文化活动,如让教师欣赏一些有关快乐的经典文章、影片,举办以"教师风采秀"为主题的优秀教师评选推介活动,开展"我给同事找优点""夸夸我的办公室""我为学校发展建言献策"等活动。这些充满人文情怀的特色活动无一不在诉说着学校管理者对教师心灵的关怀和精神的引领,这些交流活动也是教师文化的一种传递、认同、整合以及内化的过程。

4.情感是交流的动力

常言说,感人心者,莫过于情。家中有温暖,是因为有感情。作为学校的管理者,在向教师提出以校为家的要求时,还应该认真思考这样一个问题:我们让教师们享受到家的温暖了吗?在管理实践中,有人情味的管理表现出来的往往是更多一份关心、更多一份鼓励、更多一份宽容、更多一份赏识。事实上,人之相交,贵在交心,这种交流不单是思想上、情感上的交流,还包括生活中的喜、忧、悲、愁的分享。教师之间和睦相处,不仅仅是一种生存的需要,更是工作上、生活上的需要。据调查,教师最大的焦虑不是来自工作成绩的好坏,而是来自不良的人际关系。因此,学校要构建和谐的人际关系,引导教师平时少埋怨别人,应用一种亲近的态度和平和的心态去和别人交流、沟通……调动教师的积极性,既让教师自己主动发展,更让学校持续发展。学校为教师建立"教工之家",内设健身房、舞蹈室、咖啡屋等。课间,老师们常常会到那里坐一坐,或看书、备课,或聊天、健身,这就为缓解身心的疲劳创设了一个惬意的交流空间。学校为教师建立"职工家庭档案",关心每一位教师子女升学、就业、住房、健康等问题。关注每一位教师生活需要,让教师体会到学校的温馨。教师之间没有任何利益争斗的"小圈子",教师也不用看任何人的脸色行事。大家常常会以"家人"彼此称呼,表达关爱。

人与人交流,就必须进入别人的世界。如今,博客也是教师可用的一个重要交流手段,把自己工作中的所思、所悟和所感与同行们交流,互相启发,彼此学习,这个过程就是教师自身成长的过程。此外,我们还开展"在线"的交流、教师与专家之间的交流、教师与家长之间的交流等活动,多种形式形成有效交流机制,通过相互探讨、多方交流,筑起心灵沟通的桥梁。

天地宇宙之大,让我们每个人都感到小得几乎可以忽略不计。所以,这个人与那个人能够工作在一所学校,绝对是一个天地机缘,理应珍惜。正如巴尔扎克说的:"只有打算彼此开诚布公的人们之间,才能建立起心灵上的交流。"陶行知也曾说过:"真教育是心心相印的活动,唯独从心里发出来,才能打动心灵的深处。"这样,同事才会不把你当外人,有什么事才会推心置腹地跟你交换意见。

中医里面有句话叫"不通则痛",反过来,"痛则不通",言路通了,干群关系融洽了,大家就会相互理解、相互信任、相互支持。一所好学校无论什么时候都应像一个"心灵场",是一个温馨的"心灵场",是一个营造与教师交流的"心灵场",是一个让人感到安全、舒坦,才华得以展现,精神获得归宿的"心灵场"。环境和,则人心悦;干群和,则人心齐;学校和,则人气盛;人人和,则事事顺。"人心齐,泰山移",这样的学校是不可能办不好的。

二、创造充满和谐的工作氛围

一个人的成功不仅要靠智商,还要靠情商。一个人再聪明,若不会处理人际关系,也会寸步难行,他的才能就不能充分发挥。每一所学校的教师群体都有一个独特的生态,都因其教育理念、教学追求、兴趣爱好等差异而各具特色,也各自形成了不同内涵和风格的教师文化。教师工作的独特性,除了他以自己的知识和人格为工具影响学生外,教师的工作还是一种人际交往的职业。和谐的人际关系是学校持续发展的重要因素,也是教师快乐工作、快速成长的土壤。

教师的快乐来自与交往对象的精神相遇。精神相遇不仅体现在与学生的相遇中,也体现在与同事的相处中。教师作为个体的人,具有自主、自尊、自立、自信、自爱、自强的本质;教师作为群体的人,具有尊重人、理解人、善待人、宽容人、塑造人的属性。和谐产生美,和谐是一切美好事物的重要特征,和谐是事物的最佳组合,和谐是事物的最佳状态,和谐是学校管理中的法宝。但在一些学校,教师与教师之间竞争多于和谐,甚至不能成人之美,反而成人之恶。这样老师们就不可能快乐,工作也不可能高效。创造充满和谐的工作氛围,不仅能共同积极影响学生,也为教师的快乐指数增添砝码。一所好学校总是能创造充满和谐的工作氛围,总是能营造和谐的人际关系,总是能构建和谐发展的管理模式,让大家围绕一个共同的目标,齐心协力做事。

合作能增强教师的力量,实现“1+1＞2”的效果。合作是人与人之间重要的交往方式,是利益互联、资源共享,具有合作能力的人往往在做事中可以达到事半功倍的效果。一支好队伍,既要有个性,更要有相互合作。学会团队合作,与人共事,是一种能力,也是一种品质,更是现代教师成长的重要来源。面对骤然扩大的学校教师队伍,讲求合作的时代,堂吉诃德式单打独斗的个人英雄几乎没有成功的可能。目前的教育教学形势发展趋势是,分工越来越细,越来越要求协作合作、共同提高。在学校的教育教学工作中,教师不仅要有独立完成工作的能力,各司其职,还要具有与人合作的意识。然而当下的教育是各自封闭的,各学科教师如片区警察各管一片,幼儿园、小学、中学教师如铁路警察各管一段。教师是一个社会性很强的职业,不能靠自己的“单打独斗”,而需要与他人的合作。教师的教育教学工作必须自觉或不自觉地与同伴一起成长,支持同伴成长也是教师必备的精神。可以这样说,教师间如果缺少合作,就无法实现优势互补,也无法形成教师的合作力。无论从学校的发展,还是从学生的成长来看,合作是多向的,是多维的,同学科、不同学科教师之间的协调配合,同班级、不同班级任课教师之间的协调配合,都是应该大力提倡和加强的。

有合作才有碰撞，有团队才有分享，理论的升华、经验的梳理、心智的启迪，都会在教师合作中得以进步和提高。每个人只有将自己融入集体才能充分发挥个人的作用。教师对学校工作群体的满意程度，取决于合作和谐度，即上级的信任、支持、指导，同事的相互了解和理解。大量的研究与事实表明，教师之间的合作才是最有效的激励手段，才能真正促进教师的专业成长。在宽松的环境下，合作和互动使教师相互启发，相互补充，使他们的思想不断碰撞，教育教学能力不断提升。教师合作有助于教师个体反思能力的提高，有助于促进学校组织的学习和学习型团队的形成。教师合作是他们思想和感情的交流，这种交流使他们思路更清晰，经验更丰富，有助于教师的成长。小溪只能泛起破碎的浪花，百川汇海才能激发惊涛骇浪，个人与合作者的关系就如小溪与大海。我们要实现教育可持续发展，必须集大家的智慧，博采众长，以无缝合作形成一种充满和谐魅力的教育链接，通过全面互动参与形成教育服务的合力。只有当一个集体所有成员的力量凝聚在一起时，才可以用快乐而轻松的心态去对待生活与工作中的一切，然后创造出无穷的力量。

1.欣赏使友谊的火焰更加旺盛

欣赏是一种需要，一种力量，一种艺术，一种境界；欣赏也是一种气度，一种智慧，是和谐团队的最高境界；欣赏更是一种积极的态度——真诚的微笑、信任的眼神、凝聚爱的动作，往往能够化腐朽为神奇。欣赏力是一种在现实中捕捉那些内在的、积极的和生成性的潜能的能力，也就是能从小树苗中预见高大挺拔大树的能力。但欣赏不仅必须以真、善、美为标准，还必须坚持科学的精神，更要坚持实事求是的原则。欣赏一个人是快乐的，被人欣赏也是快乐的，自我欣赏更是快乐的。在欣赏的愉悦中听道理，就像倾听美妙的音乐，心灵也会跟着美好起来。只有不断地看见生活中的阳光、看见别人优点的人，才会是一个乐观快乐的人，才会懂得享受教育、享受生活。学校里的每一位同事，都一样渴望被赞赏。教师是同事心目中的重要他人，来自同事的欣赏会成为推动教师前进的巨大动力。在这个个性化的时代，大家越来越重视自我欣赏，这不是坏事。但是我们不要老想着自己的优点、成就、需要，而是要努力去发现同事的优点，然后贡献出自己"真诚、慷慨的赞美"，这样一来，同事也许就会把你的语言珍藏起来，永生不忘。学校要让年轻人感受老教师的真善美，让老教师看到年轻人的闪光点，发掘老师们更多的好人好事，用"一石"来激起你追我赶的"千层浪"。在一个团队中，赏识引发成功，抱怨导致失败。成员彼此勉励，彼此欣赏，同甘共苦，分享智慧，是最美的教育风景。欣赏教师，就是要欣赏教师的进步,欣赏教师的创造性,欣赏教师的个体差异性,欣赏教师的意见和见解。即使萤火般的"善",也要尽最大力量把它点亮。授人玫瑰,手有余香。在与同事的相处中,我们不妨真诚地多一点赞扬,多一点理解。

2.微笑是充满人情味的社会温情

世界上有很多东西,在给予他人时是越给越少的,但有一样东西却是给予的越多,收获的也就越多,那就是学会把微笑送给他人。微笑是最美的语言,是我们最基本的表情,也是最能展示我们内心世界真实状态的一种表情。缺少微笑的原因很多,但最重要的还是缺少平和宽容的心态。微笑同生活中的阳光、空气一样重要。有时候,一个微笑可以决定一个人的成败。因为,微笑让人心情愉快,微笑给人带来温馨,微笑能传递正能量。透过微笑,传递真情,达到相互理解之目的。所以,我们越是不如意、不顺心、不快乐的时候,就越需要保持微笑。学校是学"笑"的地方,教师的微笑是学校的一种符号、一种文化、一种智慧。作为教师,一个微笑能够表达我们的友好与支持,有利于营造宽松、轻松、愉悦的工作环境。作为教师,应该慢慢让微笑成为一种习惯,让微笑贯穿教师的职业生涯。当我们微笑时,内心是平静的,目光中表达的是真诚和善意;当我们微笑时,体现的是亲和、理智、豁达的阳光心态。当微笑成为一种习惯,我们会发现,身边的微笑正变得越来越多,这样做教师会越来越快乐。每天出门前对镜子里的自己微笑,会带来一天的好心情。微笑着面对工作,其意义不仅在于今天,更在于明天。

3.宽容能塑造出和睦相处的环境

做人,要学会宽容。宽容是一种美德,它既深怀和谐内涵,也是和谐的外在表现形态。教育宽容是构建文明社会、和谐社会的基石。教师在日常的工作和生活中,无时不在进行着人际交往。作为教师,不仅要学会容人之短,还要学会容人之长。要有一颗宽容的人,才会天大地大,同事间才能充满友爱、真诚、理解、互助的温馨。对于有着明显弱点的教师,不可轻视,不可歧视,要努力成为他们的朋友,关心他们的感受,在理解、宽容的前提下,帮助他们矫正缺点,提高能力,从而找到自己应有的位置。对别人的长处,我们要欣赏,而不是心生嫉妒,甚至自作聪明,玩点小动作。"忍一时风平浪静,退一步海阔天空",这句话极富哲理地概括了宽容的内涵。它源于人的理性与博爱,包含着人们的智慧,闪烁着大度的光芒。当然宽容绝不是纵容,宽容是有限度、有分寸的,是建立在自信、遵循规范、助人基础上的适度宽大,无奈和迫不得已不能算宽容。在一所学校里,教师与教师的差异是客观存在的。每个教师必须部分改变自己的行事方式,服从于共同的规矩,同时又必须包容他人。在同一规则下,允许那些无碍大局的个人行事方式的存在,保留自己独特的一面。教师的心灵中多一份宽容,师生间就多了一份和谐,校园里就多了一份温馨。

或有彼方花未老,安知来者尽如尘。真正的好学校是要自己慢慢去体会的,尤其是"和谐校园"这个大文章、大氛围;真正的良好工作团队的氛围一定始于领导,并成于坚持。一个团队中,人人都充满了感恩之心的时候,就能汇聚成一股巨大的力量,这个团队就一定是和谐的。一所好学校难得,一所和谐的好学校更是难得,和谐的学校就如家一样其乐融融。

三、提升教师的团队凝聚力

中国有句古话,叫"文人相轻",彼此往往互不服气,看不起对方。可是,中国还有一句俗话,叫"你敬我一尺,我敬你一丈"。在今天这个讲求合作的时代,有了尊重、合作,才会有和谐宽松而又积极进取的新时代大家庭。

一朵绚丽的花只是美丽的,而一片相互依偎的锦绣才是灿烂的。每个人的精力、学识、能力、时间等资源都是有限的,只有置身于团队之中,个人才有力量,才有作为。当人作为个体要离开团队的时候,会产生迷茫和找不到自己的位置。任何一个组织,不要说离不开集体的力量,即使没有把集体力量发掘充分,甚至发掘充分了但尚未有效整合都不可能成功。要想利用个人有限的资源去成就无限的事业,是不可能的。在当今这个多元的信息时代,人们的价值观更加多元,"我们如何在一起"的形态更加复杂。没有完善的个人,只有完善的团队。如果一整天只看见"我"而想不起"我们",仔细想想其实是一件很可怕的事情。

教育活动有群体的突出特征,而教师群体的专业生活方式,最终决定了一所学校的教育高度。教师这一职业需要个体智慧,同时又特别需要传承前辈经验,借鉴同伴成果。对教师来说,个人发展受到许多因素的制约,"单打独斗"很难达到专业发展所需要的深度和广度。天时、地利、人和三者中,人和最重要。教师快乐指数的高低,最主要的是处在一个什么样的团队中,以及在团队中的融入程度。一个和谐温馨的团队能产生一种凝聚力,使团队成员将个人的爱好、特长和能力发挥尽致。然而,在分数面前、奖金面前、待遇面前、职称面前,教师和教师几乎成了对立的竞争者,成了生活在同一屋檐下的互不相干的陌生人。

事实上,如果没有很强的合作意识,我们工作起来就会事倍功半;如果有了合作意识，工作起来就会事半功倍。做好学校工作要依靠广大教职工，这个群体是否拥有凝聚力无疑是影响工作成效的关键因素。一个人的工作不是单打独斗，要学会借力发挥，力就是团队之力。"团队的凝聚力"已成为目前学校亟待解决的现实问题。学校要可持续发展，离不开一个好的团队。

教师成长道路上最让人害怕的是孤军奋战，管理中最让人感到难办的是孤独前行。学生的质量是受所有教师综合作用的结果，教育的成败在很大程度上取决于教师的整体水平。做好教育教学工作是所有教师的职责，而不是个别领导、"名师"的特权。因此，学校要特别重视培养教师之间人际信任和有效交流的合作基础；要特别注意构建教师团队，创建合作性教师文化，打造专业的学习共同体。

教师应该成为团队建设的积极参与者，从而建立起学习型组织。学校专业学习共同体与一般意义上的学习组织群体不同，它是以全体教师专业发展为根本目标。因为在教师队伍中，一个教师掉队就一定会影响一群学生的进步，一个教师落伍就一定会影响一群学生的发展。为此，我们提出了"不让一个教师停步"的教师团队发展目标，期盼教师个体的经验能够在团队中不断被分享。教师团队是教师之间合作的一种最好的形式，是在教育教学行为上有共同目标、共同规范的一种组织形态，它是一个介于学校和教师之间的人群结合体。我们提倡团队是一个爱意融融的大家庭，大家取长补短，积聚活力。在这种关系中，每一个教师不仅关注"我的教学"，同时还有与他人一起构筑"我们的教学"。每一个教师都不应该把自己从团队中独立出去，在面对自己的同事时，应该本着协调、沟通的出发点，以大局为重。因为教师团队之间共处的时间多了，彼此相互了解，能更有针对性地提供帮助及更有建设性地提出意见和建议。在现实情况下，团队合作成为教师群体发展的必然选择，团队合作促进了教师个人的成长。通过团队合作，教师对教学进行深入研究，互通有无、取长补短，营造出"百家争鸣，百花齐放"的研究生态。学校大量的工作都应以项目团队的方式推进，团队的融合、智慧与文化让每一个成员都感受到团队的力量。

教师不是简单的个体，而是由一个庞大的组织组成，因而教师个体间的相互切磋、探讨、交流，才是教师专业发展所必需的。协作的教师共同体是教师发展的关键，它使得教师发展不再孤独、不再封闭。为增进教师与教师、教师与领导之间的了解和信任，使学校教师团队更具凝聚力和战斗力，我们提倡目标同向、意愿同心、行动同步的协同"作战"方案。学校按照同向自主的方式搭建了"八大平台",通过这些平台活动提升教师的团队凝聚力。以表达教师意愿为主线的建言献策活动平台,让教师参与到学校管理制度、条例、方案、计划的制订中来,鼓励教师为学校发展建言献策,对教师提出的有价值的意见和建议定期进行专题研究,拿出具体解决办法。当教师的意愿得到尊重时,教师参与学校管理的积极性和主动性会得到充分发挥。以班主任论坛为主线的年级组活动平台,定期举行班主任沙龙,解决班主任工作中的困惑,提升班主任的工作能力,为班主任提供更多的发展机会和平台,让班主任在合作探究中优势互补,取长补短,相互促进,共同提高。以教研共同体为主线的校本教研活动平台,由教师自愿组合,既是教师共同愿景的融合和回归,又是教师共同意志的表达。教研共同体定期进行教学研讨,展示个性教学风格,分享智慧,共同成长,营造了一个相互学习、共同成长的团队学习氛围。教师在群体互助中教、学、做结合,知、行、研合一,努力将所学知识转化为教师个人或群体的成功经验。以健康休闲为主线的社团活动平台,引领全体教职工进行文明、健康、科学休闲活动,让休闲放松教师的心情。凡教师发动,共同爱好者 5 人以上,就可以向学校工会申请成立社团。学校成立了 16 个教师社团,给每个社团适量的活动经费,并要求每个教师必须参加 1 个以上社团,教师利用周末进行健康休闲活动。以缓解压力为主线的"心灵加油站"活动平台,组织一些团体心理训练和健康知识讲座等,缓解压力,调适生活;通过角色扮演,换位思考,让教师学会调整自身的观念和行为。以关爱教职工为主线的职工慰问活动平台,给生病的教职工及直系亲属及时送去慰问等。以温馨趣味为主线的节日活动平台,抓住节日契机开展艺体比赛,在"三八"节组织教职工登山比赛,元旦时组织师生文艺会演等。这些活动既锻炼了身体,又让教师在平凡的工作中享受到了职业的幸福。以教师民间协会为主线的教师团队活动平台,在已经打造的教研组、备课组的基础上,引导教师成立几个民间协会,让教师们心有所属,致力于研究工作。在协会活动中,教师们彼此扶持,共享经验,共同成长,也找到了一个互相包容、互相理解的温馨小家。

良好的机制和环境,让学校成了名副其实的"教师加油站",通过"八大平台"建设,打破教师之间的各种隔膜,形成对活的态势。理论的升华、经验的梳理、心智的启迪,都会在教师团队中得以进步和提高。学校在较短的时间内融合了教师团队的思想和情感,教师与教师、教师与领导相互关心、相互支持、相互理解。无论哪位教师遇到了什么疑难困惑,每一位教师都会积极地献计献策。在这里,每一项工作都是集体性的,任何一人没有达标都会得到同组人的帮助。教师们怀着对对方的尊重,站在对方的角度去思考问题,恰如其分地去处理事情,所有教师形成了合力,给孩子创造出快乐的校园生活。在这里,每一项评价都是团队的,需要既看每个教师的工作绩效,又看团队成员的协同效果,使评价的重心由鼓励个人竞争转向团队合作达标,让教师走出恶性竞争的循环。与此同时,教师们也感悟到在团队中要发挥自己的作用,要与别人分享,从而获得成功后、共享后的快乐,不断提升自身的价值观。"八大平台"的建设让教师间的心靠得更近了,学校里的人情味更浓了,教师团队的力量更强了,教师个人成长自然就更快了。

　　教师有滋有味的集体生活,有利于促进教师工作的积极性,有利于巩固和提高教师工作的热情,有利于增强教师队伍的凝聚力和战斗力。一个团队的生活让人的生命有"人与人交换血液的激动",让生命有着飞翔的意念与勇毅。一个团结的集体不仅是教师成功的力量之源,也是教师工作的幸福之源。一个团队建设的过程是教师不断发现自我、展示精彩的过程,是教师深入探讨和研究发现的过程。一个团队的合作精神与共享意识一旦形成,人格境界也就提升了,发展也就有了更加坚实的基础。团队的向心力、辐射力会推动每一个人向前、向上,一个成功的团队造就无数个成功的个人。

四、和而不同,尊重差异

　　在一个国家的前提下,可以存在不同形式的政治制度。"一国两制"就是这种不同的具体表现。邓小平同志提出的"一国两制",是伟大的科学构想,是他所倡导的中国特色社会主义理论的重要组成部分。邓小平同志的这个构想,是对"和而不同,尊重差异"最好的诠释。蔡元培先生是中国历史上伟大的教育家,在当时的中国提出了"思想自由""兼容并包"这一北京大学的办学方针,使得北京大学成为广集人才,兼容各种学士和思想流派互相争鸣、自由发展之地,才有了近代中国民主与科学启蒙的新文化运动。蔡元培先生的"兼容并包"是"和而不同,尊重差异"的典范。

　　当前,我国正处于一个多元文化并存发展的社会转型期,城乡之间、阶层之间、地域之间的文化冲突加剧,成为学校教育中需要直面的重要问题。教育事业是事关人类千秋万代的事业,教育者必须立足现在,放眼未来,以博大的胸襟包容一切,以开阔的视野审视一切。"和而不同,尊重差异"强调的是人应该豁达大度、胸襟宽阔、包容多元、尊重个性,追求的是精神上的高度契合、策略上的包容并举、行为上的兼收并蓄。它作为一种重要的教育理念,对我们今天的文化冲突,建设和谐社会、和谐校园,培养身心和谐、人格健全的受教育者大有裨益。作为学校,就需要这种精神来尊重、理解、感召和接纳教师的多元差异;就是要善于倾听不同意见,善于取长补短,善于促进各种事物的协调发展。在教师队伍中,既有怪才,也有个性强者,还有偏激者。学校应为各类教师营造宽松、宽容的氛围,砥砺其顺"势"成才,成全教师。近几年的教育管理实践证明,尊重他人、尊重差异,和而不同,才能发挥教师的积极性和创造性,才能使集体产生活力,才能促进教育事业发展。

"和而不同"是中国人自古尊崇的处世之道,也是孔子教育思想的深刻哲理和高度智慧。它要求团队之间和睦相处,但不随便附和,要有自己的独立见解,追求和谐,包容差异。"和而不同"是学校"快乐教育"的特征,"和"是指学校教育符合教育发展规律,"不同"是指学校有自己独特的办学理念。"和"是指校长和教师之间、教师和教师之间人格的平等,真诚的合作;"不同"是指这一基础上教师的个性张扬和竞争,教师最终追求个性鲜明而又和谐发展的乐土。作为一个社会人,我们要有适应社会环境的能力,要善于与他人和谐相处。

"和而不同"意味着海纳百川的胸襟、包容万物的气度。倡导求同存异、崇尚个性的发展价值,是独立与合作的契合。"整齐划一""异口同声"不是和谐的唯一标准,"和而不同"才是和谐的新境界。和而不同,是承认多样、承认差别、承认不同;是追求内在的和谐统一,而不是表象上的相同和一致。但人们往往认同从众心里,却忽视了另一个重要问题:真理的拥有者,未必是大家都认可的东西,它可能来自不同的声音。不善于倾听不同的声音,是管理者最大的疏忽。校长与持不同意见的教师和谐共事,就是发挥教师的优点,为学校的发展注入活力,同时扩大自己的内存,提高学校管理的内涵。"和而不同"要求我们相互尊重对方的思想和观点,求大同,存小异;在学校,在"不同"的观点交流中,才能感受到多角度思考的魅力,不能只在"好"与"不好"、"对"与"不对"这两极中让人取舍。教师可以有自己做人、做教育的风格,学生可以有自己学知识、求发展的个性,在"和而不同"中激发教师个性品质的弘扬,在"人和"氛围中营造出集体、个人共同发展的美丽图景。学校要从师生的个性出发,有效地挖掘师生的特点、优点和闪光点,坚持因人施教、因势利导的教育原则,促进师生的"和而不同,多元共生"。

尊重差异,就是说,每个人都有自己想问题的方式,不要总是以自己的想法为主,要尊重人家的意见,接纳别人的不同。别人的行为想法,自有他们的道理,要学会站在别人的角度想问题。或许你的想法不全面,听了大家的才会更好。人人总会不同,不可能一样,世界上没有两片一样的叶子。在多元共存的世界,每种文化可能既是中心,也是边缘。要善于尊重另一个个性,善于与不同性格、不同素质的人打交道,这样才能做到尊重差异。不同性格、不同特长、不同偏好的人能否凝聚在共同愿景的旗帜下,靠的就是管理者的尊重差异。我们要接纳不同的想法,尊重别人的意见,取其精华,让自己不断进步。尊重差异、利用差异、改进差异、优化差异、弘扬差异,是教育的本质规律。

尊重差异,其实就是兼容并包,不管是做人处事,还是学习生活,很多时候,不同的人会有不同的角度和看法,没有谁对谁错,只是处理问题的角度和看法不同。一个人的性格,从正面看可能是优点,而从反面看则可能是缺点。我们在一生中,总是要与各种人打交道,要求同存异,和而不同,多从正面看,少从反面看,这是搞好团结的前提。在一所学校中,教师有全才和专才之分,但那些能够在各方面都很出色、把每件事情都做好的教师往往是极个别的;能在某一方面做好事情而在另一方面稍差的人却是普遍的。这就要求学校管理者有博大的胸怀,有包容之心,包容不同个性的老师,提升他们的思想品质,同时还要学会包容教师的缺点和失误,因为任何人的发展,都是需要一个过程的,操之过急,往往欲速不达。差异是美,差异是资源,差异造就多姿多彩,差异是教学中不可缺少的一个要素。只有多姿多彩,世界才显得美丽;只有允许差别,创新才有可能;只有差异相互共生共容,学校才美丽而和谐。事实证明,认同师生的差异性,并让他们拥有自主选择的权利,他们的手脚才会在某种程度上得到解放,他们才更乐意参加各种活动。让我们学会在尊重他人的同时坚持个性,只有这样,才能实现双赢互利。因为只有尊重差异,方为真正的和谐,所以,我们一定要有足够的耐心等待差异的集中、整合,并催化生成最大的绩效。

世界因不同而丰富多彩,人类因差异而异彩纷呈。校园因每个人的差异才会变得异彩纷呈,才会形成一种和谐共生的氛围。在工作中,学校团队要追求自我身心的和谐,自身与群体的和谐,人与人的和谐,不同利益群体的和谐,人与社会的和谐。优秀的教师总是追求和谐,在大目标不冲突的前提下,承认差异,乃至包容差异,在多彩中达成和谐。这样就能以包容求和谐存异,以整合求互补共存,以和谐互补求团队共进,真正实现费孝通所说的"各美其美,美人之美,美美与共,天下大同"。

五、制度也讲温情

所谓"没有规矩不成方圆",一所好的学校不仅要有先进的办学理念,而且要有好的规章制度。制度体现为一种行为规则,告诉人们什么可以做、什么不能做、什么必须做。学校制度是学校管理的基础,讲究控制和约束,使学校运行有序。随着社会的进步、教育的发展,学校制度管理就愈加不可缺少。但正因为学校管理制度太平常和司空见惯,在实际工作中往往被管理者忽略或不看重。有的管理者采取人盯人、人管人的办法,结果越管毛病越多,越管矛盾越突出。有的管理者甚至将规章制度当成整人的"撒手锏",致使团队内部关系紧张,导致在一定时期内曾起积极作用的法治管理走向极端。

笔者认为没有制度是不能的,但是有了制度也不是万能的。其实,制度更多地表现为对人心灵的约束,不是对行为的约束,是让人变得更快乐。制度是需要刚性的,可人心不能是刚性的。制度管理在于让人做正确的事,在于让人正确地做事,在于让人愉快地做事。因而,制度在执行过程中既需要规范管理,更需要人文关怀,在维护制度的权威性、公平性的同时,也要考虑到大写的人。只有让刚性制度在管理实践中融入浓浓的人文关怀,才能更好地提升教师文化;只有让制度也讲温情,才能更好地提升执行力。

1.温情能激活教师自主发展的内驱动力

学校要发展,关键在管理。工作规范,一定程度上是学校文化、传统、特色的有效载体;工作规范,有助于调动师生员工的积极性。学校对教师的管理,更应是促进教师由他律向自律、由压力向动力、由职业型向事业型转化。只有规范没有人文的管理是没有内在动力的,只有强制没有激励的管理是不完整、不成熟的,这都不可能实现教师的可持续发展。制度管理的价值就在于最大限度地促进教师的自我感动、自我反思、自我超越,让教师实现更好的自我。

制度管理所施加的约束是一种职业性规定,不是一种人对人的强制。各项制度只是为了集体利益而形成的约定,而不是束缚人自由的枷锁。如果人的积极性未能充分调动起来,规矩越多,管理成本就越高。一个合理的管理制度体系是学校各项工作顺利推进的内在支撑。因此,学校不能一股脑地将各项制度推向教师,从而引起过度的压力和抵触,而是要建立一整套工作标准和目标,使制度逐渐变成师生的内在自觉,规范着教育教学活动,形成用智慧来内省的工作习惯。我们注重发挥领导干部的引领作用和集体意志的制约作用。我们通过制度的规约和感召,唤醒教师内心向上、向善的一面,激发教师以道德力量自觉规范自己的言行,努力把教师从追求物质利益转到更关注自己的专业发展上来、关注学生发展上来,以展现良好的精神风貌和师表形象。学校既要有约束性制度,更要有激励性制度,这是保障教师自主发展的力量。好的制度管理有助于文化的生成,有助于创造一个公平、公正、宽松、和谐的成事环境。好教师更是主体内在感动、内在反思的结果。在管理实践中,我们让制度成为大家的共识和自觉的行动,让制度源于保护,而非限制。学校不提供"压力场",用心营造"聚力场";不用行政命令"要你做",精心引导"我要做"。而是让教师知道应该做什么,不应该做什么;应该怎样做,不应该怎样做;应该倡导什么,不应该倡导做什么。让教师们充分感受到制度严格运行的规范,又领略到凝聚人心的温情,极大调动教师工作的积极性。

2.温情能有效激发广大教师的工作成就感

制度是一种约束,更应该成为一种激励。制度应当与教师的主动发展同步,是一个不断发展的过程。好制度因为公平,所以能够促进工作,促进人的发展。但制度只能是一个暂时的过程和阶段、一个过渡,而不能成为一个最高目标。再好的制度下,教师如果没有成就感,也谈不上有效的制度管理,而教师的快乐很大程度上取决于教师工作的成就感。制度管理应当深入教师的心灵世界,引导他们找到自己的成就感;应当体现在教师有教师的行为规则,选拔人有选拔人的客观标准,做事有做事的规章制度;应当体现在你工作与否,制度都在工作,谁表现好制度就奖励谁。但是,立足与发展教师的能力作用,发挥每一个人的特长,是学校管理的核心。如果说制度规则是底线,必须无条件刚性执行,那么发展提升则是目的,必须注入人文激励要素。学校制度要尊重人、关心人,要激发所有教师内在的工作积极性。给教师创造最好的教学环境,给每位教师的成长创造机会和条件,发现不同人的价值,挖掘潜能,弘扬个性,激发积极性,使人人都有成就感。凡人之心,皆非铁石。即便如此,学校也要竭尽全力做到处事公正,待人平等,所谓"一碗水端平"。因此,我们在管理中运用"圆心理论",增强全体教师之间的平等感、成就感,使每一个教师都有主人翁感。在平等的工作环境下,每个教师必定有一个好心情,学校也会因此变得融洽。我们珍惜每一个发展的机遇,如学校的职称评审、推优评先都应形成完善的评价制度,这些制度的建立涉及教师的切身利益,一定要公开、公正,一定要尊重教师发展成长规律,不能搞"暗箱操作",更不能"近水楼台先得月"。而制度引领要成功,重要的是要将制度落在实处,不要因人而异,尽可能减少各个环节的人为因素,让数据说话,让人觉得在这样一种制度管理下工作,有奔头,有劲头,让人觉得只要我努力工作,就会得到相应公平的回报,从而激发教师的潜力,及时改进教师的教育思想。

3.温情能给教师带来情感体验

制度建设是管理的基础,但情感管理也不容忽视。教育是一种激发,激发状态不难,但保持状态很难,这就需要建立有效的制度管理来支撑。教师是学校管理中的核心要素。制度的管理是否能被管理对象所接受,是否会被教师心悦诚服地自觉执行,是学校不得不思考的问题。人是一种感情丰富的动物,科学、人性的管理能让教师拥有良好的情绪,从而将其迁移到学生身上。"得民心者得天下""动人心者,莫先乎情"。一位哲学家说,最大的悲哀就是被忽视、遇冷漠,最大的幸福就是被尊重、被认可。管理是一项人心工程,不同的人有不同的情感,有不同的发展需求,管理者应根据具体情况选择不同的方式方法开展工作。不能就事论事,要就事论理,传递正能量,要把解决问题、管理育人和激发热情联系起来。任何组织都要讲纪律,讲规章,这是底线,但任何组织也要讲人情,有激励。人们都说"制度是无情的",但是我们的管理是有情的。对于感情敏感细腻的女同志尤其如此,因而,面对女职工居多的小学,从情感入手,把准教职工的情感脉搏,满足大家的情感需要,无疑是我们管理工作的有力抓手。管理要想教师之所想,急教师之所急,帮教师之所需。工作中,我们强化情感投入,注重人性管理,与教师用心交流,真诚相处,关注他们的需求、发展和感受;多一些换位理解,多一些适当宽容,多一些无痕约束,让制度执行过程中更具人性化色彩;在法制的阳光下,为教师创造一片快乐、幸福的乐土。

4.温情要不断适应学校发展需求

"不能创新就意味着死亡。"人文管理需要创新,这是一个逐渐被人们接受的理念。任何制度都是在当时特定情况下产生的,随着发展都会表现出不同的不适应。任何呆板、机械、死卡、硬管的学校管理,必然会压缩教师的能动空间,束缚其创造性。西方的管理学有一句话:"当你把一些好人放到一个有缺陷的组织里,你很快就会看到他们变成一群相互指责的坏家伙。"很多时候不是人的问题,应该等我们有了一个好的制度后,再来看一下人家有没有变化。学校的发展是一个螺旋式上升过程,需要与时俱进的制度来规范和引导,需要制度在变革中不断创新和细化。因此,制度创新是一个永无止境的过程,也是一个水涨船高的过程。只有按期"体检",并让其成为一种制度,才能及时、准确地把握每一项制度的"健康状况"。学校管理者对准备出台的管理措施要做些民意调查,进行可行性、科学性论证,争取使管理更科学、更规范,尽可能获得支持和合作,也更符合时代发展的要求。教育教学活动是一种无形的智力劳动,离不开教师的能动性和创造性。因此,在制定制度的过程中,学校要充分考虑教师的合理需求,使学校发展的需要与教师发展的需要相统一。其实,制度制定的过程同时也是树立正确导向的过程,教师参与制度制定的过程也是制度深入人心内化成个人行为的过程。对那些已经实施的管理措施,不能墨守成规,要积极修改其中不合理的地方,删减类似"一人生病,众人吃药"的规定,特别是对那些不符合学校实际和时代发展要求的一定要"拿下",只有会放,才能腾出手来捡起更好的制度。让制度讲温情可以用"三个有利于"来概括,即有利于学生的进步,有利于教师的成长,有利于学校的发展。"制度讲温情"应该让优秀的教师感觉不到制度的存在,而让自觉的教师处处感到规则的约束。只有好的制度才能把好的经验传递下去,也只有好的制度才能有效促进各方面的发展。

　　在管理中,学校应更多地发挥人本和集体的作用,而不是刚性的制度,逐渐增强制度的可操作性、实效性、导向性。学校更多地规范教师自主管理机制,建设刚性与柔性管理和谐统一的管理途径。学校更多地要具有"冷静反思在前,具体处置在后"的制度执行观。制度依然规范,但管理却可让教师轻松愉悦地在制度管理下享受育人的快乐,体会作为一名教师的幸福与自豪。

第二节　以德立身

一、让爱成为一种习惯

　　在一年级办公室,笔者听到了这样一个故事:在家娇生惯养的楚楚入校已半年了,最近每天到校总是泪眼汪汪,其母亲告诉老师:"孩子肚子痛,已服药十多天了。"于是老师给了她更多的关爱和关注,连续几天,老师却发现楚楚每当和老师在一起总快乐无比,但一到上课、做作业,马上就会愁眉苦脸,说是"肚子痛"。于是老师为楚楚当起了心理医生,一次次谈话,终于找到了孩子因过度"恋母"而产生的学习、交往恐惧症。在老师和孩子母亲的共同努力下,楚楚终于停止服药,回归正常学生行列,融入了小伙伴中。

　　这个故事告诉我们:教育是一种大爱。爱是教育的前提,也是教育的充要条件。爱，既是一种素质，是一种能力，是一种需要，也是一种力量。生活中不缺少爱，缺少的是寻找爱的眼睛。它需要我们细心去感受，用心去传递。教育关爱的是生命，教师关爱的应是每个学生的生命，不该因学生的些许不足而舍弃他们。爱自己是一种责任，而爱学生是一种美德。把教育作为一种爱的事业，拥有教育的人文关怀，把受教育对象作为一个健全的人来培养，作为有个性、有感情的人来关怀，这是时代对教师的呼唤。

俗话说：一流的老师会教人；二流的老师善教书；三流的老师既不会教人，也不会教书。笔者认为，好教师的"好"一定是多方面素质的综合体，但不论时代如何变，今天好老师的标准依然是一个"爱"字，而且这爱能够拨动孩子们的心弦。在今天的教育中强调"爱"的意义，似乎并无多少新意，但我们仍主张用"爱"作为好教师的核心价值，仍主张有无爱心是衡量一个教师良知指数的最为重要的砝码。教育风格可以各显身手，但爱是永恒的主题。爱是教育者的魂，爱是无声的语言，爱是无可替代的教育力量。教育是大爱，是仁爱，教育之爱是由教师的理智感、美感和道德感凝聚而成的一种高尚的教育情操，它蕴含着丰富的社会内容，具有广泛的社会意义。"爱"里有一颗博大心、责任心和爱心；"爱"里有平等的意识，有人格的尊重，有潜心的倾听，有真诚的赏识，还有大度的包容。教育只有充满了爱，才能进入学生的内心世界，才能塑造学生的品格。不同的文化、不同的社会关系，甚至不同的情境，都会赋予"爱"不同的含义。面对当下爱的虚化和泛化现象，我们必须让爱成为一种习惯。

让爱成为一种习惯的教师应当具备四种特质：①要有大爱在心中，坚持每个孩子都是重要的。大爱应以平等为原则、以尊重为前提、以适度为标准对待学生。教师的爱，既包括爱岗位、爱学生，也包括爱一切美好的事物。不讲条件地爱学生，不但爱自己教的学生，也爱未教的学生，特别是爱那些处于弱势地位的学生，包括对"坏学生"的忍受、包容，不要随便地将哪个"异类"驱逐出你的教育领域。爱给多少都不会让孩子变坏，得到爱越多的孩子，成长得越健康。②要有比较深厚的学术功底，熟悉相关知识，精通专业知识。因为我们的学生是小孩，还不完全懂事，还很稚嫩，他们尚不知道，儿时的学习生活会怎么样地影响他们的未来。它需要教师爱得正确，以达到润物无声、潜移默化、踏雪无痕的效果。爱的功底源于博学，源于思考，源于实践。③要有爱学生的技巧和方法，因为爱学生既是技术，也是艺术。爱里面有很高的文化、智慧的含量，能把不好的变好，把差劲的变好。没有教学的精彩、育人的高超艺术，教师的"爱"就不完整；没有让你所爱的学生也爱你，没有形成爱的互动，教师的

"爱"也不完整。爱学生,也需要爱到位,而非盲目地爱,否则会爱错位,甚至爱出许多不好的后果。热爱学生,就要以欣赏的眼光看待学生的优点,以发展的眼光看待学生的缺点。只有掌握了爱的艺术,教师的心血才会浇灌出灿烂的希望之光。④要有气质、风度,懂得如何亲近孩子。因为亲其师、信其道,甚至可能影响学生的一生。温馨和谐的师生关系,正是学生持续发展的基础。如果教师在学生中赢得了好人缘,就容易被学生接受、爱戴,教育工作也会顺利开展。教师应变换角色,蹲下身来,和学生交流,营造一种民主、和谐、开放的氛围。

　　让爱成为一种习惯的教师应当践行四项行动:①爱是一种榜样,爱学生不能只是停留在口头上,写在纸上,而是要身体力行、言传身教、付诸实践的。一个心灵高尚的教师,他的一言一行,都在进行有效的教育。而行动,是最能产生影响力的,行动也不是只表现在大事上,也呈现在小事上。同时,我们也要让发现爱、懂得爱、回报爱最终成为学生的能力。②爱是一种坚守,面临教学困难时不要浅尝辄止,而要百折不挠。在这个快速发展的时代,快出成果、多出成果成了许多行业的迫切需要,而时间却是爱的绝佳伙伴。关爱学生必须由时间来保证。对班里的任何一个孩子不要轻言放弃,多一点耐心,会使我们的每个孩子都绽放奇异的光彩。爱学生就是对学生的现在负责,对学生的未来负责,对学生的一生负责。我们要倾尽全力终其一生去坚守——为了爱,为了所有的孩子!③爱是一种付出,爱学生是不应当求回报的。爱学生就要真正走进他们的内心,舍得花时间、花精力与他们谈心,与他们交朋友。爱不是施舍,也不是怜悯,更不是交易,而是要把整个心灵奉献给学生,将神圣的师爱均匀地撒向每一个学生的心田。④爱是一种共鸣,这种能量是会传递的。孩子的心是一片白纸,用爱和希望才能够筑造他们温暖的底色。一个有爱心的老师,他会以他的爱心教育孩子,培养出一批又一批有爱心的学生;相反,一个没有爱心的老师,也会教育出缺失爱心,以致没有爱心的学生。孩子是爱的天使,你给他一点爱,他捧给你一颗心;你给予他一时,他牵挂你永远。见到学生,就发自内心地接纳、喜欢,学生可以直接感觉到教师的情感,使教师"一厢情愿"的教育变成"两情相悦"。当教师真诚地付出爱时,收获的必定是孩子更多的爱,因为爱的接力棒终究会传递到我们的手上。正是在这样的爱中,孩子喜欢上你,而你也真正成为学生认可的朋友。当大家都在传递爱,且以爱他人为乐的时候,世界就会变得越来越美好。

　　让爱成为一种习惯的教师应当体会四个内涵:①爱在乐趣。教育的乐趣来自对学生的乐趣,当一个人真心实意爱一个人或职业的时候,他就会全身心投入,不计个人得失去奉献;当一个学生体验到爱的温暖,感悟到爱的甜蜜的时候,他才会养成奉献爱的能力和习惯。②爱在细节。爱有时是惊天动地的,但更多时候则在于点点滴滴的真情实意之中。面对任何问题、遇见任何情况,都要以爱为出发点,多一点宽容,多一点理解。教师要善于在细微之处融入爱,在需要之时融入爱,在批评之中融入爱,在学生之间融入爱。鼓励赏识是爱,批评指正也是爱,严慈相济更是教育的大爱。③爱在行动。爱需要言语,更需要行动。爱时时藏在心里,实施在行动上。最令学生感动的,往往不是什么轰轰烈烈的大事,而是那些细致入微的关怀,甚至有些是常常被我们所忽略的点滴,如给身体不舒服的学生倒一杯水,给心情不好的学生一个真诚的微笑,给学习有困难的学生一句"你能行",给犯错的学生一句"我相信你",及时赞扬一下做了好事的学生,拍一下学生的肩膀,开心地与学生聊两句……教师的爱心,是在课上、课下于有形无形中传递着的。④爱在真诚。融入道德的爱,才是真诚的爱。优秀教师对学生的师爱,是一种近乎本能的反应,通过真情、真心、真诚可以很快打开学生的心扉,学生也把自己的全部向教师敞开。爱学生整个"人"本身,是真诚的爱;爱学生成绩、长相、乖巧,是教育的假爱;爱学生家庭的权势、地位、财务,是教育的错爱。教师对学生的爱,应该不讲经济条件、成绩好坏、长相美丑,爱在真诚、爱在严格要求中;教师对学生的爱,应该像阳光一样无私地洒向班里的每一位学生,要让所有的孩子都能抬起头来做人,挺起胸来做事。不仅要爱好学生,更要爱那些缺点较多的学生,把一颗无私的爱心化作丝丝的火苗,点燃学生向善、向美的激情。学生很善于观察,如果他们切实地感受到老师是在诚心诚意地爱护他,他就会更喜欢接近你,接受你的教育和指导。

爱心是做人的基础,爱心是从教的基础,爱心更是最基本的教育内容。爱,其实很简单——不要过分在意收获,用满满的爱付出,那么在自己发光发热的同时,照亮了别人,也温暖了自己。一位老师喜欢学生,又被学生喜欢,这才是真正富有爱心的老师。快乐和爱是孪生的,有爱的地方,就有快乐。一个有善良之心的老师,他对学生一定是宽厚的、仁爱的,在任何时候他的心底都会有一束光,那温暖是柔情的心灵之光,不一定很亮,但一定会持久,一定会经得住时间的洗礼。如果是在爱的环境之下,在爱的关心之下,那我们的孩子能不快乐成长吗? 所以,让爱成为一种习惯不仅是指做人,还指一种给人快乐感受的能力。教育缺乏了爱,任何说服都无法开启一颗封闭的心,一切教育教学行为皆会成为无源之水,无本之木。

正如习近平总书记指出的,"爱心是打开知识之门、启迪心智的开始,爱心能够滋润浇开学生美丽的心灵之花"。这诗一般的语言,其实就是教育规律的揭示。古今中外的名师,除了文化底蕴深厚外,就是爱心永驻。心要跟爱一起走,教育才是真教育。教育,需要我们每一个教育工作者心中始终充满爱,只要始终保持内心丰盈,爱每一个孩子,全身心地热爱教育事业,就一定能体会到那生命中一帧无比美丽快乐的风景。

二、用人格魅力影响学生

教育就是影响人。教师每天和学生在一起,他们的工作状态直接影响学生的发展水平。一个教师,一年可以影响几十个人的生命成长,一辈子可以决定几千个人的生命价值和质量。一个好教师,不光影响一个班的学生,甚至包括对家长、对社会的影响。当前,学生知识面广了,传统意义上的"教师是知识的化身"的形象受到了严峻的挑战。教师对学生最具影响力的不是知识,而是人格魅力。教育闪闪发光的魅力,不体现为高楼大厦和现代化设施,而主要体现为人的魅力,教师的魅力。人格魅力是一种与权势、金钱无关的吸引力,靠的是一身正气,品德高尚。一个教师若有了人格魅力,学生就喜欢多亲近,聆听其教诲,正所谓"安其学而亲其师,乐其友而信其道"。

快乐教育本身并不仅仅要求教师微笑面对生活,微笑面对学生,更要求教师能够用自己的人格魅力调动起学生的积极性,使学生快乐学习。教师的人格魅力是快乐教育的重要条件。在学校里,没有比教师对学生人品、个性及学习影响更大的,而且教师的魅力指数越大,影响就越大。教师必须高度重视并不断优化自身的人格品质,充分发挥人格魅力的教育作用。人格魅力的起点是教师的内心认同,内心认同自己及所从事的职业是有价值的、有意义的。

1.自我认同

没有什么人天生就是快乐的,快乐要靠自己去争取,去奋斗。人和人之间其实没有什么差别——选择什么样的路,其实就是选择了什么样的生活。选择做教师,定位要准,心态要好。首先一定要接受自己永远是教师的事实:我是当老师的,我的生命是属于教育的。我虽然做不了将军,只能做个默默无闻的孩子王,但我仍可以做个快乐的孩子王。笔者也常想,这辈子自己选择做教师,也许注定不会有什么惊天动地的大事发生在我身上,但是既然家长把孩子交给学校、交到我们手里,我们最起码要对得起这个重托,要踏踏实实地去做好教师该做的事。"人贵有自知之明。"每个人都需要提升自我认同的自觉指数,认同自己,才能发展自己,才能发展学生。教师成长只能建立在他自己的"愿意"和"认同"上。就像任何真实的人类活动一样,教育无论好坏都来自认同自己的内心世界。当我们不了解自我时,我们就不了解学生们是谁。教师需要正确地认识自我,愉悦地接纳自我,恰当地控制自我,自动地设计自我,能动地完善自我,把握自身生命发展的主动权。有了清晰的自我认同,才能正视困难,面对压力有针对性地进行心理控制并尽量与周围环境保持积极的平衡,成为自身行动的主人。再看看我们身边的好教师,不难发现,他们的魅力在于能够较好地做到"自我认同和自我完整"。有了这种认同,才不会有太多的不平和不满;有了这种认同,才会更为自觉地去发现和寻找更科学的教育教学方法;有了这种认同,才会以自身的人格魅力去唤醒和影响学生。良好的自我认同能使我们发现真实的自己,使我们以真我的态度逐步形成自己平和与自信的内心,拥有属于自己的教学。

2.职业认同

好教师一定认同自己所从事的职业。教师虽然不是待遇最高的职业,但永远是最高尚、最令人尊敬的职业。教师是神圣的职业,神圣在于其用高尚的品德、博学的知识去感染学生。教师是培养人的心灵的职业,是关系到儿童的成长、家庭的幸福、民族的未来的事业。教师职业的态度会有形无形地影响着学生成长,只有感觉到自己职业的崇高与幸福,才会产生对职业的认同感,才会懂得珍惜并为之奋斗。一位哲人说过:选择大于努力。笔者很幸运自己在有选择能力的时候,选择了自己所钟爱的教师职业,在这条路上辛勤耕耘,并能追求自己的梦想。笔者认为:不想当好老师的肯定不是好老师,职业认同是教师成长的内驱力。一个人只有喜欢一个职业,他才会发自内心地为此倾力付出;反之,对那些他尚未喜欢甚至有些厌倦的职业,仅靠外力的约束和规范,是难以达到预期效果的。既然要当教师,就应该对这个职业、这个事业有一个认识,要为学生服务,要爱学生。作为小学教师,首要是深刻认识新时期教师这一职业的核心价值及本质变化,增强对教师这一职业的认同感;还要明确自己的工作,知道自己该怎么做,真正理解自己将承担的工作的意义。当你认同教师这一职业时,才会真正从心底尊重教师,想教师之所想,急教师之所急,才会投入自己的智慧和精力,才能在工作中体现自己的价值,创造快乐,体验快乐。当你喜欢这项工作时,你就会感受到工作是一种享受,你就该把生命的根深深地扎到教育的泥土里,这也是很多教师能够在艰苦的环境中坚持做下去的重要原因。很多人把教育当成职业,当成谋生手段,其实这也不错。但是比较高的层次是"乐业",只有当这个职业真正与你的心性相吻合的时候,只有当这个职业成为你真正喜欢的职业的时候,才属于"乐业"。因为乐业,教师不仅拥有职业幸福感,而且还会发出更多的责任和智慧;因为乐业,教师认定自己的职责是"教书育人",认定自己这个职业的出发点与归宿都是"学生的成长"。笔者认为,教师的最高境界是把教育当成快乐的活动。当了教师,你就要把当好一名教师当成事业来做,把教育活动当成幸福体验,而不是谋生的一份职业。学生是把教师看成最高尚的人、最信赖的人。教师敬业会启迪学生认真负责任的做事态度,会生发学生感动的情怀,会激励学生发展的斗志。一个普普通通的人,一旦拥有了"教师"的身份,他的心中就有了爱和责任,他就有了一颗高尚的心、一个坚强的灵魂。

3.现实认同

我们每个人都生活在具体的时空,肯定会受具体时空的限制。前生前世,我们无从知晓;来生来世,我们无法预知;唯有今生今世,才能好好把握,努力活得充实而快乐。教育工作者如果一边做教师,一边对现实满腹牢骚,既累自己,也影响别人,更谈不上干出一番事业。活在当下应当是我们每个人最真实的存在方式,我们应当正确对待对过去和未来的幻象,接受当下,时刻采取积极的行动,努力取得理想的结果。职业幸福一个很关键的要素是把心放在当下,放在此时此刻,放在眼前的人和事物上。不为过去纠结,不为未来忧虑,用心做好手头事、用心对待眼前人。现实认同是教师职业最主要的存在方式,是教师职业幸福的源泉。当有一天我们认识到自己的现实人生使命时,就知道这一生就是做教育,永远不可能再去做别的工作了。从此,我们就全心全意地琢磨教育;全心全意地让与我们生活学习的人心中充满阳光,工作着,辛苦着,进取着,快乐着。作为今天这个时代的教师,一方面,我们要努力从自己开始,改变那些能够改变的,另一方面,我们也要尽量接受那些不能改变的。笔者特别仰慕那些教育大家,如斯霞、霍懋征等,他们确实是把一生中很多机会都放弃了,一心扑在教育事业上。因此,笔者觉得若要想成为教育家,就必须放弃一些,才能得到一些。

4.价值认同

价值观就像方向盘,方向正确,只要坚持行走,距离目标就会越来越近;反之则会南辕北辙。所谓"价值认同",是指一个人在内心认为所从事的职业有价值、有意义,并能够从中找到乐趣,用职业实现生命的价值。人一辈子都生活在价值取向的选择之中，要学会自觉地选择，明智地放弃；要重视生命的价值，千万不要自暴自弃。现代人讲究价值，只是有些人把价值的标杆定位于金钱、地位，用物质化、世俗化、功利化去衡量一个人、一件事。其实，无论古今中外，人的终极价值认同都是精神满足。一个人，只有在做自己喜欢做的事情时，才能把事情做得更好，这既有助于发挥自己的价值，也能给周围的人带来正能量。教育本身意味着价值传承、价值引导和价值教化，是关系到价值使命的事业。愿意把自己的一生托付给教育事业，只能算是教师人生的开始。当我们在生命价值认同的层面上去反思我们的职业，从人的发展而不仅是知识传递的角度去审视我们的职业时，才能以生命激发生命，教师才能焕发真正的活力。在教育实践中，只有生成对教育的正确理解，产生坚定的教育信念，不断增强自己的使命感和责任感，不断维系自己的教育动力和激情，保持着对教育工作的恒久热情，并在实践中努力地去加以实现，才能在教育事业中不断实现人生的价值。教师的价值体现在教师的"本事"上：完善的人格力量是教师教学魅力的基础，广博的知识是教师教学魅力的根本，生动灵活的教学艺术是教师教学魅力的翅膀。对于一个人来讲，最大的幸福莫过于价值的实现和彰显，最大的成绩莫过于对学生的价值引领。当把教育作为人生目标时，我们才会有追求卓越的魅力，才会摸到教育的幸福，把平凡打造成经典。教师所发出的光芒并不比有一官半职的人所发出的光芒少。一个教师的根本意义和最高价值，就体现在让学生的生命"因你而动听"，体现在自身拥有内在的心灵美和由内而发的气质美，更体现在能把这种美传递给学生。钱理群教授曾经说："中小学教师工作的全部意义，就在于成为青少年学生回忆中美好而神圣的瞬间。"教师如果能够像于漪老师那样"把学生放在自己心中"，能够使自己教师职业价值与乐趣体现在"教师也生活在学生心中"，那就能够像她那样"魅力无穷"，散发出迷人的光辉。

一个有人格魅力的人，往往是他人乐于接纳并尊重的人。教师的人格魅力具有强大的感召力和凝聚力，给了学生撼人心魄的冲击和辐射，甚至影响了学生的一生。因为拥有人格魅力的教师具有强烈的未来意识，深怀爱心和宽容精神。只有具有人格魅力的教师，才能走进学生心灵，并能让学生从他们身上感受到师长的温暖，看到知识的光芒，领悟到人生的真谛。对学生来说，教师所教授的各种知识也许会被淡忘，但是教师崇高的人格魅力和积极的生活态度是学生永远不会忘记的。作为教育工作者，我们应该带着对生命的洞察和至爱，带着人格的魅力，像寻找珍贵的金子一样去发现和唤醒生命的潜能，激发生命的活力。

三、用心树立教育理想

列夫·托尔斯泰说过:"每个人都要有生活目标,一辈子的目标,一段时间的目标,一个阶段的目标,一年的目标,一个月的目标,一个星期的目标,一天的目标,一个小时的目标,一分钟的目标。"教师在教育活动中同样需要目标,一个一生为之奋斗的目标,这就是教育理想。全国著名特级教师魏书生的幸福和快乐源自内心,他说:"一个人只有树立了教育理想才能是快乐的。"

当今社会复杂多变,生活节奏快、竞争残酷、心理压力大等是人们共同的感觉,每天都有无数的挫折和困难等在前方考验着现代人的心智、信心和耐心。而理想恰如远方的呼唤,它会不停地提醒你,等在前方的将不仅仅是黑暗,告诫你不要失去生活的动力和勇气。人是物质与精神的统一体,与动物不同,人的幸福程度是与精神上的满足程度直接相关的。一个人定位的高度决定着自我发展的广度和深度。同样地,在教育领域,教育理想就是指导教师教育行为的精神追求,是教师献身于教育工作的根本动力。教师工作承载着家庭的希望,承接着祖国的未来,所以我们必须用心树立教育理想。因为,教育理想是教书育人、播种未来的指路明灯,关系到教师队伍发展,关系到学校人才培养。教师需要教育理想为其点燃希望之光,撞击生命之火,照亮前行之路,抵达幸福之门。教师的教育理想是促使教师履职尽责的强大动力,它能不断引导教师激发内心潜能,使教师在教育教学中时刻充满活力和激情,并力求实现职业生活与主体生命的完美结合。"用教育的理想,实现理想的教育",这应是教师的人生追求。

天降雨露,地育万物。育人固然离不开阳光雨露,但无教师"厚德载物"的教育理想,也是不能成功的。教师的教育理论知识、综合素质、专业水平、工作能力固然很重要,可是比这更重要的是教师是否具有教育理想。人是不能没有理想的,如果没有理想,人生就缺乏实质。没有理想的人,就如同冬天的枯叶,只能随风飘荡,没有任何生机和希望。没有了理想,学校所谓的文化历史如沙上建塔,全无根基;没有了理想,学校就像是一座建筑的空壳,是一间空荡的教室。一个教师如果没有理想,直接的受害者就是孩子。因为天真烂漫的孩子们接收到的只是功利性的强化训练和短时性的教学效果,不会"喝到"影响他们一生的"心灵鸡汤"。许多教师,尤其是年轻的教师,时常会在日常工作中发现现实中的教育和自己理想中的教育有很大的落差,在面对淘气的学生时会乱了阵脚，不知如何解决才好；在面对全新的教改时会手足无措，不知如何实施才恰当。面对种种困境，一些教师选择放任自流，将工作看成换取报酬的行为，渐渐沉沦在无奈的生活中；一些教师选择愤世嫉俗，每天在抱怨中度过，奢望某天能有一个完美的教育机制从天而降；一些教师选择"做一天和尚撞一天钟"，今日与昨日没有什么不同，长时间的无力感让他们逐渐失去教学热情和激情，对教育生活心生倦怠。少数"后进教师"在"铁饭碗"的长期保护下，对工作昏昏沉沉，缺乏主动性，对来自外界的变化也常常不能适应。对于这些教师而言，他们需要一盏带领他们走出黑暗、迎向光明的指路灯，这就是理想！

人有了脊梁骨才能直立行走，人有了理想信念，就有了精神支柱。一个事业成功的人，最重要的素质就是对工作的追求、对事业的憧憬，而不是能力及其他，虽然其他也不可或缺。有理想的人，就会对自己和未来形成积极的期待，就会为实现理想而付出努力，从而拥有持久的幸福。教育人生需要理想，需要追求卓越，需要使每个孩子都得到良好教育的理想。笔者不敢断言有理想的教师多幸福，但可以肯定，没有理想的教师不可能是一名快乐的教师。没有教育理想，教师的一切教育活动都是空谈，这样的人的未来是迷茫的，生活是艰辛的，常常未老先衰。虽然理想不一定会马上变为现实，也不一定会全部变为现实，但理想使人超越，使人坚持！坚守理想的人会得到快乐的眷顾，而没有理想或者失去理想的人，就好像大海里失去航向，找不到停泊的港湾，只能随波逐流，碌碌终生。当一个人对自己的教育理想产生怀疑或者认为当今治国无须教育时，是无论如何也成不了优秀教师的。面对没有理想的教师，同情不是办法，最好的办法就是用制度激励他们，努力营造一种良好的制度文化氛围，唤醒他们内心的成长动力。

一个人的教育理想同他的思想境界是紧密相关的，有什么样的思想境界，在实际生活中就会表现出什么样的教育理想。有首歌唱得好，"幸福在哪里？朋友哇告诉你，它不在月光下，也不在温室里……它在你的理想中，它在你的汗水里"。的确，没有思想上的高境界，就没有教学上的高水平，就不可能走得更远。即使当下取得了一些成果，也会在未来的行走中败下阵来。这种境界来自何方呢？那就是长期用心树立教育理想。一个拥有教育理想的教师，才有可能在孩子的心中播下梦想的种子。既然我们选择了教育，走进了学校，那么我们就没有理由放弃对社会的承诺，对教育的担当，对孩子的责任；既然我们选择了教师这个职业，就应该树立教育理想，有所追求，持之以恒，实干巧干,全身心投入。

人不乏长远的目标,不幸的是,很多人没有把自己的长远目标分解细化,所以往往原地不动,永远无法靠近目标。人活在世上,每个阶段都要为自己树个标杆。教育理想的确立体现着教师对自身本质力量和终极目标的把握,牵引着教师去追求和奋斗。教育理想是一个高远的目标,为了它,教师可以确立一些看得见的短期目标,将一个个工作中的难题的解决作为一个个实现终极目标的基石;将一个个目标定位在"最近发展区",经过努力可以实现。在教学实践中,有目标才能更好地享受过程,而享受过程有助于更好地实现目标。这一个个目标的实现又实实在在地激励了自己,获得连续的充实感和幸福感。

真正的教育工作者是理想主义者,因为只有教育的存在是为了未来的。教育是一项永远在路上的工作,需要始终不放弃理想,拥有工作激情。任何教育工作都不该是一种盲目、随意、任性的工作,而应该是基于个人对教育理解的清醒的意识,从而使得个人的教育行动建立在对该行动所欲达成的教育理想上。在价值取向多元的时代,我们要以理想为基,让每一个教师都有远大的志向、纯粹的心灵、高尚的情操。一名好教师只有树立教育理想,才能使自身的价值最大化,实现自我价值的增值。有教育理想的教师具有对教学喜爱的情感,对目标精益求精的追求,对问题不断探索的精神;有教育理想的教师才能按照自己的教育理想去教育学生,才能有健康稳定的希望心理和向着积极目标不断进取的精神,随之产生的就是教育方法和技巧;有教育理想的教师会将教育融入生命,以博大的教育情怀和矢志不渝的追求,坚守精神家园。有教育理想的教师比没有教育理想的教师更有快乐感。在这样的教师心目中,有一个美好的职业蓝图,肯定会"登山则情满于山,观海则意溢于海"。他们对事业保持着强烈的进取心,充满着朝气与活力。他们的生活是向上的、美好的。当然,理想不能囊括一切,但是理想常常提醒人们沿着幸福之路前进。教师因为有了理想而更有正能量,教育因为有了理想而更有目标。只有怀有教育理想与信念的人,才能享受教育的情趣与艺术,才肯付出教育的智慧与真情。只有拥有这样一个长远的目标,教师才能把自己的所作所为锁定在统一的轨道上,才能不断强化自我意识,才能不断地进行自我挑战,给自己的工作一个永恒的依托!

机会与成功,常常垂青于有准备的人,更垂青于准备特别充分的人。苏格拉底曾说过,"世界上最快乐的事,莫过于为理想而奋斗"。崇高的理想赋予人真实的快乐,持久地维系着一个人一生中的幸福。如果一名教师将自己的理想定位在"职业",那么他的所图就是谋生,工作行为只能是职业技能的重复性操作;如果一名教师将自己的理想定位在事业,那么他的工作行为将会是通过职业去追求事物的意义和价值;如果一名教师将自己的理想定位在专业,以此为基准,那么他的工作特点一定是改革、创新的。优秀教师的成长经历表明,他们都有一个共同的特质,即对教育有一种痴迷的热爱,有一种执着的追求,有一种追梦的思索,有着对学生、对未来高度负责的精神。志在顶峰的人,不会在平时停留;迎着阳光向前走的人,会永远把阴影留在身后。或许我们不能期待所有教师都成为理想主义者,但我们可以期待每位教师都尽可能地以专业的水准去赢得社会、家长、学生的认可和敬重。无数的教师从教育的立场和德行的坚守中获得独一无二的尊严,所以才有于漪这样的教师誓言"绝不贩卖知识",才有张丽莉这样的教师拼死保护学生,才有王栋这样的教师绝不放弃理想。

卡耐基曾说过:"有梦想才会有卓越的人生。"理想越高,人生就越丰富,达到的成就越卓越;理想越低,人生的可塑性越差,也就是平常说的"期望值越高,达成期望的可能性越大"。所以,作为一名教师,不妨树立一个高远的教育理想,将理想分解为具体的目标并逐步实现,搭起通往最终理想的天梯。一个有理想的教师,必然拥有令人信服的教育思想,具有令人折服的教育精神,拥有令人叹服的教育智慧。实践理想的教育,需要教师的理想共识和浓厚的理想氛围。如果教师对教育事业拥有一颗虔诚、执着之心和充沛的生命激情,那么他们的成长也必然是情理交融、极富创造性和生命感染力的历程,我们的教育才会灿烂,我们的学生才有希望。拥有这样的教育理想,教师的生活每一天都是新的,都有不同的内容和崭新的惊喜,从而教育充满着诗意,并不乏色彩,充斥着发自内心的幸福!

四、教师应该拥有积极的情绪

情绪是否稳定是检验成年人心理健康水平的重要指标之一,它对人快乐的影响显而易见。教师是特殊的职业群体,情绪如何,会对学生产生直接影响。情绪良好,可以激发学生向上的勇气,形成积极的学习氛围;情绪不良,则会导致学生情绪低落,甚至伤害学生自尊、制造精神痛苦。面对纷繁变化的社会与日益增大的教学压力,每位教师都有可能受到不良情绪的困扰。焦虑、压抑、忧郁、沮丧、不安、悲观、失望等会产生不稳定的情绪,从而导致道德和情感准则削弱。倘若因为一些意见上的分歧、工作上的摩擦、利益分配上的不公、语言上的过激、礼节上的不周等,就耿耿于怀,势必自寻苦恼,甚至影响工作。当前,许多教师未能关注自身情绪表达在教育活动中的意义,其实,教育教学工作是个"良心活儿",一个有着良好情绪的人会对自己所从事的事业产生由衷的热爱;反之,教师的不良情绪,不仅影响教学效果,给学生身心成长带来负面的影响,还会影响教师个人职业上的成功。因此,正确认识自己的情绪,进而管理好自己的情绪,就成为学校建设和谐团队工作的重中之重。

1.善于管理自己的情绪

教师职业的特殊性决定了教师要时刻拥有一份爱心与耐心。教师良好的情绪情感能激发学生参与活动的兴趣,能引发学生集中注意力、积极思维,从而获得良好的教育效果。但是,教师职业是一个高强度、高责任、社会高期望的职业,每时每刻都承受着来自各方面的超负荷压力。考不完的试、操不完的心、干不完的工作压得教师透不过气来,教师出现心理问题就不意外了。时下经常听到一些教师感叹,现在的学生太气人了,越来越不好管了,一见他们就烦;也有一些教师感叹,现在的社会对教师期望过高,一些学生家长对教师要求过分,而教师自身的社会、经济地位又相对较低;还有一些教师经常因为自身的工作与生活压力而牢骚满腹,好像这个世界唯独对他不公平,别人一碰见他立马都避开了;等等。这些情况都让教师难以保持良好的情绪。我们不能简单定性为这些教师为人不好,或者脾气太差。从某种程度上说,这些教师做出错误的应对措施,都是错在情绪管理上,可能没有正确认识自己的情绪,不善于管理自己的情绪。

教师是人类灵魂的工程师,千万别因为我们的情绪伤害到学生的心灵。因此,教师拥有积极的情绪至关重要。教师的牢骚,也许只是情绪的排解、压力的释放。然而,它却像一面镜子,能让我们可以看清教育中的过失。笔者认为,情绪管理,要有尊重自身的职业心理。把教育作为一种信仰,让教师安心于教书育人,是最好的情绪管理方式。此外,休闲是改善情绪的很好途径。比如,转移不良情绪、消除职业倦怠感的成本最低的好办法就是体育锻炼。除了竞技体育之外,几乎没有人在运动时还会感到情绪不安,在运动中我们会忘了烦恼和压力。作为教师,每天要坚持半个小时的锻炼,在运动中增强体质,在运动中让压力适度宣泄和放松。用体力上的消耗,转移精神上的不快,这是教师情绪管理的一个好办法。

2.学会调节自己的情绪

情绪是能够相互感染和影响的,这种感染和影响过程是在不知不觉中完成的。教师一脸阴云,学生心里就会有阵雨;教师一微笑,学生会还你一片阳光。不同的情绪,会产生不同的效果。佛家有"境由心生"一说,其意思是说,有什么样的心情,眼前就有什么样的环境。教师可以是制造痛苦的工具,也可能是启发灵感的媒介。教师身处的地方,无论是环境,还是人、事、物,都很容易影响自己的情绪,可是千万别忘了,一个成熟的教师能握住自己快乐的钥匙。教师要善于做自己情绪的主人,学会调节情绪,自觉地支配自己的情绪,否则就会沦为情绪的奴隶。

教师的情绪直接影响学生个体的情绪,甚至从长远看,将影响到学生对社会的基本态度及人格的形成过程。正如乱倒生活垃圾污染环境,乱倒情绪垃圾则会污染人的心情。从成为教师的那一刻起,教师就属于学生,就应考虑自己的情绪会不会给学生带来影响,会不会给他人撑起一片晴朗的天空。教师要用意志克服各种困难,在困难和挫折面前始终保持乐观、豁达的情绪。教师在自己的情绪明显冒出来的时候,要让自己暂停一下,稳稳情绪,带着理智和智慧去解决问题。一个快乐的教师,会将自己的快乐情绪带进课堂,带进生活,带进平时的活动中,而最大的受益者则是学生,是身边的每一个人。更重要的是,快乐情绪会对学生心理产生正面的影响,也由此会让学生在学习与生活中更加乐观。

3.学习处理自己的情绪

情绪管理能力具有培养性、可塑性。内力是根本,外力是争取,自己的力量是解决问题的基础与本质。作为教师,有必要了解一些基本的情绪知识,有必要学习一些基本的心理学原理,有必要学习一些技巧并从多个方面处理情绪。情绪自我管理是教师学习中一项不可回避的任务,我们要学习心理学的理论和方法,提高自己的生命质量,掌握心理调节技巧,掌握化压力为积极乐观的能力。聆听专家讲座——"如何保持快乐心境,提升积极情绪",交流如何保持良好的情绪。做到既能够了解自我,观察和审视自己的内心世界体验,又能够识别他人的情绪,通过细微的信号感受他人的需求与欲望。明白无论遇到了什么,发火和生气都无法真正解决问题,要解决问题还需要冷静、理智,进而有效地应对和处理。教师要从主观上提高自身素质,发展积极情绪,进而享受教师的职业幸福。

通过学习,我们明白了一个道理:任何人一生都不可能全是顺境,都会遇到波折。关键是在这个时候,人要鼓足勇气,克服困难,战胜困难,甚至由此享受化解不良情绪的心理愉悦感。只有了解情绪产生的深层次原因,才会改善师生沟通和教学的效果,才能对学生身心成长产生正面而积极的影响,才能寻找到更为有效的处理不良情绪的方法与技巧。

4.注意提高自己的情商

花草树木总是喜欢向有阳光的一面伸展出枝条,同样,几乎所有的人都喜欢和阳光快乐的人在一起。一个人的体魄再健康,学识再丰富,如果其情感发育不完善,那他仍然是一个有缺陷的人。情绪由情商而生,它持续的时间较长,所以积极情绪对人的能量维持起着重要作用。美国科学家通过对一些成功人士的调查显示:一个人能否成功,情商的比重占到80%,智商的比重占到20%。随着未来社会的多元化和融合度日益提高,较高的情商确实有助于一个人获得成功。教师必然是一个情感丰富的角色,这样才能使教学活动丰富多彩。

笔者认为,人的情商要储存,就像银行存款,存的越多,时间越长,人就越乐观。烦躁是教育的病毒,和谐是教育的良药,善于将烦躁化为平和是教师情商的自我超越。情商高的教师总是能建立乐观的工作态度,把快乐留给别人;总是能和学生建立和谐的关系。因此,教师要调适自己的心理,营造"与孩子和颜悦色,与同事和衷共济,与家长和乐共处"的和谐氛围。在与人相处的过程中,争做有雅量的人,能容言,能容事,能容人,时刻注意调整自己的言行,避免给学生的心灵造成一生的伤害。教师要用自己的开放包容去获得周围的认可、接受和尊重,积极面对压力,泰然面对挫折,认真面对责任,自然面对荣誉,真心面对同事。

总之,教师情绪好了,幸福感就多了。学校管理中应多管齐下,关注教师情绪情感管理,不仅要在看得见的"硬件"方面改进,还要在看不见的"软件"方面下功夫;要通过智慧来调控情绪,放大情绪的积极作用,转化情绪的负面影响,做情绪的主人,让我们的快乐情绪伴随着学生成长。

五、主动培育快乐心态

面对越来越激烈的社会竞争,无论是家长、教师,还是学生个人,都不得不努力。教师作为承上启下的中间人,承受的压力可想而知:教学任务繁重、升学压力过大、安全责任不小、工资收入不理想……曾经有人把教师比作摆渡人,周而复始地把学生从此岸送到彼岸,而教师自己则在常规的备课与上课之间机械地循环往复。在这一年又一年机械地循环往复中,教师因为熟悉、熟练而产生倦怠,教师的教育人生变得暗淡而苍白。很多教师因为工作压力而心烦气躁,心境不佳,情绪失控,产生职业倦怠。教师为什么会出现职业倦怠?主要原因是体会不到做教师的快乐与满足,而教师之所以不能从工作中收获幸福和快乐,根本原因是心态出现了问题。

教师群体是精神焦虑和抑郁的高危人群,而教师职业幸福感对学生的健康成长和全面发展又至关重要,其心态会对学生产生直接的影响。教师的使命是教育,扮演的是为人师表的角色,职业的特殊性需要教师保持一种积极向上的快乐心态。快乐心态就是豁达、大度、阳光、开朗的心态,就是一种健康、平和、宽容、自信的心态,就是一种化尴尬为融洽、化压力为主动、化痛苦为愉快的心态。快乐心态是人一生的好伴侣,让人愉悦健康。教师的快乐心态会显现出良好的师德行为。教师心态良好,可以激发学生积极向上的正面情绪;教师心态不良,有时会直接带给学生负面影响,甚至伤害学生自尊。因此,教师亟需得到社会各界的广泛关注和支持,更需要教师努力提升自我调节的能力,改变自己的内心,尽量保持积极乐观的心态。教师只有以积极、乐观的心态面对一切,才会自在,才会获得精神自在,才会让工作与生活富有诗意,从而享受快乐。

有这样一个例子:一天,李老师高兴地走进教室,却发现黑板上贴了一幅漫画,画的正是他自己,而且把他的缺点夸张得淋漓尽致。他不由得转喜为怒,原本愉快的心情一扫而光。凭直觉,他知道这是昨天受批评的一个学生的恶作剧。李老师心想,这学生真不像话,竟然还搞恶作剧,这次一定得狠狠地教训他一顿。但转念一想,惩罚必然引起更严重的师生冲突,自己生气不说,还要影响其他学生,也不能真正解决问题啊。处理意外事件还得用意外的方法对待学生,这样往往能出奇制胜,过分或过激都是不可取的。于是,李老师决定试用"软方法"处理。他平静了一会儿,若无其事地拿下漫画欣赏了一番,对大家说:"你们别说,还真有点像,我长这么大,还没有人给我画过肖像呢。我要把这幅画留个纪念,作者要是不介意的话,下课给我签个名。现在我必须把语文课上完。"几天后,那位"肇事"的学生主动向教师承认了错误。

实际上,平平淡淡的教育,很难打动孩子的心灵,往往班级里出现的"教育事件",正是走进孩子心灵的契机。"没有糟糕的环境,只有糟糕的心态",面对烦恼,面对不如意的事情,与其抱怨,不如改变。意大利教育家蒙台梭利曾说过,"教师的准备就是不带着怨气、不带着敌意、不带着对某些学生的失望进入教室"。新东方有一句名言:"从绝望中看到希望,人生终将辉煌。"正如案例中的李老师,他的做法给我们三点启示:

（1）恰当运用快乐心理。快乐心理学的学者们曾做过这样一个研究，他们找到世界各个领域里的杰出者，然后去研究这些精英们有什么共同之处，其中有一点就是：他们都是乐观主义者，他们很善于发现生活中快乐的一面。可见，把注意力放在快乐的事物上，能够使我们在成功的道路上事半功倍。以一种积极乐观的心态来面对学生，你会发现一些表面看来有问题的东西原来也有它积极的一面，负面材料背后也蕴含着丰富的正向教育资源，用心地分析它，智慧地运用它，就一定能收到"化腐朽为神奇"的效果。快乐心理学让人的心态变好，但教师的心理行为也会受到学生消极行为的影响。在日常教育教学活动中，学生的恶作剧、师生冲突等偶发事件，经常会把教师推向进退维谷的两难境地，使教师处于难以控制的消极情绪之中。教师要做一名快乐生活的建设者，及时摆脱消极的思绪，将内心的沮丧抛到九霄云外。教师的工作具有不可选择性，他们不得不与自己不喜欢甚至讨厌的学生打交道，这往往会引起教师的心理焦虑和矛盾。如果一切能从"快乐"出发，用快乐的视角发现和解读各种现象，那么人们心里就会洋溢着快乐精神、充满着乐观希望。李老师在课中碰到这一棘手的事，并没有因为心烦而草率处理。快乐心理学的魅力在于，它用一种更加开放的、欣赏的眼光去看待人类的潜能、动机和能力，倡导人类用一种快乐的心态对心理现象给出新的解读，并以此激发每个人自身固有的快乐品质和快乐力量，从而使每个人都顺利地走向属于自己的幸福彼岸。实施快乐教育，首先要修炼教师的心境和心态——心中有阳光，时时刻刻处处都快乐。

（2）积极调整消极心理。人的内心的变化是迅速的，从积极的心理状态变为消极的心理状态往往是瞬间的事，即所谓"一念之差"。教师辛苦，但不能"心苦"，虽然有时心理难免低落，但也要想办法驱散心中的"灰色雾霾"。在痛苦、失败和忧愁面前积极调整消极心理，就可以让自己的工作变得幸福、快乐。现代社会压力都大，外在的诱惑也多，教师内心积攒下来的东西也越复杂，没有谁乐意当消极情绪的回收站。教师不良心理有的源于种种工作压力或者社会经济因素，有的则与自身不良心态直接相关。教师在处理师生矛盾时，当以研究的心态理性看待教育现象和教育问题，不被消极心理和教育偏见所左右，不盲从，不冲动。如果教师处理不当，就可能成为师生冲突的主要诱因。该案例中，李老师积极调整消极情绪，运用教育智慧，不仅避免了师生冲突，还使学生主动承认了错误，并发展了学生的特长，提升了职业幸福感，可谓一举多得。学生还是那些学生，课堂还是那个课堂，但是因为教师的心态发生了变化，学生和课堂带给教师的感觉就不一样了。其实,教育,它不是一张空头支票,它就在学生心理的拐角处,看你有没有积极应对。所有的调皮捣乱只有一个目的——吸引注意力,所以当有学生捣乱的时候,老师就应该停下手中的事情,给予他所渴望的关注。

(3)主动培育快乐心态。快乐的心态可以提升人们对快乐的感受指数,也能使人们更容易快乐起来。一所学校,教师的能力和态度往往决定学校的发展。能力相差无几,态度决定成败。一个人如果心态积极,乐观地面对人生,乐观地接受挑战,那他就成功了一半。工作中,一种好的心态,可以使你乐观豁达;一种好的心态,可以使你战胜面临的困难;一种好的心态,可以使你过上真正快乐的生活。一个老师要想打开自己人生的局面,必须了解自己的心态,战胜自己的情绪,以积极、乐观、平和的心态去看待问题。常言说得好:改变不了环境就适应环境,改变不了别人就改变自己。教育工作是复杂的,只有教师拥有快乐的心态,学生才会有积极的心理,工作才不会成为我们心理健康的对立面。正如于丹所说:"有一个坦荡的好心态,就能达到最佳的状态,做到'以天合天',才能把事情做到最好。"教师要以快乐的心态投身于教育改革,主动适应,参与教育实践;在学生面前始终保持积极、乐观、向上的心态,正确对待自己、他人和社会,正确对待困难、挫折和荣誉,做到不因有所得而得意忘形,不因有所失而愁眉苦脸,不因困难而手足无措,也不因挫折而精神不振。快乐,源于心态;不快乐,也源于心态。以快乐心态面对每项工作,乐观主动思考最佳办法,可事半功倍;畏缩不前,举眉抬头皆压力,只会一事无成!对那些被快乐的心态所激励的教师来说,遇到任何逆境,都会催生出等量或更大的能量。心理健康的教师其心态比较快乐,他的认识较少受到欲望、焦虑、恐惧、希望、盲目乐观或悲观的歪曲,很少有自我冲突,不会跟自己和他人过不去。学校要主动培育快乐心态,为教师专业成长打下坚实的基础。有了它,教师的专业成长才会有原动力,人生价值就能得到最大的体现。从某种意义上说,拥有了快乐心态,便拥有了快乐。真正的优秀教师,就在于不断地培育快乐心态,不断地进行自我修炼,改变自己力所能及能改变的,适应不能改变的,让自己成为一个阳光灿烂的人,一个给自己也给别人带来快乐的人。

实践证明,能够在工作中做出成绩的教师几乎都拥有快乐的心态,因为他们能从工作中学到比别人更多的知识,同时用实践和担当提高了自身的能力,而这些正是他们走向优秀的基石。总之,心态决定人生。人是一种很容易接受心理暗示的动物。可以说,人生的痛苦与幸福、失败与成功、忧愁与快乐,都是由我们的心态决定的。在竞争白热化的今天，那些时时保持淡定、豁达的姿态，理智地保持快乐心态的人，总能给周边疲惫的心灵带来慰藉与鼓励。作为教师，理应有良好的工作心态。真正拥有快乐心态的教师，不是那些天天无所事事的人，更不是那些无事生非的人，而是那些积极工作、乐于助人、爱心永驻的人。在日常教育中，我们把快乐心态传递给学生，学生毕业走向社会再传递给别人，如此传递下来，久久为功，和谐社会和快乐生活自会水到渠成。

第三节　追求智慧

一、通向教师专业化发展之路

"山不在高，有仙则名；水不在深，有龙则灵。"一所学校要成为名校，不仅要有大楼，更要有名师、大师。教师是学校发展之本，是学生发展的前提。让每个教师获得充分发展，是学校的应然选择。教师发展的快慢与优劣，决定着学生成长的快慢与优劣。从某种意义上说，要培养卓越的学生，就必须有卓越的教师。专业素养过硬的教师，工作起来必定得心应手，往往能赢得领导的赏识、同行的尊重、家长的信赖，往往拥有较强的自豪感、成就感和幸福感。可见，如果想让教师教有所乐，教有所得，使他们每天的工作充满挑战和乐趣，而不是单调机械的重复，那就应当引导每一位教师走上专业化发展之路。

教师个体成长的历程，是教师不断接受新知识和增长专业能力的过程。教师，唯有不断增加自己生命的能力，才更有力量托起他人的生命，这就对教师的专业能力提出了极高的要求。追求专业化发展是教师体验职业幸福的过程，是教师追求卓越人生、造就卓越教育的必由之路，是对人本质的弘扬和价值的升华。教师的专业化发展是现代教育发展的要求和必然趋势，是现代教育与传统教育的重要区别。然而，还有一些教师面对各种教学模式的推广，感到无所适从——他们无法沿用自己原来的教学方式，同时对一些所谓的新教学模式也缺乏认同感。专业化发展处在瓶颈期，难以找到自己的专业化发展之路，是目前许多教师共同面对的难题。引领教师向专业化方向发展，形成教师新的教育智慧，已成为中小学教育关注的焦点。教师专业化发展的路径是多元的，培养、培训，是教师专业化发展的外生力量，而教师自身修炼则是一种最具活力的内生源泉。教师专业化发展的过程是一个不断实践、不断学习、不断反思、不断创新的过程。我们要去探究教育教学的专业化发展之路，把学生为本、师德为先、能力为重、终身学习作为教师专业发展的基本理念，促进教师专业成长。

1.凸显"一二三四五六"教师专业成长工程

随着时代的发展和新课程改革的广泛深入，社会对教师专业化发展要求越来越高。高素质的教师对整个教育发展所起的举足轻重的作用是每个人都知晓的。面对新的教育理念，思考教师专业化发展新的突破口和着力点，凸显教师专业成长工程，这既是社会赋予我们的神圣使命和责任，也是摆在每位教师面前的一个崭新课题。霞阳小学教师专业成长工程包含：实现一个观念转变，抓好两类师资培训，搭建三大成长平台，坚持四项读书活动，提出五个教研要求，培养六种基本能力。即实现由"经验型"向"学习科研型"教师转变，抓好校本培训、继续教育培训；搭建学习、交流和实践平台，坚持每天读一小时书、每周写一篇读书笔记、每月读一本书、每学期召开一次读书心得交流会，提出教师每学期上一节研究课、写一篇教改论文、编一篇案例反思、开一个专题讲座、总结一项具有一定推广价值的科研成果，培养开展好民主和谐教育教学的能力、总结提升教改经验的能力、运用现代教育技术的能力、上好示范观摩课的能力、掌握一项体育或艺术技能的能力、终身学习的能力。教师专业成长工程形成了学校发展与教师发展之间的张力，在拓展教师素质的同时提升教师的能力，在夯实教师专业基础的同时滋润教师的情怀。

2.加大教师专业成长的培养

当前教育正面临拐点——从满足基本需要到追求好的教育、优质的教育。学校不仅是学生成长的地方，也应该是教师发展的地方。教师，是移动着的文化，教师专业成长不仅有教师内在的需要和努力，更要有学校超期的眼光、实际的行动和备至的关怀。一所学校品质的高下，是由教师优秀与否决定的，让每个教师在专业化发展和成长的道路上走得更远，是学校不懈的追求。一所对学生成长负责的学校，必定要首先承担教师专业化发展的重任。教师是教育的第一资源，教师专业化发展水平是学校的核心竞争力，对教师专业成长培训是学校最有价值的投资。绝大多数的教师都有发展的欲求，但若不为其创造发展的舞台，这种发展意识就有可能逐渐消退。"磨刀不误砍柴工"，抓教师成长，就是抓学生成长。我们坚持"工作即学习，进校即培训"的原则，开展校内、校外等多种形式的校本培训。校本培训不是追求"高大上"，而是紧接地气，切合教师专业发展需要，真正做到培训"有根"。校本培训不仅仅是转变教育价值观、推动课程改革的需要,而且也是满足教师成长、帮助教师实现生命价值的需要。我们建立教师专题研究、案例研讨、集体学习、个体反思、展示交流、综合评价等多种制度体系。由于教师的工作经验、知识基础、敬业精神等存在一定的差异,因而对教师专业成长的培养不能搞"一刀切",而要根据教师的差异实行分层培养。我们鼓励教师将自己的个性与职业发展有机结合,努力创造条件为教师的个性发展提供机会,让他们在自己的"强项"中展示风采,体验个性发展的快乐。学校为不同层次的教师制定适切的发展目标,有的放矢地搭建各种平台,助推教师的发展。通过"快乐之路青蓝工程"、"名师演绎"、外出学习等系列活动,多渠道、多方位地为辛勤操劳的教师提供发展的时空;通过参加竞赛、论坛、交流等各种活动展现教师的风采;鼓励教师建立自己的教育思想,支持教师进行教改实验,形成自己的教学风格;通过课题研究拓展教师的眼界和思维。注重发挥名优教师的示范、辐射作用,建立名师工作室,建立学科带头人发展目标责任制,定期让他们上示范课,举办教学思想交流会,培养一批自己的名师。我们给予部分教师以特殊政策,多给机会、多给任务、多给问题、多给平台,让他们去学习、去完成、去研究、去展示,以催生名优教师快速成长。学校给予教师一个宽松的环境,让教师心情愉快地工作、研究、学习,让教师在休闲中实现专业成长,让教师的自学自悟、同伴的交流互助、专家的带动引领都统一到教师专业成长的"旅途"上。

3.制订个人职业生涯发展规划

俗话说:"好心境从目标规划开始。"教师的专业化发展需要明确而合理的职业理想定位。合理规划人生目标,使教师每天都能感受到自己存在的意义,并以最大的热情投入工作。教师的专业成长,首先应该是内因驱动下的自我成长。一粒种子能否发芽,能否最终长成参天大树,仍在种子自身。一般而言,开始的时候,这个教师与那个教师的差别不大,可若干年后,却有很大差别。原因就是有的在内因驱动下持续发展,有的则原地转圈,几乎没有发展。理想的确立以及其后的不懈追求,是人生前进的强大动力。唤醒成长自觉,或许是培养教师专业成长最重要的使命。推进教师专业发展,关键在于启发教师的自觉,树立教师的自信,规范教师的行为。教师在专业成长的道路上要敢于冲破周围的"雷区"和自我发展的"高原区"。合理的职业生涯规划激发了教师内心深处的成功欲望和发展需求,协调了教师个体内在需求和学校长远目标需求,实现了教师个人和学校的共同成长和发展。学校帮助教师制订自己的个人职业生涯发展规划,激励教师成为职业规划的设计者、实践者,帮助教师定位个人最优发展领域,设定明确、具体的个人目标,走专业内涵发展之路。每位教师都能根据自己实际,找到适合自己的发展之路,制订好个人 3～5 年的专业发展规划,并以此为主题为每位教师建立"教师专业化发展档案"。这种针对性、个体化的目标引领,引发的是有的放矢的努力,教师的进步与成就更加快速和彰显,教师的职业生活体验也愈发积极。虽然最好的管理是自我管理,但内驱力也是需要外力保证的,督促则是从背后给予的推动力。学校要求教师过好"三关",即教育教学基本功关、学科教学业务关、教育科研关;读好"三书",即教育理论、课程标准、教材教参。学校因人而异地提出不同的学习内容、努力方向和成果指向,因人而异地指定风格相近或相同的导师引领,导师可以根据不同的培养对象制订个性化的培养方式,为每一个教师制订切实可行的中长期"专业成长发展方案"。"教师专业化发展档案"清晰地记录教师成长的足迹,梳理阶段性发展轨迹,体现出每个人鲜明的风格特点,从而促进职业素养的发展。总之,学校努力为每位教师的成功搭建平台,让他们与学校共发展,与学生同飞翔,体验属于自己的快乐传奇。

教师专业化发展是一项全面而系统的工作,是学校实现新突破的最佳生长点。教师的发展必然带动学生的发展,而学生的发展即学校的发展,学校的发展即社会的发展。教师要发展,不是一项制度、一个要求、一次活动能解决的,作为学校应整体规划,有所侧重。教师专业化发展是一个渐学渐思、渐悟渐进的过程,应贯穿于教师职业生涯的全过程。教师专业化发展只有进行时,没有完成时。

二、爱读书的教师不平庸

人们常说,决定一个人品位和境界的,是他的胸怀和内涵,而影响一个人胸怀和内涵的,则是他阅读的数量和质量。读书是个人生命生长的内在需要。没有了书籍的滋养,人们就渐渐凸显出心胸狭窄、气质乖戾的一面。然而,在当下这样一个"快餐化"时代,想要静下心来读一读书,确实已经成了一种奢侈。但是,人只靠经验生活,恐怕提升较慢,教育的创新不可能凭空而来。作为教师,的确有太多的事情要做,有时会使我们身心疲惫,享受不到职业的幸福和快乐。而教师又永远是一个新的职业,每年面对的教学对象和管理对象都是新的。一个教师在教育这条路上,究竟能走多远,在很大程度上取决于他对读书的态度。当一个教师拥有教育情怀时,他就不会自己不读书却理直气壮地指责学生不读书,而会以自己不读书为耻;当一个教师拥有教育情怀时,他对教育这项工作就会充满热情,他的课堂就会充满智慧。

　　笔者曾有幸聆听全国著名特级教师于永正先生的课堂。那堂课,于老师讲的是《我的伯父鲁迅先生》一文,课堂被设置为初读、再读、品读和美读四大环节。他几乎把整个课堂交出去了,引导学生把握人物的语言、语气,从而对鲁迅的为文、为人进行更加深入的解读。学生们的问题像蜂窝一样密集,谈到文章的哲学思想,孩子们抬出了鲁迅的小说集《呐喊》、散文集《朝花夕拾》,甚至有人抬出了老子的《道德经》、黑格尔的《精神现象学》。于老师就好像是"架设在学生与课本之间的准星,交给了学生解读文本密码的钥匙"。只见于老师从容地跟孩子们畅谈自己读上述书籍的心得,精辟地概括作者的观点,又巧妙地校正孩子们的观点。他之所以不厌其烦地延伸导读,是希望学生在学习过程中,学会追问真实,学会思考,得到智慧。他充分调动了学生的课堂主动性、参与性和积极性,使得课堂真正体现出互动和高效。他的课充满激情,语言非常有魅力,简洁、明快、朴素、流畅、幽默,上课的孩子和听课的老师都感受到他激情课堂的魅力。于永正先生讲到高潮时,时而沉吟,时而高歌,完全沉浸在鲁迅的思想情怀中,让人觉得鲁迅就是于永正,于永正就是鲁迅。说到精辟处,掌声响成一片,听课的师生都情不自禁地鼓起掌来。

　　笔者惊叹:小学语文课可以上得这么有意思!毫无疑问,这是一堂大放异彩的语文课。它所呈现出的壮阔"景宽"与幽邃"景深",给人以"大美"的享受,让每一个听课者都同时触摸到了先贤的心跳、师生的心跳以及自己的心跳。在这一节课上,学生既得到了语文能力的训练,又得到了艺术享受,达到了语文教学的一种崇高的境界。正是因为坚持读书,于永正老师自觉不自觉地将从书中汲取的营养用到教育教学中,有了自己的思想,有了自己的话语,有了让学生感到新鲜的知识乃至智慧。他用教育的眼光,而不仅仅是语文教师的眼光来看问题,这样也让他变得更加厚重。他在课堂上呈现出来的素养,让人感慨小学教师也能成为大家。

　　教师的责任在于不断提升自身综合素质,以便于更好地服务于教学,服务于学生的发展。"教之本在师,师之本在读。"教师不读书,就会故步自封、抱残守缺,新的知识、新的理念无法补充,已有的知识可能遗忘,不能与时俱进,成为名副其实的"教书匠",甚至连"教书匠"都不如。教师不读书,不管其如何备课,都不可能让教学走向高层境界。教师成长的定量,一言以蔽之,就是你一旦今日停止读书,明日就无法教学。我们不一定相信"一本书能改变一个人",但一定要相信好书的力量。决定一个人品位和境界的,是他的胸怀和内涵;而影响一个人胸怀和内涵的,则是他阅读的数量和质量。阅读不仅是知识的积累与承袭,更是全新和超越的过程。教师是需要终身学习的职业,只有不断提高自身素养,才能保证自己的可持续发展。读书是使教师提升综合素质的重要途径,不读书的教师怎么可能真正理解教育的本质、教育的目的?教师自身如果理想迷失,又怎么可能培养出有理想、有社会责任感的学生?因此,读书学习,提升文化底蕴是极其重要的。

笔者有幸和一大批优秀教师深入接触,他们很有个性,在不同的领域获得了成功。除了教师,他们还有个共同的身份:读书人。于永正、窦桂梅、程红兵、华应龙等国内享有盛誉的杰出教师,他们无一例外都是饱读诗书者。正是阅读摇曳着一种智慧的光辉,流泻着一种思想的要义;正是阅读加快了他们专业成长的步伐,让他们实现了从优秀到卓越的跨越。可见,与名家的著作同行,对教师的成长是非常有意义的。

读书的意义还在于充实、丰富和发展我们的世界,因为个人的经验无论如何都是相当有限的。读书虽然不能改变人生的长度,但可以改变人生的宽度;虽然不能改变人生的起点,却可以改变人生的终点。读书活动最有助于教师的长远发展。书籍在提升教师的精神气质和内在修养的同时,也让学生喜欢教师、爱上课堂。读书是一项慢工细活,它和种稻谷一样,不见其长、日有所增,时间久了,便能感觉出读书人气质的与众不同。书虽然不是万能的,但却能使人千变万化。只有当教师的知识视野比教学大纲宽广得无可比拟的时候,教师才能成为教育过程的真正的能手、艺术家和诗人。教师的知识结构只有越复杂,越完整,越与时俱进,所设计的课堂才会越深刻,越生动,越紧密联系生活,学生对学习才越有兴趣,越投入,越轻负高质。

笔者特别喜欢一个说法:要做教书人,先做读书人。但是,最不可思议的是,有些教学生读书的人,居然是自己不读书的人。教学是一个再生、再造、再提高的过程,心浮气躁、鸡肠狗肚、名利熏心的人是干不好教育工作的。但是,如果读书不断,不良的思想气质是可以改变的。所以,教师要系统读书,增强自己的大局观。正所谓"学然后知不足,教然后知困惑",教师要读不懂之书,增强自己对新事场的理解。不仅要读本专业之书,还要多读本专业外之书;不仅要读一家之书,还要博采众家之长;不仅要读与自己同观点的书,还要读不同观点的书。深读、细读,沉浸其中,品味文字的隽永,品味意境的优美,品味形象的丰满,品味人格的高贵。读书就像一场静悄悄的革命,不断提升教师自身的专业成长,走向高尚悠远、博大精深的意境,充实底气,进而用自己的情怀熏染学生的情怀,用自己的心灵照亮学生的心灵,用自己的思想激活学生的思想。一个爱读书的教师可以赋予一个班级以灵魂,更可能以自身的魅力感染学生。

人类最伟大的智慧、最伟大的思想都深藏在书籍里。读书虽然不能让人马上获得现实利益,但它却是一份无可替代的精神滋养。从表面上看,它与当下教师的教学没有直接关系;可是从长远看,却是提升教师业务水平的关键所在。读书,能读其厚,以增知识;能读其薄,以阅经典;能读其透,以明道理;能读其破,以悟得失。对教师而言,读书是一辈子的事。教人读书的人,自己先得读书。因为读书是一个教师精神成长的必需营养,甚至可以说,读书是最有效的营养剂,这些营养越充足,其教学水平就越高。要做事业上的有心人,就要善于通过各种渠道捕捉、筛选和积累信息,不断更新、充实自己的"知识内存"。读书还要做到与教学紧密结合,这样才能为教学提供丰富的营养和素材,促进教学日臻完善。倘若没有高深的文学素养和文学功力,则教学语言平淡乏味,不能旁征博引、左右逢源、妙语连珠,时时陷入捉襟见肘的尴尬境地,课堂上就不会有诗意的营造、人性的张扬、激情的迸发、生命的活力。

人生有限,书籍无限。笔者是一个在读书上尝到了无数快乐的人。因为读书,笔者遇见了许多美好的人;因为读书,笔者经历了许多美好的事;因为读书,笔者产生了许多美好的思想。笔者每天读书不下万字,如饮甘露,享受不尽。书给笔者带来了美好的心灵享受,更赋予了笔者丰厚的滋养和教育教学的灵感。笔者之所以能够每天站在讲台上"吐丝",缘于笔者此前吃进了大量的"桑叶",缘于以书中智慧指引前行。读经典诗文,让笔者的课有了"压舱之物";读中外文学,让笔者的课充满人性光泽;读人物传记,让我们师生不断汲取正能量;与学生同背精辟语段,让我们师生下笔时"笔端不窘"……笔者深知"胸藏文墨怀若谷,腹有诗书气自华",只有用阅读的厚度才能成就解读的高度,读出属于自己的精彩。教师的根在书中,教学的艺在书中,教育的情在书中,教育的魂在书中。只有读书,才能更好地备课,才有底气站在讲台上;只有读书,才能永葆善心,拥有童心;只有读书,才能让教师遇到更好的自己,让孩子们遇见更多的好教师。作为教育工作者,教与学,授与受,要做到游刃有余,就必须有充分的"知识内存"来支持。这个时候,不管研究什么课题,不管教什么内容,都会大有用途,而且还会有一种乐在其中的美感。

当前的教育正发生静悄悄但快速的变化,教师面临着前所未有的挑战。作为一名教师,如果真的想要投入我们所从事的教育,首要的选择是读书。提升自身的素质不仅仅是练就一两项基本功,更主要是来自深厚的文化积淀和对教育本质的理解。要获得真正的专业能力和专业思维没有捷径可走,必须依靠不断地阅读,以及与阅读相关的思考和实践。我们需要好的理论和丰富的经验,需要大量阅读且有效实践,以便透彻地认识纷繁复杂的教育现象,了解这一代儿童的生活方式和心理状况。书路无穷,书香永恒。在某种意义上,推动读书的人,就是影响世界的人。历史启示今天,肩负重任的现代教师,理应从读书中吸取精华,锻造自己的精、气、神;理应成为全民阅读的领跑者。每位教师均应提倡"工作再忙也要读书,挣钱再少也要买书,住处再窄也要藏书,交情再浅也要送书"。学校要想打造"书香校园",必先打造"书香教师"。

三、智慧带来快乐

人的快乐与不快乐,并不是取决于他有多少财富,过着多奢侈的生活,而在于他有没有获取快乐的智慧。一个人的智慧是一个人最为核心的竞争力,甚至可以说人的生命因智慧而闪光。智慧是所有人都应该具备的品质,能对所有人生经验与理性进行思考的整合。即便是一个普通人,也需要智慧,有了它,才能更好地工作,才能快乐地生活。快乐来自智慧,而非常理。孔子之所以说"智者乐""智者不惑",是因为人一旦有了智慧,即使工作很忙,依然会乐此不疲,始终有一种很好的生命状态。

教育就是要开启人的智慧,就是要用智慧的手段培养智慧的人,是一门智慧之学。智慧是教师职业的灵魂和魅力,是快乐教育的内在要求。教育智慧是对从事教育教学过程中发生的事情能迅速、灵活、正确地理解并妥善解决的能力。教育本应该使受教育者成为快乐的人。作为传道、授业、解惑者的教师,不能没有智慧。有人说,"教书匠"就是拼时间、拼体力,日复一日,不断"重复昨天的故事",教育家则意味着凭智慧不断创新和超越。学校最应该成为智慧的汇集之地。教师的团队智慧是一所学校最为核心的竞争力。管理好教师的团队智慧要比管理好教师这个"人"本身高明得多,智慧得多。如何让教师以"智慧"启迪"智慧",把"小智慧"变成"大智慧",把"有智慧"变成"更智慧"应是学校思考得最多的问题。只有智慧的集会、智慧的流动、智慧的碰撞、智慧的再生,才能让学校成为学习场、文化场、发展场,成为教育的理想磁场。

1.智慧需要创新

教育工作是一个需要先进的教育思想的事业,是一个需要不断创新和不断发展的事业。有人说,教育,每天都充满悬念。"悬念"促使我们创新,研究、解决不期而遇的"悬念"便是教育的无穷智慧,也是教师的快乐所在。笔者认为,教育是条复杂之道,它不是依葫芦就能画瓢的事情,也不是像地图那样标得清清楚楚的,从这里出发,一定会抵达目的地。教育的过程充满了不确定性,只有具有了教育创造智慧,才能达到一种通达洒脱的境界,才能提升品位,用特色追求卓越。在教育实践中的智慧是透视实践、改造经验、提升自我的能力,它往往表现为怎样处理鲜活的、具体复杂情景和过程中的各种情况,在这个过程中不断形成新的理解、新的思想。要达到这样的教育境界,需要教师有很高的综合素质,需要教师每天都有一点新想法、新尝试、新体验和新收获,需要教师在教育教学实践中不断培育自己的创造精神。没有创新,就不能指望有突破性的智慧。每天让自己改变一点点,快乐就会连绵不断。

2.智慧需要品质

教育智慧体现的是一种品质、状态和境界。知识是智慧的基础,没有知识谈不上智慧,但知识要转化为智慧,这个过程很多人没有理解。对教师而言,培养有智慧的人,需要智慧的教育,智慧的教育需要智慧型的教师,只有"智慧型的教师"才能培养出"有智慧的人"。教育智慧是一个教师无形的名片,它虽不能装进口袋里,但能书写在脸庞上,流淌在言语中,体现在行动上。从大的方面讲,教育智慧是一种独特的教育认知和教育境界,同时又是与一定的教育境界高度协调一致的教育方式和方法。它表现为尊重学生、关注个性、追求人生的幸福境界,又表现为一种举重若轻的气度和化难为易的本领。从小的方面讲,智慧的教师总是会用智慧的方式走进学生心灵的深处,让孩子们找到自己该做的事情。有时在教学中的意外事件面前,教师根据是否有利于学生的发展来决定是否放手,看似不闻不问的"糊涂"表象下,其实蕴藏着教师独具的"大智慧",不也极有意义和值得赞赏吗?教育智慧蕴藏着很多品质,但最为重要的是道德。无道德的聪明只是聪明而已,只有当聪明与道德牵手、相伴而行,才可能成为智慧。智慧的教师需要不断加强修养,不断提高自身的品质,这样才能使自己的内心逐渐强大,才能拥有更多教育的智慧。只有随时随地抓住教育契机,才能在迎接挑战中感受到工作的快乐。

3.智慧需要艺术

教师"茶壶里有了饺子",还要有"倒出来的功夫",这就是教育智慧的提升。教育智慧是一种转化师生矛盾的艺术,是一种正确处理教与学矛盾的技巧。我们对陶行知先生"四颗糖"的故事都有所了解,陶先生对犯错误的学生从不训斥,而是用智慧让学生认识到自己的错误,并愉快地改正。教师要有睿智的"脑"、敏锐的"眼"和严谨的"嘴",要善于积累和反思,善于学习和实践,不断形成具有自己特色的教育智慧。课堂教学中,教师教给学生的应该是智慧而不一定是知识。知识是学不完的,教师教给学生知识没错,但更应该启发学生智慧。在课堂上面对"意外",宽容与幽默能产生智慧。机智灵活地处理课堂教学过程中发生的小插曲,能让我们的教学变得更为有效起来。对学生提出的看似可笑的问题,我们要因势利导,进行多元性评价。教师精彩的评价,是对生命个体的尊重,是智慧之源的唤醒,是教育双方成长成功的激发,能够让更多的学生把学习当成他们的乐趣。在更多的时候,只有艺术才能吸引人,也只有高超的教学艺术才能真正打动学生。高超的教学艺术才是真正的教育智慧,才是解决问题的最佳方式。智慧的教师往往不是按照预先设计好的思路来教,而是随着学生的学习状况往前推进;智慧的教师善于用一双发现教育契机的慧眼,及时抓住新情况并实施教育;智慧的教师善于寻找最适合自己的教育艺术,成为鼓舞、激励和唤醒学生的智者;智慧的教师善于掌握科学的方法,让教育更加符合人的生命成长规律;智慧的教师善于用自己的教育智慧与学生共同谱写着一幕幕不可重复、不可复制的精彩。

4.智慧需要观察

智慧好像是玄妙的,但不可否认:每一个人皆有智慧的潜质。细致入微的观察力是教师课堂教育智慧的表现。教学活动是一种实践活动,每天都有无数的小故事在上演。而这些小故事是教师分享智慧、促进专业发展的重要载体,对于这样的小故事,需要我们去观察、去研究。同时,教师作为学生的引路人,要用智慧的眼光去捕捉学生的优点和长处,识别学生的本性,精心保护学生的天赋;要用智慧去改变学生的人格和心灵,耐心引导学生的灵魂,让他们享受学生的快乐。每个孩子的精神世界都是独特的,需要教师用智慧去观察;差异是客观存在的,需要教师用智慧去对待差异。每个学生都有创造力,关键是教师是否善于用智慧的眼光去发现学生创新的潜能。教师的主导作用、教学智慧就在于他能够洞察学生的心灵,捕捉学生情绪的微妙变化,以敏锐的视角捕捉意外信息,精于观察学生的反应,让一切在视线内,让所有在掌握中,对课堂的变化能及时果断地加以调控,使这一实践活动始终不离教学目标。学生的所思所想,大都通过一定的言语、表情、动作表现出来。一句小声的嘀咕,也许是学生思想疙瘩的流露;一个困惑的眼神,可能说明了他们学习中的疑难。这些信号,教师要迅速地捕捉住,并据此随时调整自己的教学方法、教学容量和教学步骤,让能跑者更快,能跳者更高,能舞者更炫,能歌者更亮,不能者亦能自足于平凡的生活。

5.智慧需要关爱

教育智慧会对世态万象有一个很好的认识,从而了断烦恼,智慧地解决各种各样的问题。教育智慧来源于教师对孩子的爱,它的基石是爱与尊重。苏霍姆林斯基指出:"教育的技巧的全部奥秘就在于热爱每一个学生。"人民教育家陶行知先生告诫我们:"你的教鞭下有瓦特,你的冷眼里有牛顿,你的讥笑中有爱迪生。"这些名言和警句都值得我们记取和深思。教育的智慧,就在于把学习变成快乐的东西。教师的责任就在于用不同的方式、提供适当的帮助唤醒每一个孩子的智慧潜能。这要求我们去研究教育,研究孩子。研究孩子,不是研究他们的身高、体重,而是去研究他们的心灵。一位有智慧的教育工作者,除了发挥自己的优势外,应该最大限度地将关爱的任务外包,发挥和运用多元的关爱主体,以充分呵护师生的积极性和潜能。有爱才会迸发出教育的激情和智慧,有爱才会以自己的智慧去开启学生的智慧,有爱才能让每一个师生真实地感受到成长的滋味和快乐,让爱与智慧伴随快乐的一生,创造快乐的世界。

笔者认为,智慧不是凭空得来的,获得智慧唯一的途径就是学习。于永正老师、魏书生老师都是在不断学习他人而成为教育专家的,可是他们在借鉴他人的同时,创造了自我,他们都是溢满智慧的教师。教育智慧得到提升,自会有一种成功感和幸福感,用"凤凰涅槃""浴火重生"作喻并不为过。智慧一旦形成,随之而来的就是无限的希望与快乐。如果我们所有的教育者都能将教育智慧渗透、内化于教育活动、教育目的、教育价值、教育过程和教育环境在内的一切方面,那么我们的教育将变得轻松和愉悦。教育生活因教育智慧而快乐。一个拥有教育智慧的教师是快乐的,一个学生遇到有教育智慧的教师则更快乐。只有智慧的教育才能培养出智慧的人,只有智慧的教师才能培养出智慧的学生。只要我们每天改变一点点,并不是什么难事,而这种积累的过程,就是构建属于自己的教育知识过程,也是使教学变得越来越智慧的过程。

四、教师也要展示自身的绚丽

当前教师队伍中的确存在着这样的现象:老年教师有了"自己老了接近退休,一切让年轻人去干吧"的感叹;中年教师有了"职称有了,工资有了,荣誉够了,不需要雪中送炭,不想锦上添花"的想法;青年教师看到这些现象有了"晋职没有希望,提级没有门路,想进步有人挡着,不知道啥时候轮到自己"的迷茫,便也随波逐流了,这些都导致了学校教师的职业倦怠。

现在生活中我们还经常看到这样的现象,为了强调学生的重要性,有意无意地"牺牲"教师,仅仅是为了造就学生的发展与幸福。"燃烧自己,照亮别人"的蜡烛精神早成了老师的座右铭,"一切为了学生"更是成了大多数学校的口号。甚至,有些私立学校提出"学生是上帝"。

学校追求的目标是为学生提供更好的教育,但是,在追求这个目标的路上,不能忽视教师个人的价值与幸福,更不能"牺牲"教师,而应该让教师不断超越自我、完善自我、快乐自我。在没有教师成长的校园里,学生不会好到哪里去。基础教育阶段是面向全体学生开发其潜能的素质教育,强调的是不选拔学生,但要选拔教师。只有让每个教师都找到自我成长的关键点,施展最好的教育艺术,展示自身的绚丽,学校工作才会亮丽起来。

细细思索,教师每天备课、上课、批改作业、辅导学生,似乎是日日重复,但每天所备的课不同,所针对的学生不同,产生的问题也不同。教师要用敏感的心体会这些不同,要耐心地对待这些"重复",以崭新的眼光去看待这些"重复",这样我们便能从这一次次的"重复"中体会教育的规律,提升教学的水平。教育的本质是创造和展现,作为一名教师,其教育思想和教学艺术要随时更新,最怕拿着旧船票重复过去的故事。如何激发教师的工作热情和创新精神,使其发扬自己的优势与特长,是教师管理中一个永恒的主题。企业靠品牌打市场,教师也应该树立起自己的"品牌",树立名师形象。学校应把教师放在发展第一位上,教师在展示自身的绚丽时所转化成的生产力自然能带来"学生第一"的效果。教师的"读写思行"是展示自身绚丽的最佳途径。

1.成为自觉的思考者

笔者一直认为,一个人如果缺乏思考,那他的人生注定是暗淡无光的。教师在整个职业成长过程中,不应该考虑"我能获得什么",而应先考虑"我能留下什么";不能只是抬头看前面的路,而应学会回头看自己走过的路。只有敢于反思、勇于自省的教师,才会迸发自主成长的力量;只有善于分析自己工作的教师,才能成为得力的、有经验的教师。美国心理学家波斯纳有一个关于教师成长的著名公式:成长＝经验＋反思。停下来反思,看起来好像浪费时间,会让我们更累,但这有助于我们更好地往前走。如果教师仅仅满足于获得经验,而不对经验进行深入思考,那么他的发展将大受限制。思深则透,思透则新,思新则进。教育工作是反思性实践,反思可谓是一种修行,每天对自己的教育教学行为进行反思,就可以不断进步,收获幸福。没有完美的教学,教学永远需要改进。这就意味着教师需要通过反思发现教学中的问题,然后解决问题。教师是否愿意花时间去反思自己的工作是教师是否具有专业素养的标志。教师要善于对自己的教育教学行为进行系统反思,反思自己教育教学的利弊得失,剖析自身教育教学存在的问题以及明确后续的努力方向。只有通过反思探究,教师才能寻找解决问题的出路,才能促进不断学习,专业素养也才能得到提升,才有可能实现自我超越和发展。只有个人对过去的经验进行审慎考虑和反省,才能在现实中找到与经验一致的条件,经验才有重构的机会,才可能表现为高层次的实践智慧。反思会让教师变得更富灵性,思考更加理性而深刻,教育教学方法也更加科学;反思可以使教师扬长避短,使教学不断完善;反思可以让我们在困境中找到力量,获得成长。反思的深度,往往决定着教学所能达到的高度。不断反思重建的过程就是追求卓越的过程,未经思考的人生是不值得过的。正所谓学海无涯,艺无止境。教师反思自己的所作所为,就有机会发现问题,探索未知,就有机会突破常规,寻找超越和创新。

2.成为积极的行动者

人的思想理念是在行动中构建的,人的思维方式也是在行动中改变的。李嘉诚的"蛋喻"发人深省:"鸡蛋,从外打破是食物,从内打破是生命。人生亦是,从外打破是压力,从内打破是成长。如果你等待别人从外打破你,那么你注定成为别人的食物;如果你能自己从内打破,那么你会发现自己的成长相当于重生。"教育是一项"动"的事业,教育需要播种,需要耕耘,需要修剪,它不需要纸上谈兵的理论家,而需要教师立即行动、积极行动、扎实行动。因此,教师首先应是行动者。备课、上课、批改作业、与学生谈话、跟家长交流,这些都需要教师不断的行动、不断的改变。只有通过教师的实践,先进的教育理念才能真正转化为教师的自觉行动;只有通过教师的自觉行动,先进的教育理念才能真正使学生受益。教师应该是天生不安分的,他的每一天都是新的,每一天都需要积极的行动,只有这样才可能成就会创造的学生。信息时代,高速发展,光阴似箭,时不我待。一味地批评、抱怨,自甘平庸或沉沦,无益于己,无济于事,而有愧于学生。是临渊慕鱼,还是退而结网,不言自明。

3.成为主动的学习者

一个优秀教师有着多个方面的特征,但有一个特征是必备的,那就是主动学习的能力,爱学习、善学习、会学习。成长永远和主动学习密切相关,按笔者的理解,所谓"主动学习",就是教师自愿、自动地学习。由于学生的成长变化、知识的淘汰更新,以及教学理念、方法及技术的创新与发展,教师专业化发展的历程就是一个终身学习的历程。教师的差异在于业余,在于学科之外,课外知识丰富了,课内就能俯仰皆拾,妙趣横生。一个勤于学习的教师,自会通过学习增加自己的思想厚度,自会找到通向教育成功的突破口。教师的综合素养其实是教师独特个性的体现,是广博学识的展示,是个人成长历程的侧影。不学习就会把推论当结论,不学习只会用已知判断未来。要做一个有为的教师,首先就要与时俱进,不断更新自己的教育理念,提升自己的教育技能。所以,教师应该是一个学习者,应有主动拓展自己学习空间的意识,在不断学习中使自己的业务水平飞速发展。教师要在实践中向书本、专家、同伴、学生、自己及一切可能的对象学,将学习的内容付诸实践,并在实践中再学习。多倾听同行和专家对自己课堂教学情况的意见,这种意见科学性强,便于自己改进教学工作,便于为自己的课堂教学"把脉",提升教学水平,明确前进路径。教师只有比学生更善于学习,才可能会"传道"而不是"说教",因而才可能"授业"而不是"满堂灌";也只有比学生更知道需要学习,他的"解惑"才可能更有价值。只有教师有了厚实的专业功底、广阔的知识背景,教学才能挥洒自如,引人入胜。与时俱进,不断学习,让自己成为取之不尽的"知识泉"和用之不竭的"智慧泉",只有自己的不断成长,才会使更多的学生更好地成长。

4.成为执着的写作者

有人问及著名特级教师李镇西的成功秘诀,他说:"其实,我和大家是一样的,对教育的执着是一样的,所遇到的困惑是一样的,所感受到的幸福是一样的,甚至包括许多教育教学方法或者说技巧都是一样的! 如果硬要说我和大家有什么不一样的话,那就是我对体现教育的爱、执着、困惑、幸福、方法和技巧的故事进行了思考,并把它们一点一滴地记载了下来,还写成了书,仅此而已!""仅此而已",足见教育写作对教师成长影响之巨。生命有限,可是如果有了具有生命力的文字的记载,生命则有了无限的意义,它会让生命留下永远的记忆。写作让人沉静,让人温婉,让人理性,也让人更有人性。写作会将自己的思想结晶传递给其他教师进行借鉴,会产生智慧的火花,形成一种优质的研究领域。写作并非教师职业额外的工作,而是我们的分内之事,是教师职业的需要,总比东抄西摘得来的东西有价值。读书与写作,是教师生命成长的双翼,缺一不可,如果只读,而不写作的话,就少了生命精神的收藏。读与写一旦成为教师的审美追求,教师也就从读写中体会到特殊的幸福。写作是教师不断反思、审视、提炼、升华自己教育实践的过程,更是总结教育规律、沉淀教育智慧的过程。写作对一个教师的发展有着诸多不可替代的作用,它是教师站在自己的肩膀上攀升,是为研究自己的教育教学提供鲜活的案例。一线教师,没有精力写纯理论文章,但不能因此而放弃写作。对那些从身边教育教学实践中升华的点滴体会,教师不但应该写,而且能写得好。每天掘开一些新鲜的泉流,给自己也给别人一些清凉的慰藉。教师要教书,要读书,更要"写书",哪怕读者只有自己一个人。

5.成为耐心的坚守者

日新月异的社会难免让人浮躁,但人是应该有所坚守的。一位哲人说过:时间和耐心能把桑叶变成美丽的彩锦。教育是沉潜的事业,容不得轻浮暴躁,急功近利。在有些老师的教育词典里,只有"疾风暴雨"和"趁热打铁",没有"倾听等待",没有"相机诱导",没有"温火慢炖",于是,教育常常在"针尖对麦芒"的状态下进行,成长中往往多了一些不该有的火药味。笔者认为,搞教育要永远守住平常心,只有校长、教师守住平常心,学生才会容易守住平常心。无论教师还是学生,都要有锲而不舍、持之以恒的意志品质。因为教育工作是一项百年树人的事业,它并非立竿见影,急不得,快不得。不放弃,不抛弃,不让孩子掉队,这是教师应有的坚守。无论做什么事情,成功都出现在最后时刻,如果一个人没有耐心坚守到成功的出现,那他不得不用一辈子的耐心去面对失败。尤其是面对教育这门"慢的艺术",一时间的美妙想法谁都会有,一时间的热血冲动谁都有过,但缺乏耐心,就可能很难坚守。坚守是用理想对抗时间、困难,是用信念张扬生命的激情;坚守是对教育事业的追求,是对教师职业的热爱;坚守是要坚守自身的优点,坚守自身做得对的事情决不动摇。教师在学生面前,更应心静如水,充分体现无私、无欲、无求的师范和气度。教育实际上是一项毅力工程,教育者的坚守,是催开坚冰的一缕春风,是开启心扉的一把钥匙,是抵达彼岸的一叶扁舟。在素质教育背景下,学生的成长仍然需要教育者精心的陪伴,需要教育者耐心的坚守。教师要用厚重的知识底蕴来浸润自己的思想、气度和风格,坚守自己的精神家园,坚守育人为本的教育信念,坚守按规律办学的教育之道,坚守事业高于一切的人生坐标,坚守知识分子的道德良知与教育情怀。

当今的教师,被要求一专多能已是不争的事实。家长要求教师既要能使孩子获得好分数,又要能使孩子学得轻松快乐,甚至还要能成为孩子的"监护人";学校要求教师既要能上好课,也要搞科研,还要成为班级的管理者;教师要求自己要有敢于自我扬弃、自我更新、自我提升的勇气,努力追求专业发展的新境界,在工作之余更应该经营好自己的生活……

五、提升教师的研究力

时代在发展,社会在进步。当代教育,无论是教学环境、教学资源、教学手段、教学方法,还是教育对象的主体意识、个性觉醒、价值取向、学习方式等,都与以往有了很大的不同。这都要求教师要紧跟时代步伐,与时俱进地探索和掌握教育教学规律在现阶段的表现和发展。社会的转型、学生群体特征的变化、新课改的实施等问题的出现,又对教师的职责和能力提出了更高的要求,也使教师的压力与日俱增。然而,日常教育教学工作已让人应接不暇甚至无法招架。许多教师参与学校教研活动的积极性不高,则是一个不争的事实。究其原因,最根本的是目前许多学校的教师"被参与"校本教研活动,他们对学校布置的教研任务大多只能"顺从",甚至表现出"无奈"。

教育是一项持之以恒的事业。教育是一门艺术,也是一门科学,又是一项常变常新的事业。这就要求全体教育人要有改革的精神、开放的意识和探索的心态,要求教师自觉由单纯的知识传授者,转变为学生学习的促进者,成为学生健康成长的导师。教育对象的差异性、教育变量的复杂性、教育活动的情境性,都需要教师在工作中不断探索,从研究中找到解决问题的方法。教师并不好当,没有足够的功力,难以为人师。教师不能成为应试教育的奴隶,而要做教育的研究者,探寻教育的基本规律,探寻教育的科学内涵。教师因此要转变自己的角色,更新自己的教育教学理念,不断提高自己的教育教学艺术水平。如果墨守成规、故步自封、画地为牢,那教师就会停滞不前,更是对教育热情最大的伤害。

教学教研是教师教育教学的源泉,更是促进教师专业化发展的助推器。提升教师的教研力,不仅是教学活动中教师主体回归的必然选择,还是教师专业化发展的需要,更是基础教育课程改革的迫切要求。教师如果想不断提高自己的教学水平,进而优化课堂结构,追求课堂效益的快乐度,除了学习、研究,可以说无路可走。优秀的教师不仅善于总结原有的成功经验,而且难能可贵的是能根据时间、地点和空间的变化研究教育教学的新情况和新问题,具有研究新环境、发现新问题、总结新规律和探索新路径的创新优势。优秀教师的成长经历证明,教育科研是教师成长与发展的必由之路,养成研究的习惯和能力,是从职业型教师向事业型教师过渡的前提。

研究力是指钻研、探究的能力,它是教师专业化发展的助推器;但如何研究却是个问题。许多教师并不清楚如何进行研究,常常徒劳无功,使教师的研究流于形式,有的甚至只是应付差事,加重了工作负担,苦不堪言,达不到研究的效果。教研工作具有情境性和不可重复性,再完美的教研理论也不可简单移植。当前,最大的问题是教师成了被动的模仿者,不是根据本校、本班、本人实际情况主动去创造,往往只看到表面的课堂教学流程,却没有认真仔细去分析、学习流程背后的一系列配套制度和措施。有的人听了一堂观摩课,觉得不错就依葫芦画瓢,原封不动地移植到自己的课堂上;有的人读了某个学校的教改成功报道,或是到某某课改示范校参观,回来就模仿别人的模式,总想照搬别人成功的经验。其实,离开了实验学校的具体环境,面对不同的对象,再成功的经验也很难复制成功。爱学习本是好事,但学习不是"拿来主义",不能简单地照搬或者机械抄袭。教学研修,同样不能一味地模仿别人,"依样画葫芦"是肯定没有什么出路的。学校是千差万别的,学生是千差万别的,更需要教师深入学习对象背后的智慧与汗水中寻找启迪,更需要教师根据教与学的实际情况进行创造性的研究。一个教师,若不能从学习中悟得教学的本质,没有生成新的思考和启发,那么,吸纳再多也总是落于人后的。白石老人一句"学我者生,似我者亡"如当头棒喝,点醒了深得大师真传的关门弟子。一味模仿,看似相似,实则谬以千里,只是"东施效颦"而已,这种学习注定僵化,会失去生命力。

教学研究需要教师有挑战自我的勇气和超越自我的智慧,由蛹化蝶才能破茧而出。真正的研究,应像蜜蜂一样,博采百花之长,酿造自家之蜜。蜜蜂采蜜时需要先去甄选自己中意的花朵,再融入自己的唾液进行浓缩和提炼,如此方能酿造出香甜可口的蜂蜜。研究的魅力在于个性,在于在学习他人的基础上努力创新。敢于与人不同,不拒绝先进的教育信息和别人的教改经验,巧于运用"智慧杂交"的能力,对别人成功的教改经验有分析、有比较、有取舍,将其与本校实践融为一体,进而做出新的实验、新的改革、新的发现和新的创造。对于学校来说,教师研修的最基本目标在于提升教学质量,研修的焦点就应是解决真正的实践问题,切实帮助学校、教师应对各种挑战。基于此,只有让我们的教研来自真实的课堂,来自学生学习中出现的问题,来自本校的客观实际,才能避免让教师走进"纸上谈兵"、缺乏针对性和实效性的误区。只有博采众长,学以致用,形成特色,才能找到教育的密码,才能创造出一片属于自己的教学天地。伴随着新课改的推进,教材更新力度大、速度快,现代教育技术手段不断涌现,新的教学理念在挑战传统观念,这对教师的知识结构、思维方式、教学手段等方面都提出了新的标准和要求。凡事只有作为研究来做才能有所成就。做课题、写论文固然是研究教育,而一次活动的小结、一次微课题的反思、一次教育学生案例的整理,也都是研究。

"冰冻三尺非一日之寒。"众所周知,要做好教育科研工作,需要平时的学习与积淀;但提升教师的研究力并非无迹可寻。第一,课堂研究。课堂是教师科研的主阵地,课堂中的方方面面、大大小小的事情都值得我们认真研究。教师日常的知识与实践积累,是进行教育教学研究的必备条件。第二,问题研究。生活中并不缺少美,缺少的是发现美的眼睛。教师做研究不是为了写论文、评成果,而是为了寻找解决问题的多种办法。问题意识浓厚,是搞好教研的"种子"与"引子",教师要带着实际问题搞教研。教师要善于从教学中发现问题,然后把问题当成小课题来研究,把一个个小课题做深做透了,问题研究也就有成果了。引导教师研究问题,就是要让教师具有反思的意识、研究的精神、思维的方式、解决问题的能力,将研究问题作为学习方式、工作方式、生活方式,在研究问题中成长,在研究问题中提升综合能力,在研究问题中解决教育困惑。教师只要做个有心人,勤思考,努力培养自己敏锐的洞察力,就有可能有所发现。第三,行动研究。行动研究是教师的教学行为的改进,是一种草根性的应用研究。教育人常常不乏好的想法,也不乏理论,但往往在将想法和理论付诸实践上变得力不从心。俗话说:心动不如行动。再好的理念也需要勇气和力量去变成实践。实践出真知,实践长才干。行动研究的魅力正是基于实践、反思实践、应用实践并改善实践。只有通过反复探究,教师才能发现一般人不在意、视而不见却有价值的问题。教师在充满不确定的教学环境中,通过实践不断开展行动研究,把所学的知识、原理和教学实际结合起来,采取适合特定情景的教学行为,有利于提升教师解决教育教学问题的能力。行动比反思更重要,也更难。教师只有在行动中,才能体会到研究的价值,只有付诸行动的研究才能真正变得有意义,才能因此取得事业上的成功。第四,理论研究。教育是在理论指导下的实践活动。没有理论指导的实践是盲目的实践,没有实践基础的理论是空洞的理论。教师应学会甄别各种教育理论与方法的真伪优劣,以研究的态度对待每一项工作,把每一项工作作为研究来做,从而选择一条从实际出发而富有成效的研究道路。教育关乎人,一切对人的成长有利的理论都要运用到学校教育中。只有知识面广了,知识量多了,才能从学科交叉、学科对比、学科渗透等方面对学生进行启发教育;只有具备丰富的教育学知识和充足的心理学素养,才能在教学中焕发无限魅力。第五,写作研究。教师应学会写作,这是教师对自己教育经验的梳理、归纳、反思、提炼和升华,是教育思想的积淀,对教师专业化发展有着重要作用。真正的名师,总是在教学实践中不断尝试、创新,并一直笔耕不辍。我思故我在,经常反思并用文字的形式予以记载与表达,系统地加以梳理,在写作中促进教育教学水平的提升。第六,课程研究。教师要树立正确的课程观,要具备课程资源开发、利用、整合的能力,通过对课程的研究,让教师说专业的话,做专业的事,有专业的素养。

　　教而不研则浅,研而不教则空。教而不学,工作将会平庸;教而不研,教学就会凝固。变革,搅动一池春水;突破,带来无限生机。一个研究力高的教师能以自己特殊的职业眼光,把握课程的引人入胜之处,以最简洁的线条,拉动最丰富的信息,以最轻松的方式,让学生得到最有力量的收获;能从最接近学生现在的起点,带领他们走到离自己最远的终点。研究带来成长,研究带来变化。事实上,教师在理论研究中得到启发,在经验研究中获得启示,在反思研究中收获启迪,从而实现研究型教师生成。没有最好,只有更好,追求没有止境。研究给教师自身的发展在长度上有终身学习的持久动力,在广度上有与时俱进的宽广视野,在深度上有科学与人文的深厚底蕴。教师的研究能很好地促进教学,使教学真正具备了可持续发展的动力,实现教学和研究双赢。同时,这也会增加教师的成就感,让他们拥有更多的职业快乐。

第四章　探索校长的快乐管理

校长是校园生命状态的标志,是学校科学发展的领航者。作为校长,是否快乐阳光,确实直接影响着师生的工作学习状态,影响着学校的育人氛围。作为新时期学校管理的实践者,校长必须精心培育创新的思维、管理的智慧,充分调动学校每一位成员的积极性,将校园生活的指针拨向快乐。校长要在教育中享受着快乐智慧,和师生一起成长,采摘一路的快乐体验。

第一节　快乐经营

一、用学生视角审视学校教育

小学语文课本中有一则寓言《牧童和狼》,这则寓言通过"一贯说谎的人即使说了真话,也没有人会相信"这样一个道理来教育学生要诚实守信。但是,人是不是真的不能撒谎呢? 如果是这样又何来善意的谎言呢? 此外,这个故事营造了一种让孩子害怕的成长情境——说了谎就再也没有人来帮助你。成长的过程其实也是一个出错的过程,大人们最终放弃救助孩子是不是有些太过残忍? 那么狼来了的时候,大人救助的缺位是不是也是一种过错? 这种文本意蕴显然是对孩子真实生活世界的漠视,显然是大人不能从内心感悟孩子那颗心的深层原因。

儿童的价值观、审美观往往和成年人不同,但成年人往往以自己的功利主义思想为本位,非但没有把儿童作为思考人生的一种精神之源,还以成人为本位,认定自己对这个世界的思考才是唯一正确的。用这样的视角去重新审视学校教育,我们的教育是不是在成人立场上走得太远了,忘记了回到童年的路径? 如果我们站在孩子的视角来谈教育,就会发现,我们现在的许多教育行为是违背了孩子的愿望的。例如,教育负载着过多的成人意志,编织着过多的成人约束,它迫使天性自然的儿童承受着成人世界不自然的欲望。我们已经习惯将成人的视角投射到孩子身上,希望孩子像成人一样思考、一样处事。我们甚至将孩子看成成人的缩影,恨不得儿童的教育可以一蹴而就,于是过早地将成人生存的经验与法则授予儿童。但是,儿童不是"小大人",成人的规则对于他们是一种压迫。孩子的经验世界是稚嫩的,他们能够轻易理解和借鉴成人的世界吗?

我们在办学过程中想问题、干事情,考虑更多的是社会,是领导,是教师,是家长,而不是学生。但是,学校是为学生而办,学生是学校的主体,学生是学校发展的小主人,好的教育需要面对真实的学生。我们不能太看重把孩子塑造成什么样的人才愿景,以至于忘记了他们实际上可能会成为什么样的人。教育立场应该是学生立场,学生立场需要学校教育对学生的本质有深刻和精准把握,学生应该成为学校变革的受益者。去年学校采取了一项措施,设置校长小助理岗,本着"学生问题学生找,解决办法学生提"的宗旨,拓宽学校的民主管理渠道,其目的就是想请学生作为管理者的另一只眼睛,改善学校的管理方式,提升学生的自主管理意识。经过一个学期的发动、竞选,最后聘请了五位学生做校长小助理。每周一的大课间,校班子和他们一起讨论工作。他们的工作方式有多种:每周三大课间设立学生校长小助理接待日,面对面与学生交流,收集问题和建议;通过校园网和学生成长服务中心收集学生意见,对一般性问题通过学校职能部门予以解决,对学生反映突出的问题进行深度调研并提出解决办法;参加学校行政学生工作专题汇报会,集体研究解决;列席学校涉及学生问题的各种会议等。学生校长助理主要是为校长提供学生对教育教学和管理方面的建议,并通过调研提供相关决策参考,是学校行政管理工作的延伸和补充,也是学生参加学校民主管理的尝试。

校长小助理经过调研,向学校行政会提交了十个问题的提案,内容包括:学生午休时间再延长 20 分钟,阴雨天大课间调整,校服不合身、样式不新颖,图书馆及相关馆室开放,楼道走廊改宽一点,厕所异味重,教学区域学生热水饮水,校内设置指引地图,校本课程设置,多举办一些有意义活动等。这些问题涉及学习、课堂、午休、图书阅览等,均为学生关注度较高的问题,学校召开专题会议,讨论研究学生的意见和建议。我们认为只要学生有需要,学校就应该不遗余力地去解决。

这些问题的存在,显然已有时日。也许在管理者眼中,这些并不是什么大事,也非重要问题。也许在教育过程中,教育者常常把成年人的想法和思维强加在学生身上,无法站在孩子的角度看待孩子,忽视了学生的个性和特色,导致教育不明显,教师不得意,学生不满意。我们一直在让学生达到我们设定的理想教育目标上下功夫,却从未考虑这样的目标学生能否理解、接受;我们一直千方百计去促进学生的成长,但往往只满足了学生的部分需求或者部分学生的需求,而很少考虑学生的整体需求和不同学生的需求;我们一直努力去爱学生并以爱的名义去教导学生,但往往忽略了随着社会的开放、信息时代的到来,学生的独立意识、权利诉求空前增强。年代变了,孩子们的思维模式也变了。快乐和自主是孩子们最需要的,他们想要那些属于自己的空间。学校教育是为学生自主成长服务的,教育方案、主题设计、活动实施、过程评价,必定得以学生为主角。

当然,学生又是千差万别的。学生是一本读不完的书,对学生的秘密我们知道得还太少太少。通过设置校长小助理岗,学校不仅真实地了解了学生的信息,学校教育的效果也变得非常好,学校甚至创造条件让那些合理的、富有创意的想法在校园里变成现实。通过校长小助理这一渠道,学生的心声、利益诉求得以表达,并且可以在学校管理、制度建设、学风校风建设等方面起到一定的作用,于学生于学校来说,都是一件好事。这类活动让我们意识到,在学校管理的方方面面,孩子们都是有想法的,而且很多都超出我们的想象,即使我们尽力去贴近孩子,我们也不是孩子。给他们更多的话语权、参与权,是学校管理工作中该做的事。学校活动的内容选择、组织方式、情境设置等,不应当是学校管理者基于成人视角的安排与布置,而应当让学生去讨论、去设计、去展示、去呈现。学校的教育教学的规划、方案等,尤其是涉及学生切身利益的,都要求听学生的意见。学生提案活动改进了学校的日常管理,为新时代的教育注入崭新的内涵,使学校变得更受学生喜爱。

现在的孩子获取信息渠道很多,思维很开放,不要简单地把他们当成小朋友来对待,而是当知心朋友来对话。面对孩子的成长,教育者要有如履薄冰的心态,保护他们的未来。我们并不是指挥者,孩子也不是提线木偶,搬演成人社会的种种东西,不该是他们的事情。我们久已不做学生,早已不太习惯用学生的视角来看待学校的一切,任由自己的行为背离初衷,"一厢情愿""满腔热情"地尽职尽责。我们不能期望儿童变成"小大人",而是应该尽可能地让教师成为"长大了的儿童",拥有儿童的心灵、视角与语言。我们不能对儿童施以"添加剂"或"激素",让他们过度地忙碌、快速地奔跑,造成"童年的恐慌",而是应该学一学土著人走一段路就停下来歇歇的做法,让灵魂跟上匆匆行走的躯体，让行为不背离出发时的初衷。在"歇"的过程中，时常想一想：学校的所为，究竟真正为学生想的有多少，是否真正符合了教育规律和学生成长规律。在"歇"的过程中，充分相信学生有能力去发现和解决问题，等待学生的自我增值和自然成长。

小学教育中存在一些不良现象不是一时半会儿能解决的，慢慢来吧，教育急不来。凡教育活动，应基于学生立场。教育要以儿童自然天性为起点，让儿童在校园中拥有一份游戏玩耍、一份好奇探究、一份遥想憧憬、一份专注执着和一份同伴同乐。学生理所当然是目的，不能把学生当成手段，以实现学校的政绩。让我们重新放下身段，把自己的身份转变成为"长大了的儿童"，以一个学生的视角重新打量我们的学校，尽量和学生共同生活，一起学习。与学生交朋友，会了解到很多单一"成人立场"所想不到的事情。和孩子待得久了，共同经历了很多事，自然就能更多地拥有儿童视角，自然就能用一种儿童喜欢的方式去思考问题，自然就能更好地改善我们的管理。

世上万物没有统一的高度，高度不同，视角就不同。儿童的视角之所以很重要，是因为没有人能比儿童更了解自己的思考、感受和情感。我们应该学会用孩子的视角看世界，多一分宽容，多一分理解，多一分求同存异。常常回忆童年的自己，并用那个自己去发现、去思考、去待人接物，并与成年的自己不断去碰撞，我们就能拥有童年的视角。只要站在童年的视角，用心研究孩子的心理，并把自己也融入儿童的学习中、生活中、心灵中，我们就能看到一个孩子独有的、精彩纷呈的世界；只要站在儿童的立场，学会从儿童的视角去观察和思考问题，我们的心灵就会多很多童性，而童性多起来了，教师的幸福感也就会多起来。

当我们站在学生的角度思考时，学校应该是学生的学校，校园的一切都应该围绕有利于学生更好地发展而设计。"怀着一颗学生的心做校长"应成为校长办学的基本出发点，应成为校长"生本管理"的具体体现，应成为校长献身教育事业的不懈追求。学校的每一项工作一旦偏离了学生，做得再多也无济于事。学校管理要真正做到以学生为中心，需要我们在思路上和情感上进行一些调整，要对观察问题的角度、表达思想的方式，甚至面对学生的神情等逐一改变。而这些改变的立足点是学生，是满足学生快乐成长的需要。只有以学生为本，才能少做无用功，才能让教育真正泽被后世。

二、用特色经营学校发展

在教育事业蓬勃发展的今天,众多新兴学校如雨后春笋般发展起来。随着全面素质教育的不断推进,学校变革的价值取向发生了重要转变:同质化发展状态得到很大改观,特色立校、特色强校、特色兴校正成为不少学校发展的价值选择。

一个人或一个事物与众不同又特别优异之处就是特色,特色于个人或是集体都有着重要作用。特色与品牌有着密切的联系,两者都需要具有一定的美誉度,为"消费者"所赞誉。特色是一种文化积淀,是一所学校自内而外散发出的精神气质。学校办学特色是一所学校有别于其他学校的优秀、先进和独特的方面。简而言之:人无我有、人有我优,是一个相对突出的概念。从一定意义上可以说,特色学校是风貌独特的学校、理念先进的学校、质量较高的学校和文化先进的学校。学校特色发展的终极方向是形成学校的品牌。

1.为什么要进行特色学校建设

当今教育发展的重要课题不是趋同,而是求异特色。教育还从没有像现在这样对"特色"如此渴求。随着教育改革的深化,越来越多的学校开始走上了特色发展的道路。学校特色建设是高质量教育的必然要求,特色建设的根本指向是学校找到自我、分析自我、建设自我、发挥自我的智慧,找寻发扬自己独特存在的价值,最终促进学生更好发展,这就是育人。鲜明的特色集中体现学校的价值认同,对学校发展具有有力的导向作用与凝聚作用。学校工作中有特色的事情不乏其多,但能上升到办学特色却不是件容易的事,关键看它是否能起到引领学校整体发展的作用。一所学校最重要的是有自己的品牌、良好的口碑,这是一种无形资产,是学校通过自己的教育活动产生的社会效益。

2.如何创建学校特色

如何认识和克服自己的问题,发现并发扬自己的优势,创办有特色、高水平、高质量的学校,是教育管理者必须解决的问题。学校发展特色主要包括办学思想与培养目标特色、课程设置特色、学校管理特色。学校特色建设不是空穴来风,不是推倒重来,它一定与学校的历史,与学校的地域,与学校的师生都密切相关。特色建设应放眼于世界、扎根于历史、依托于项目、落脚于学生。笔者认为,创建学校特色,需要有序的行动,需要"认识自己"。一要准确理解特色理论。特色学校的特色理念应来自办学者立足本校对教育本质的科学把握,是支撑、指导教育行为的思想观念和精神追求。二要立足校情。要形成学校特色,专家的引领无法照搬,别人成功的经验也不能移植,必须立足校情,要把原来最优秀的东西传下来。学校特色的定位要从学校实际出发,发挥学校优势,找准突破口。三要从文化的视角定位。学校办学特色实际上是学校文化的外显,要凸显办学特色,还要和学校文化建设紧密结合。要从文化的视角回答两个问题:"我是谁""我要干什么"。这就要管理者认真疏理学校历史,提炼学校特点,特别是学校的文化传统,这是特色发展的"根";要明确学校办学目标和学校文化发展的走势。四要长期坚持创建工作。学校特色建设坚守核心理念,让特色发展有"定力",要持续聚焦新问题,在坚守中实现超越。

3.如何使学校特色健康有序发展

教育的变革使我们意识到,只有不断学习和创新,探索出一条切实可行的特色办学之路,才能保障学校的生存和发展,才能适应学生多样化教育的需求和提高学校竞争力。而要将学校办出特色,则要求学校的管理者不急功近利,不盲目标新立异,按照学校既定的办学共识,扎实向前推进,在时间流逝中坚守。在特色学校创建过程中,校长的特色办学思想起着先导作用。校长作为学校管理者,要注意从学校实际出发,抓住现有优势,挖掘潜在力量,着眼于当地经济社会发展的大局,形成独具特色的办学理念,在办学理念的表达上,要尽量避免雷同,提倡彰显个性;在思想的宏观层面要精到理念;在思想的中观层面,要明晰思路;在思想的微观层面,要尽显睿智,最终在理念的指导下,将学校中已具备相当基础的优势项目逐步转化为学校的办学特色。创建特色学校的过程就是形成先进办学理念和思想、促进学校办学制度的完善和提高、发展学生知识和能力、提升教学质量、打造学校品牌、促进学校办学整体升位的过程。

4.如何让特色发展走得更远

一所学校之所以能够形成特色并且持续发展,根本原因是学校具有先进的、稳定的价值观念,并且这种价值观念引领学校的教育实践。但任何一件产品的品牌都不是一劳永逸的,学校的品牌也需要在发展中不断创新、提升,使品牌永放光芒,学校永葆青春。这就需要我们去研究、去思考、去行动。我们必须首先做好教育的本色,也只有做好了教育的本色,才可能真正显示教育自身的特色。笔者认为,任何一所特色学校都是通过师生的共同努力形成的,特色学校的终极目的是学生和教师共同发展,使每位学生和教师都具有学校的"个性",形成自己独特的魅力。特色办学就是教师的优秀个人品质得以完美体现,学生的特长得到有效培养。学校办学特色不是摆样子给人看,一定要落实到学生的综合素质提高上,在根本上是为了更好地促进和服务于学生的主动、活泼、全面发展。学校的特色是以学生为主体形成的特色,以学生受益的多少为重要的衡量标尺。没有学生积极主动参与的学校不可能成为特色学校,不为学生发展服务的特色更不会有生命力。因此,要强调学生的作用,从学生的学习、生活和活动的各个侧面呈现出学校的特色,让每一个学生都富有个性,都能在校园里找到属于自己的独特的成长之路。"特色强校"还必须要有一支与之相适应的高素质的、有特长的教师队伍,它是学校办学特色的基础。同时,学校特色的创建过程也是培养特色教师的过程,两者相互依存。学校走上了特色发展之路,为教师的专业成长提供了广阔的舞台,给了他们一片蓝天,一片海洋。教师在学校特色发展之路上,磨炼自己,成就自己,也成就了学校。

学校特色创建是一项系统工程,涉及方方面面,要有持久的生命力,就必须彰显特色,同时需要一定的载体。学校特色建设必须走好以下五条路径:一是文化建设。每个学校的文化底蕴、文化传统及文化表现形式都有所不同。学校文化建设是根据学校办学条件及自身优势形成独特的学校文化,不断累积学校文化底蕴,推进学校内涵发展。办一所学校并不难,难的是为学校构建一种文化——与中华优秀传统文化相融合、与时代同呼吸的优秀特色文化。优秀独特的学校文化是一所学校区别于其他学校最根本的标志,它可以浸润教师心灵,体现于学生的日常行为之中,从而磨砺出一所学校的特色与气质。学校文化建设对内形成凝聚力,使内涵发展找到抓手;对外形成独有话语权,使特色发展找到起航平台。二是管理建设。学校特色发展不可缺少的是精益求精的管理团队、目标明确的工作思路以及有效的制度规范。学校管理建设的实质是促进学校的自主发展,自觉追求管理规律,提升管理经验,探索如何从外控管理走向自主管理,如何进行管理制度建设和管理方法创新。三是教学建设。学校教学建设就是要在挖掘学校教学传统优势的基础上,实践新的教学理念,创新课堂教学的目标与内容、过程与方法,从根本上转变教师教的行为与学生学的行为,构建学生和教师共同成长的课堂。四是课程建设。一所学校有别于其他学校的一个重要特征是它的学校课程。课程建设是全面推进素质教育的一个有力手段,实施课程建设也需要新教育理念。学校课程建设强调的是课程目标、课程内容、课程实施的个性,因而更能够适应学校和学生发展的实际情况,满足学生个性发展的需要,更能体现学校特色所在。从某种程度上说,校本课程既是学校特色建设的基础,也是学校特色建设的必然产物。因此,要把校本课程建设与特色建设有机地结合起来,使两者比翼齐飞。五是优质的办学项目。特色是学校教育优质项目的集中体现,优质项目是建设特色学校的起点,是特色创建成功的基础。学校优质的办学项目是根据学校的发展历史与传统、师资水平、办学条件等因素,坚持学校内涵发展与地域文化相结合,选择某一个或几个方面的优势进行拓展、提高和升华。按照"优质项目—学校特色"梯次创建思路,引领学校由优质项目走向学校特色。

特色经营给了学校鲜活的生命力,打开了学校可持续发展的广阔通道。然而打造学校特色、成就品质学校并不是一朝一夕、一蹴而就的事情,必然是一个积累和探索的过程。只有当社区、社会的正面评价与学校在特色办学方面的追求高度吻合时,特色学校建设才能称得上真正的成功。可以说,学校特色发展正是以提升综合质量为前提和标志的,而学校综合质量的提升也必然会引导学校走上某种特色发展之路。

三、创造适合师生共同成长的教育

多年的办学实践使笔者认识到,要办好一所学校,一定要把关注点聚焦在人身上。因为,学生首先是人,是有着无限生命潜能、多种发展可能的人,然后才是学生。我们的教师是人,是有着生命活力、创造才能的人,然后才是教师。人的成长是一辈子的事。教育从来不是一个结果,而是一个生命展开的过程,它永远面向未来,不会结束。以前,我们往往过分重视"以学生为中心",忽视了教师的主体作用。基础教育改革首先是从变革人开始,实现师生自身价值与学校发展统一起来,在成就学校的同时,成就师生。因此,在教育实践中,我们要关注所有的人。和学生共同成长,是新世纪赋予教育和教育者的新的要求。教师要和学生一起,展开生命,不断成长。好的教育会使教师、学生共同实现快乐成长。从某种意义上说,适合师生共同成长的教育才是最好的教育。只有创造适合的教育,学生才能享受教育的快乐。同时只有适合的发展,教师才能享受职业的快乐。

在今天这个飞速发展的信息时代,知识正在以几何级速度增长,大大加速了现代文明的传播交流,加速了教育发展的步伐。对教育来说,网络化的影响才刚刚开始,但进展的速度却非常快,很多过去的方法已经行不通了。以往强调规模、秩序、标准和效率的教育模式已经无法满足社会对学校教育的要求,也无法满足学习者的要求。对于教师来说,教师有限的知识面临着无限的知识爆炸。许多教师在课堂上回答不出学生的问题,许多课堂的效率是低耗的。

信息化更是改变了人们的生活方式和学习方式,我们需要的知识随时可以通过网络查到,教师不再拥有知识霸权的地位,教给学生知识的重要性越来越低。在信息时代做教师,教师定位变了,已由传承、教授向满足学习者需求的服务转变。教师必须是教学的设计者,是学习的促进者,是学生发展的发现者。今天更强调的是师生共同发展。所以,教师所知道的必须大大超过要教给学生的范围,不仅要有胜任教学的专业知识,还要有广博的通用知识和宽阔的胸怀视野。但是,教师不是教书匠,不是苦行僧,而是不断地发展自己、超越自己的有识之士。让教师在教学成绩以外,找到职业成就感,那就是引领学生的成长,做学生的人生导师。学校必须适时引导教师的精神追求,引导教师既要努力教书,更要精于育人。况且,教师的发展,带来的不只是自己的辉煌,还有学生的发展。因为只有教师成长了,学生才能更好地成长。对于学生而言,横向对比超越他人是成长,纵向比较超越自我也是成长。今天的我已经超越了昨天,明天比今天更精彩也是成长。成长不仅仅是静态的结果,也是动态的阶段性成果。随着教育的进步,学生的个性化成长越来越受到重视。教师如何适应新的变化,转换思路,与学生一起成长,成为每一位教师所必须考虑的问题。

其实在今天的校园里,学生的成长环境发生了很大的变化,学生的自我意识早已萌动,获取知识的通道变得平等而开放。教师应将学生作为与自己平等的个体进行交流,将自己的想法与学生的想法放在同一个天平上去权衡,将自己的道理与学生的道理用同一种眼光去审视,将自己的逻辑与学生的逻辑用同一个标准去判断。信息时代所催生的学校共同体的各种组织形式纷至沓来,为知识的获得与创新开辟着新的路径。我们必须顺应这一趋势,有效地开发师生的各方面潜能,从而让生命越来越精彩。师生的内在潜能一旦被激发出来,很多不可能就会变成可能。

今天我们当教师不易,但我们要懂得人不是因为不合格才学习,而是要通过学习不断成长。在这个过程中,我们必须以做好人师、经师为根本,把终身学习当成一种习惯;以"教师应该更像一盏长明灯"为形象定位,不断为自己注入油和燃料,放射出更多的教育光彩。教师完全应当在尽力造就学生的同时,主动造就自己,跟上时代的发展,而不是被动地折磨自己。在课堂教学中,建立以师生为内涵的学习共同体,不仅促进了学生的有效成长,更促进了教师的专业化发展。师生建构的学习共同体,是指师生之间、生生之间在课堂上相互合作,互教互学,让课堂成为师生共赢、共同发展成长的地方。学习共同体强调师生之间通过积极的合作与平等的对话,强调多元参与,使学习的发生成为一个主动探索、自主建构的过程。教师要与时俱进,站在知识发展的前沿,将信息技术与课堂有机结合,引导学生自主自觉发展,与学生一起求知求实,与学生一起成长。过去讲,要给学生一碗水,教师要有一桶水,现在看,这个要求已经不够了,应该是要有一潭活水。当教师有了自主自愿学习的动力后,也就有了持续发展的可能。教师自身的发展,带来的是学生的成长和学校的发展。

今天我们做教师,不光要给孩子满分,还要让孩子满意,使孩子满足。当今信息时代,教师已经不是知识的唯一载体,但教师闻道在先,有丰富的知识和教学经验,可以为学生设计良好的环境,指导学生高效学习,帮助学生排难解困。在教育和管理学生方面,教师要像种庄稼,浇浇水、驱驱虫、施施肥,用心栽培,不可着急。教师唯有"跟进"关注学生不同特点和个性差异,以学生喜闻乐见的形式育人,才能起到润物细无声的效果;教师只有跟上时代变化、环境变化和学生变化,不断创新方法和途径,给学生更多爱和理解,才能真正教育好学生。学校评选"快乐教师",因为他们对"快乐教育"的理解和实践,使学生产生了乐于接近教师和学习的轻松情绪;因为他们懂得用"快乐"来教学,并且本身都是很快乐的人。学校也积极为教师发展创造条件,让教师感到发展的意义和快乐,既可以提升自己的教学水平,也可以让孩子接受更为快乐的教育。

今天我们做教师,对学生的影响不仅在于学识、技能,同时也承担着对学生的安全利益、情感关怀、社会照顾等责任,这是全方位的,也是更长远的影响。教师要有一双神奇的慧眼,去发现和培育自身及学生身上的优势和美德。更重要的是,今天做教师,要做一个有高尚的人,自觉坚守精神家园,坚守人格底线。既有思想,又有信仰;既有学问,又有品行;既懂得爱,又知道爱;既能春风化雨,又能润物无声……以身作则,做学生的榜样,用自己的人格力量和人格魅力,引导和帮助学生扣好人生的第一粒扣子。肖川先生非常严肃地指出:"一个人在学生时代曾经遇到过一个好老师,那么,他即使坏,也一定有限;相反,假如不曾遇到过一个好老师,那他的存在对于社会就可能是一个巨大的危险。"只有教师的高雅、豁达、宽容、有追求,才能避免学生的低俗、小气、睚眦必报、封闭自私。教师要把自己的温暖和情感倾注到每一个学生身上,用欣赏增强学生的信心,用信任树立学生的自尊,让每一个学生都健康成长,让每一个学生都享受成功的喜悦。

今天我们培养的孩子必须是富有创造精神和创造能力的孩子,他们才是新世纪的主人,而这正是电脑所无法替代的。互联网时代,学校成为快乐教育的节点。因为,电脑的一个显著特点是没有情感,不能替代孩子在真实世界所获得的情感体验。而教育的本身离不开师生面对面的交流,离不开丰富多彩的生活。高品质的教育更是快乐的、和谐的、有感情的,它很难被简单复制,这也是为什么网络教育的效果永远无法与实体教育媲美。所以我们必须要培养高情商或者说有和谐情感的人。信息化环境是无声的世界,它就像飘在天上的云彩,快乐教育就是要让天上的云彩变成滋润更多师生的细雨,探索信息技术与教书育人中的无缝对接。教师将主要运用互联网技术,了解每个孩子不同的优缺点,真正做到因材施教,帮助不同孩子进行丰富多彩的教学活动,打造互动、个性、灵动、快乐的课堂氛围。教师快乐发展是为了促进学生的快乐成长,离开了尊重、理解、宽容、乐观同样谈不上成长。当教师以乐观开朗、积极向上、充满阳光的心态进教室时,就会把阳光播撒在学生的心田,就会把快乐和爱心传达给学生,就能促进学生健康成长、快乐成长、成功成长。好老师应该懂得既尊重学生,使学生充满自信、昂首挺胸,又通过尊重学生的言传身教教育学生尊重他人。

今天的教师不可能与挑战隔离,面对挑战的态度决定了教师的状态。"教育是慢的艺术",慢的是孩子的成长过程,慢的不是教育管理和教育行动。当挑战迎面而来,教师要学会享受它并找到乐趣,这样学生在教师的身上可以看到自信与时尚;教师要学会看淡功名,这样学生可以从教师那里懂得恬淡与执着。走近学生,会有意想不到的收获和快乐。在那种和谐友好的氛围中,师生共同成长和发展,让优秀和美德的阳光洒满心间,从而远离职业倦怠,体验职业的快乐和幸福。

教育就是一种行为影响另一种行为,教师的一言一行都会对学生产生重要的影响,学生的成长又会给教师带来新的快乐。教育就应该这样,打开一扇扇窗户,让师生发现自己;搭建一个个舞台,让师生展示自己;创造一个个机会,让师生成长自己。

四、与教师一同快乐成长

处于变革的时代,面对越来越多不可预知和无法事先控制的情境,基于控制的"管理"开始逐步让位于基于培养的"领导",尤其是思想的领导。思想的领导就是要给予每位员工思考的头脑,由员工自己在面对情境时做出判断和选择,而不是简单地由上级管理或规范员工的行为。所以,卓越的领导者并不关注自己有多少超凡的能力或独特的魅力,而是乐于并善于培养自己的下属快乐成长。

校长与下属人际关系良好,是做好管理工作的重要基础。与下属和谐相处是学校管理活动中人际关系协调的一项十分重要内容,它既是校长的管理风格问题,又是校长的管理艺术问题。做校长的要让下属快乐成长最重要的有以下五条心得。

1.做思想的引领者

在改革的浪潮中,我们都是在陌生的水域里航行,校长就是"舵手",他的主要职责就是提炼先进的教育思想。然而,校长有思想并不等于教师有思想,在校长拥有思想、形成办学理念的同时,不仅要将个人理念转换为全员共识,建立共同的发展目标,而且要在这一转化的过程中激发教师的自主思考、成长愿望和对教育的责任心,帮助和促使教师形成自己的思想,让每个人获得不同的发展。这样,学校也自然而然地形成了五彩缤纷、丰富多彩的文化世界。在学校,"思想领导"的目的是教会教师如何思考,给教师思想和灵魂,做自己的主人,决定自己的行为,并为之负责;"管理"则不然,教师先被看成行为规范约束的对象,相对处于被动的"被管理者"地位,具体的行为被提出要求,以"行为"为主,而非启迪行为背后的"思想"。在这两种范式下,教师的地位迥然不同,教师所获得的发展尤其是思想的启迪情况会大相径庭。教师在专业成长的道路上能走多远,关键看校长能引领多远。好的领导者不但要启迪教师去思考,还要引领教师如何去思考,让每个人都拥有创造的空间;好的领导者不但要提升自己与团队的引领能力,还要引领办学理念逐步趋同于学校文化,并在学校文化的引导下坚持走科学、快乐施教之路。

2.要给下属授权

民主开放的学校管理强调权力的下放、集体的决策和多元的参与。学校品牌是集思广益、集体行动的结果,需要校长有开放的领导观念和权力观念,愿意给下属授权。信任是贯穿在校长管理过程中最重要的力量,坚信"人人皆为领导,人人皆是领导"。校长要放弃一些自己运用自如的权力,与其亲力亲为,不如交给更适合的人去操办,把工作交给别人去做,既成就了别人,也解放自己;既能团结比自己更强的力量,也能提升管理质量。在学校这个小天地里,校长有绝对的权力。权力过分膨胀就是"霸权",容易自我飘然,变得自私起来,把学校变成自己的"家天下",偏听偏信。做一名好校长,就要做好放权的准备,有为他人的肚量;相信每个教师都有把事情做好的愿望,也相信每个教师都有把事情做好的能力。从表面上看,校长的权力被削弱了,但实际上,这是校长、教师成长的重要一步。校长"无权"则校长思想理念"有权",校长"无权"则全校人人有权,这无疑是一种人的解放。对于下属,他们特别希望自己的特长及才能在工作中得到表现和发挥,渴望自己的成绩能够得到校长和社会的承认。他们如果得到校长的信任,就通常不会让人失望,反而常常超出人们的期望。

校长不能做项羽、诸葛亮式的领导,举轻若重、事必躬亲;校长应当有所为、有所不为,为自己所应当为,而不越俎代庖。是否授权,授权程度如何,要根据不同情况分析。笔者认为,授权就像放风筝,下属能力弱就要收一收,下属能力强就要放一放。授权要正确处理"舍"与"得"之间的辩证关系,在舍去部分权力的同时,往往会迎来整个团队的发展。教师最初获得授权时,难免有些不适应,患得患失的心理成了最大阻碍,这时笔者总是鼓励员工,尤其是对年段长们常说一句话:"出问题,还有校长呢!"其实,教师有时处理事情往往会取得让校长意想不到的成绩,不但处理的方法得当,而且有很多思想和见解都非常深入、到位。

事实证明,你给教师多少信任,教师就会还你多少惊喜。"授权"就像清新的空气、明媚的阳光,让人神清气爽、耳聪目明,让人真情投入、倾情付出,从而让人人都成为有责任勇于担当的人。放还个体主动发展的权利,给每一个教师更多的自主权、选择权和创意权,从而实现生命的极大扩展。授权每名下属,让他们放手去搏,最大限度地放权各科室、各年段,让他们按照学校的思路运用自己的智慧,确定目标,制订方案,抓工作落实,并直接对学校负责。中层干部在这样的授权下,无不将自己的"小天地"变成了"大舞台"。

3.满足合理需求

承认、尊重并设法满足人的合理需求,这种基于学校和广大教师利益的管理方式,能充分调动教师的积极性、主动性和创造性。不少教师或多或少受中国古代知识分子"君子谋道不谋食"思想的影响,通常很少计较物质回报,却很在乎自己的合理需求是否得到别人的尊重和学校承认。教师要想有尊严地活着,必须要用作为求地位。笔者认为,教师最大的需求,就是如何快速提升自身的专业水平。作为学校,只要教师的需求对学校发展和工作开展有利,或者对大多数教师有利,学校都要及时做出反应,在做出分析后,尽快满足教师的合理需求;对于不合理的需求和暂时无法满足的需求,应该公开给出理由。我们通过改善工作环境,满足教师自我展现的需求;创造学习条件,满足教师学习提高的需求;构建科学评价机制,满足教师获得成功的需求;丰富校园文体生活,满足教师活动快乐的需求。在教育实践中,我们允许教师依据自身情况、需求,从不同途径进行多样化的探索,给教师个性化发展更多空间。因为学校有人本的文化,所以我们的老师就有了更多合理需求得到满足,进而得以快速成长。让教师分享学校发展的红利,实现学校与教师、组织与个人的利益分享,这是校长的职责。一个成功的校长,要能随时关心下属,协助下属满足合理需求,对下属能够坚持真心的表扬和善意的批评,能够让教师保持反映自己完整人格的行为方式。学校如果从教师需求出发,满足教师需求,发展教师需求,就一定会迎来一片崭新的天地。

4.创造成功机会

生命本不应该在一个平面上滑动,给教师创造成功的机会,会让他们从一个层面跃升到更高的层面,甚至有可能产生质的飞跃。任何人生活在社会上,都应该享受成功的愉悦,都应该有自己的成就感。当老师最快乐的莫过于事业有成,而任何成功都离不开合适的平台和正确的通道。教师的潜力是巨大的,只要给他们以发挥才智的舞台,他们就会带给我们一个巨大的惊喜。培养一支乐教、善教的高素质教师队伍,树立"教师第一"的学校发展观和"每个教师都很重要"的教师发展观,是校长的重要责任。实践也证明,几乎每个人都希望自己成为重要人物。因为没有人喜欢被冷落,所以我们要看准每个教师身上的长处,让下属感到自己很重要;更要设身处地地考虑下属的利益,他们能翻多大跟头,就给他们搭建多大的舞台。笔者一直鼓励教师要踏上学校发展的列车来成就自己的事业,努力为每个老师的发展创造适宜的机会与平台,让他们各得其所,真切体验到职业生命的尊严与幸福。要给教师成长的舞台,允许他们有个人的观点并且发展个人的观点,让每一位教师在学校教育的大舞台上成长、成功、成名。只有当管理到了成人之美为最高境界的时候,管理才会成为一门了不起的学问。对于教师来说,一个舞台就是一次权力分享、一次激励、一次展示、一次获得成功的可能。所以,每一位教师都期待得到机会,机会越多,他们发展的空间就越大。当每一名教师都成长起来了,这应该是校长最高兴的事。因为教师成长了,学校也就有希望了,只有教师成功了,才可能带着学生走向成功。面对成绩时,校长要能做到"分享"而非"独享",给更多的教师和中层管理者创造获得成功的机会。面对荣誉时,校长要能做到"举起别人"而非"举起自己",给更多的教师和中层管理者创造更多成才、成名的机会。校长只有最大限度地承担责任,克制私欲,最小限度地享受荣誉,才能充分调动教师的积极性,才能让下属人人尽其责、展其力、受其劳、成其功,事繁而不荒,身疲而不息。

5.要清晰工作流程

管人要靠引导,管事要靠流程。教师职业特征是明确的,工作流程是清晰的,几乎每天都是教室、寝室、家庭,一条线,周而复始,千篇一律。科学合理、分工明确的工作流程,往往会避免工作无序的烦恼、互相推托的抱怨、相互指责的矛盾,让人心情愉悦地专注于自己的工作,并清楚自己的工作与流程中各相关要素的关系,实现"有序"进行。当工作中出现分歧时,大家都会不约而同地想到从工作流程中寻求解决办法。例如,学校开展的"基于合作的听评课活动",按照"课前集体分析—课中分工观察—集体反思—课后延伸"的听评课流程,做到"一节课专题评、一个阶段重点评、一个学期研讨评",建立了清晰的工作流程,使每一位教师听评课工作更加顺心,在方法、思路和标准上都有了一致性和延续性。我们鼓励教师认识与创造流程之美,自觉按照规范走完流程,不走过场,不打折扣;鼓励优秀教师在确保达到最低标准的基础上,动态调整,大胆改进流程,逐步逼近精细化与优质化。我们给教师搭建一个从低到高的成长阶梯,让他们看到成长路径、发展空间,以激励他们不断追求卓越。当然,流程需要常用常新,不断完善。

一个校长,可能无法改变浮躁的社会文化,但可以影响并建设一个宁静、充满学术氛围与理想追求的校园;可能难以革除当下的教育弊端,但可以把控自己的行为方式和管理风格,以一个真实、充满热爱的职业工作者的激情,去影响周围的人。作为一名校长,应将每一名下属都视为自己的老师、朋友,尊重他们,倾听他们心底的声音;作为一名校长,要引领下属去追求精神食粮,构建一个比较现实、能激发每一名下属的潜力、与学校目标有机统一的工作体系。

五、办开放的现代教育

在经济全球化、信息集聚化、文化多元化的背景下,作为培育创新人才的学校必须面对新形势、新任务做出自己的选择。人的身心健康成长、综合素质提高以及主动多样化发展,需要教育现代化。教育从过去的边缘地位走向了社会的中心,时代和社会赋予了它许多新的使命和责任。快乐教育更应该树立一种新常态意识,体现一种新常态思维。可以说,办开放的现代教育是培养创新人才的需要,也是学校实现内涵发展、打造快乐教育的必由之路。现代教育就是让每个学生都获得成功的教育。校长要成为教育家，必然要有大教育视野，不应把眼光局限在本校、本地，而要放眼全国、全世界，有现代化、信息化、国际化的战略眼光。借助国际、社会、社区、网络等资源，在环境、课程、课堂教学、教师发展等方面实现开放式建构。因此，有效实施快乐教育，开放学校教育，改造整个教育体系，实现学校教育与其他形式、其他地域的教育相结合势在必行。

（1）校长必须有开放的观念，取得社会各界的关注和支持。教育是一种社会活动。在市场经济条件下，人们对优质教育资源的需求增大，学校与社会的关系日益密切，教育与社会的联系更加紧密。学校不能只看成一个封闭的小环境，不能用关门的办法去隔离学习与生活，它要与教育的大环境相沟通、相作用，要打开校门办教育。作为校长，要了解真实的社会，并促使学校合理地融入社会。这里所说的社会，包括社区、家长、舆论等，是学校真实的、不容回避的环境存在。因此，校长的管理思维应该是球形的、全方位的，要有多维度的合作、多渠道的资源整合，要对推进开放办学的内容、形式进行积极的探索和实践。现阶段，开放办学最迫切的是学校内部管理和教学的开放。家庭、社会中存在着许多学校急需的宝贵教育资源，要懂得积极地去发掘、整合，为学生发展、学校发展服务。学校不仅要积极利用社会教育资源，利用"社会大课堂"，而且学校的管理者要尊重社会，尊重社区，尊重家长，把主动听取他们的合理意愿当成本职工作。同时，通过资源开放改善与社区环境的关系，为学校各方面工作的开展创造良好的氛围，由此赢得社会对学校各方面的理解与支持。

现代学校是开放性学校，现代校长是开放性校长。学校已不是与世隔绝的孤岛，校长也不是不食人间烟火的隐士。当教育再也关不住自家大门的时候，校长还是索性跳入社会的瀚海，"打开校门"聚合教育正能量，把学习教育充分融入社会发展的大环境中，让社会各界参与到教育的发展当中来，盘活教育资源。学校要科学制定开放的教学目标，构建开放的课程体系，探索开放的教学过程，实施开放的教学评价。校长要善于沟通学校与社会各界之间的关系，把学校当成社会的一个组成部分；善于主动地面向社会，了解社会教育需求，认清学校实施教育服务的方向和目标；善于借助各种社会教育资源，将其整合到本校的教育资源中，真正实现集思广益，使校内、校外的教育资源发挥更大的效益，依靠人民办人民满意的学校。

（2）校长必须有"大教育"的观念，拥有超出教育范畴的视野。教育与社会文明的发展进步密切相关,社会经济、政治、文化、环境、人口等诸多因素都在客观上制约着教育的发展;反之,教育也对上述因素产生重要的影响。要培养具有创新精神和实践能力的现代人才,仅仅依靠学校教育是难以实现的,必须推进学校教育、家庭教育、社区教育和社会教育的一体化进程的现代"大教育"。所谓"大教育",指包括教育工作各个方面和各个环节的全方位教育、全程教育、全员教育、全面素质教育和全局教育。学校不应该是一个封闭的区域,它应该跨越地域,超越时代,突破课堂、教材;学校教育也不应该是孤立的,它应该始终与政治、经济和社会紧密联系。学校应该办今天这种开放的、发展的、现代的,具有多种形式和多元内涵的大教育。作为一名校长,只有通过积极学习才能应对日益变化的世界,这就需要他自主地应对社会与时代的变化,跳出学校,在社会的大视野下做教育。要看到不同教育阶段之间的联系,看到教育与经济、教育与社会之间的联系,看到中国教育和世界教育的联系,打通相互沟通的渠道,做到"跳出教育看教育,跳出教育办教育"。当我们把小视野扩展至大视野时,我们一定会有一种强烈的学习、借鉴与吸收的冲动和自觉。大智慧者多广闻博识,校长只有站在更高的理论高度才会有开阔的视野,才能于"庐山"之外看清自己学校的真实情况,才能不断调整学校的发展方向。

(3)校长必须有国际化的观念,用国际视野来把握和发展教育。随着我国改革开放的日益深入,早在1983年邓小平同志就高瞻远瞩地提出了"教育要面向现代化、面向世界、面向未来"的要求,可以说这是我国教育面向国际的先声。随着知识经济和全球经济一体化时代的来临,经济全球化必然推动人才、知识、技术、信息等各种生产要素和资源的优化配置,推动各国之间教育的交流与合作。各国在人才培养目标的确定、教育内容的选择以及教育方法的采用等方面不仅要满足来自本国、本土化的要求,而且要适应国际经济文化与合作的新形势。如果学校培养的人才在世界上不具有竞争优势,那么他们未来的发展就依然是个未知数。因此,在办学过程中,校长要把学校的发展置于全球教育的背景下进行规划,树立教育国际化的观念,用国际视野来把握和发展教育。校长应积极且有所选择地吸取西方的经典教育智慧,为打造学生成才、成功,以及"全球化"的未来奠定良好的基础。学校要从思想观念、文化自觉、多元课程等要素循序渐进地促进教育的国际化,培养能在国际层面进行创造性学习和工作的创新人才。

好学校要承担更多的社会责任。教育培养的是完整的人,是内涵丰富的人,是能适应未来社会的人。办教育就要有鲜活的东西,我们每天都要用心去体验、去理解、去探索,用开放的大视野去办开放的现代教育,让学生在广阔的世界接受更丰富的教育。学校教育可做的事很多,形成多元、灵活的全方位教育资源意识和资源整合能力,是教育事业发展的必然要求,也是提高办学水平的重要动因。校长既要睁眼看世界,又要亲身到一线;既需要放眼世界的国际文化理解和交融,又需要立足本土教育的开放式实践。

第二节 文化引领

一、教室文化——学生成长的乐土

学生从上小学的第一天起,就进入了学校、进入了教室。教室是学生学习、生活、交际的主要场所,是师生情感交流的地方,是学生最重要的生活空间和精神家园。它承载着学生们无穷无尽的嬉笑欢乐、忧虑愁伤,记录着他们每一天的成长轨迹。学生在教室的情感体验,在很大程度上决定了学生在学校生活的质量。理想的教室是能打破物理空间无限延伸的地方,能让学生的见识、智慧、人格成长打破教室"围墙"的束缚,是能使学生不断突破自我、无限生成的地方,是有文化内涵的教室,是有共同价值追求的教室。

如何使我们的教室能够逐步走向理性的教育境界,笔者认为离不开教室文化的建设。一个教室独特文化的形成来源于教师的教育理想和教育境界,形成于教师与学生对教育的理解上。教室文化是学生成长的乐土,是能够让学生舒心、快乐成长的润滑剂,对学生的健康成长和今后发展有着潜移默化的作用。学校通过教室文化的建设,把外观的视觉文化内化于心、外化于行,真正让教室成为学生生命发展的家园。教室文化就像染缸一样,从什么样的教室文化走出来的学生,就染上什么样的色彩。一间教室,有什么样的文化就会有什么样的老师,有什么样的教室文化就会有什么样的学生。

然而,当下学校教室的文化建设多呈现出"成人化""整齐化"的特征,教师包办一切,学校统一规划,缺少"童年的味道"和"班级的个性"。有的只停留在浅层物质文化建设的认识和行动上,存在教室文化建设效果差异大的现象。其实,教室文化建设不是什么高深的事情,它在于结合班级及学生的实际情况找到切入点,打造共同的班级愿景,并在创造性的前行中不断积淀班级文化因子,从而形成教师文化,潜移默化地影响学生。为建设适应新课程的教室文化,我们紧紧围绕"学生"这个主体进行建构,重在创设快乐教育的育人氛围,让学生有主人翁意识。于是我们提出的教室文化建设思路是:教室要展示每一个学生的学习成果,由学生自主设计布景方案,创造自己喜爱的生活空间。师生共同书写每一间教室的成长故事,形成有自己个性特质的教室文化,将班级的力量凝聚、放大。

(1)要让学生参与教室的规划。班级是学校的基本单位,是学生发展的根据地,作为班级灵魂的教室文化亦是校园文化的灵魂工程。因为千篇一律的教室很难让师生有"家"的感觉,所以,教室文化要全班一起来建设,谁的教室谁做主,才能更具教育意义。教室文化应该经过学生民主讨论产生,是学生集思广益的结晶,是学生最大公约数的提炼,而不是班主任灵光一现的个人秀。每学期初,学校便开展了"美化教室环境,打造魅力班级"文化评比活动。师生精心设计,布置"有文化品位的共同的家",让教室的每个角落、每个侧面都说话,传递师生的智慧,展示班级的美丽风景和班集体的凝聚力。在构建过程中,各组学生创意独特,风格各异,彰显小组智慧。教室张贴也很讲究,看上去很协调,使教室拥有了自己的使命、愿景、价值观,拥有了一张张笑容灿烂的班级合影照片、班主任寄语,拥有了独特命名、象征标识(班歌、班徽、班旗、班诗)、英雄与榜样,有了一套属于自己的形象符号系统。在合作设计的过程中,教室的文化得到了更深入的理解和更具体的呈现,"小我""大我"和谐统一。学生参与讨论、设计、布置虽然费时费力,但能对教室文化带来认同感。试想,学生整天坐在自己设计的教室里读书、学习该是一件多么快乐的事。因为它凝聚了大家的智慧,是每一个学生认可的,所以班上每个人都视它为奋斗的方向、行动的指南。

(2)要让学生展示自己的风采。"家"是情感的寄托,需要建设,更需要经营。教室布置,力求让学生展示自己,为学生建造有幸福感的"家"。这些教室,精心布置,不仅有绿色植物,有可爱的小玩偶,有富有生命力的小金鱼等动物,更有师生的作品,充分展示着教室的生活;这些教室,以民主的方式生成了自己的班级制度;这些教室,重视学生道德人格的发展,努力把学生的行为习惯带向更高处;这些教室,彰显了班级特色,促进了群性和个性的发展;这些教室,让每一个孩子从中感受到做班上小主人的责任与骄傲,让每个学生的风采都能在教室里展示。学生在展示中享受成长的喜悦,在喜悦中激发更高的建设热情,在建设中凝聚团队精神,在团队精神中吸取成长的精华。在展示过程中,学生们的主人翁意识得到了激发,奋发向上的热情被唤醒,并转变成自身的一种愿望与需要,这样的教育是深刻的。果真如此,教室就真正成了孩子们成长的乐土。

(3)要让学生营造积极的"场"。小学阶段是一个人生长发育的重要时期,而健康心灵的塑造离不开教室文化的熏陶,离不开班集体的教育。著名的"泡菜理论"告诉我们:泡出来的白菜、萝卜的味道,取决于泡菜汁的味道。同理,教室育人的氛围和文化决定了班级学生的素质。教室是一个文化场,这种文化是动静自如、和谐向上的班风,是"班荣我荣,班耻我耻"的班级荣誉感。营造班级积极向上的"场"是教室文化建设的核心。这种"场"在潜移默化中影响师生在课堂学习、人际交往、处理问题、教学活动等各方面的行为和态度。这种"场"必须来源于日常生活,根植于学生群体,它的形成不是一蹴而就的,而是通过酝酿、提出、明确三个阶段。提炼出一种学生乐于接受并愿意一直践行的"场",是教室文化建设成功的关键。那种基于规训的"场",往往难以给孩子们的人生留下美好而生动的记忆,班级生活对于他们而言,不过是这个阶段不得不承受的过程而已。如果教室能成为孩子幸福成长的精神乐园,成为师生最眷恋和最愿流连的地方,那么孩子的学校生活一定很幸福。在教室里,教师和学生要积极营造这样一种"场",这种"场"使得不喜欢学习的学生爱上了学习,使得不遵守规则的学生享受遵守规则带来的快乐,让不自信的学生不仅看到他人身上的美,也看到自我身上的美。这种"场"让学生终于知道快乐教室的味道了,是浓浓的墨香和淡淡的书香。在教室中,全班同学共同阐述着人生意义,引领着自我的成长,成就着自我精彩的人生。正因为如此,在一次次校园活动中,我们的集体总是能以饱满的精神状态投入活动中,总是有了更强的凝聚力、战斗力,总是能创造佳绩。教室文化的"场"不仅影响着学生勤奋学习、快乐生活、全面发展,而且促进了学生个性张扬和健康成长;教室文化的"场"不仅影响着学生当下的生活质量,而且能帮助学生成功应对未来真实的生活。

教室文化建设是一门潜在的课程,它通过有形的显性文化打造无形的精神文化。它的教育力量,就像诗描述的那样,"随风潜入夜,润物细无声";它的作用,就像诗中的春雨一样。教师的高度决定着教室文化的品质,在某种程度上更左右着学生的人生走向!我们要做一个有心人,将愿景、文化、课程等融合在一间教室里,构建班级的价值观和班级精神,明确自己班级的追求,用诗意环境熏陶、感染、浸润每一个孩子,从而润泽他们生命的自觉。

二、校园文化——学校成长的沃土

文化可以陶冶人的情操,净化人的心灵,规范人的行为,它是一种可持续的教育力量。教育本身就是一种传承文化的事业。教育的特色需要品质,教育的幸福在于文化。学校作为传播文化的场所,不但要继承文化,而且其本身也在不断丰富创造着文化。离开了文化,学校即使现代化程度很高,也像无源之水、无本之木,缺少根基和灵魂。校园文化是学校教育发展的沃土,是学校长期办学所形成的一种内在的文化氛围。未来学校的竞争,将是文化的竞争。校园文化是服务于教育的,它具有强大的感染力,凝聚在精神里,体现在制度内,物化在环境中。没有最好的校园文化,只有是否适合的校园文化。一所学校若没有深厚的校园文化底蕴、没有先进的文化引领,就不可能成为名校。

当前,校园文化建设正在全国蓬勃兴起,作为学校教育教学活动的载体,校园文化建设是有效实施新课程改革的根本保证,同时也是实施素质教育的突破口。当然,每一种文化都需要积淀成一道生活中的风景、一种美好的记忆。一所学校的精彩在于对校园文化的追求与创造。要打造一流的学校,就需要发展和建设优秀的校园文化。学校一旦形成自己的文化,就能为学校的发展、教师的成长和学生的进步提供肥沃的土壤和广阔的空间。它的每一个成员就会从这片土壤中吸收营养,迅速成长。在教育资源均衡化的背景下,作为一校之长,不仅要重视学校有形资源的扩展,更重要的是引领学校文化,注重学校文化资源的利用与拓展,把文化视为学校所有工作的基础。

1.理念文化产生深远的育人力量

理念是文化的核心,也是学校文化建设所要追求的最高目标。正确的理念是行动的先导。理念文化是引领学校发展的灵魂,是支撑学校发展的核心元素,是由学校全体师生的思想观念积淀而成的主导意识和深层心理定势,更是一种特殊的教育理想追求的集结号。积淀、整合、提炼学校理念文化,对于师生明确理想目标、凝聚精神信念、传承文化传统、形成学术风范、建立行为准则,具有巨大的引领作用。人们常说,一名校长就是一所学校。学校发展的实质就在于校长对学校文化建设的各种经营。作为一校之长,要拥有明确的办学理念,并运用校长的领导力,努力使教师拥有相同或一致的理念,形成学校的共同愿景。学校理念的形成不是一蹴而就的,它需要一个艰难的孕育过程,需要精心的培育、长期的积淀。学校理念文化一旦形成,就能凝聚师生力量,引领学校发展,形成向上精神。一所学校的办学理念,存在于学校的历史文化积淀中,存在于地域文化对学校教育的影响中,更存在于学校对教育的理想追求之中。进入现代社会以来,学校生活的制度化、标准化和系列化都比较严重,在很大程度上确实忽视了学习者的独特个性和多样化发展要求,造成整齐划一、死气沉沉的学校文化。为了让每一个学生都可以享有生命的尊严、学校的权利和发展的快乐,我们围绕以"成功学习　快乐生活　健康成长"为办学目标,构建了以"快乐生活"为核心的理念文化,引领广大师生深入学习、感受,让大家从思想理念上得到洗礼,得到快乐教育理念的激活和引领。"快乐生活"就像大树的根,成为全校师生魂之所依,情之所系。在学校文化建设中,学校一直以此为主导,指导着实践,又在实践中不断总结、提炼,把"快乐生活"充分融入学校全方位的教育教学工作中,形成一个强大的能量场,产生巨大而深远的育人力量。

2.环境文化散发催人的奋进气息

环境是文化的载体,是潜在的课程。学校环境是师生最直接、最具体、最熟悉的生活体验场所,它蕴藏着极为丰富的教育内涵,是一种潜在的教育因素。环境文化是学校文化建设的基础工程,也是学校文化的载体,是看得见、摸得着的硬件文化。学校环境文化是一种耳濡目染的精神力量,无时不在地影响着人们的行为,又无时不在地生成和更新,引导着学生感知生命的美好。我们力求让显性的物态文化最大可能地体现出学校的文化精神,体现出教育的本真。环境文化一旦内化到学生的心里,外化出来的就会是一道又一道绚丽的风景。优秀的环境文化,时时处处给师生一种"润物细无声"的心灵感染,潜移默化地滋润着师生的成长。学校通过对硬件设施的合理搭配,固化环境的精心布置,直观文化的系统设计,达到了潜移默化的育人目的。在校园环境上,我们把"快乐生活"的办学理念与环境建设融为一体,至少体现"绿色""和谐""人文""感恩""生命""创造"这六个词,使校园成为多彩乐园、美丽花园、温馨家园。我们对校园进行了精心布局和设计,从墙面到地面,从操场到道路,每个角落都给人以感悟,每个场所都充溢着文明,无不给师生以精神感染,无处不渗透"快乐教育"的育人观念。校园环境陶冶着师生的心灵,处处散发着催人奋进的文化气息,我们可以时时刻刻感受到环境文化的无穷力量。高雅的环境文化提升了学校的文化品位,美丽的自然环境为构建"快乐生活"育人生态园奠定了坚实的基础。

3.读书文化塑造成长的健全人格

走进校园,便能听到琅琅的书声。学校通过晨诵、午读、暮省三节特色鲜明的课程,打造充满书香的校园。每天早晨,由教师带领学生们共同朗读美文;午读即让经典穿越学生的生活;暮省是师生通过日记、书信等手段,相互编织有意义的生活。正如英国作家培根曾在《随笔录·论读书》中所说:"读史使人明智,读诗使人聪慧,演算使人精密,哲理使人深刻,论理学使人有修养,逻辑修辞使人善辩。总之,知识能塑造人的性格。"是的,远离读书,靠近的往往是无知。读书读出一种文化,旨在全面提升师生的综合素质,培养学生的健全人格。

4.视觉文化打造心动的精神气场

视觉文化是学校文化建设外在和直观的艺术符号,是精神文化的静态传达。视觉文化像轻风细雨,像潺潺流水,它凝聚人心,催人奋进。学生的认识是在不断地模仿,进而在比较、分析和判断的过程中形成的,而一定的视觉文化是他们模仿的"蓝本"。打造让人心动的视觉文化,就一定要依托于学校品牌的底色与内涵。校园内映入眼帘的是一步一景,步移景异。斑斓的操场洋溢着热情与活力,碧绿的草地蕴含着沉静与执着,让师生尽享自然之美、人文之美、和谐之美。学校将倡导的教风、学风、校风、校训以文字形式呈现在校园的显著位置,使学校的文化内涵通过这些形象和符号传达给广大师生,随时发挥其启迪教育作用。整个校园处处是一片片美丽的风景、一个个精致的造型、一首首优美的诗篇、一句句亲切的话语、一幅幅想象奇特的画面、一张张精美的书画。人们出入其中,如沐春风。师生身处校园,看到的是文化,感受到的是文化,不但美在其中,也有了一种向上的精神气场。这些视觉文化让人感到,这里是有爱、有智慧、有人气的地方,是生命成长的地方。

5.活动文化散发向上的文明芬芳

活动文化是在学校文化主张的前提下,有目的地开展的有益于师生身心健康、促进师生共同成长的活动。成长是一个过程,这个过程充满了"动"的色彩,孩子是在"动"中长大的。学校理念最终体现在学校的活动文化上。没有活动,就没有教育,开展活动是对学生进行教育的最佳方式。因此,让师生多参与各类实践活动,使他们在活动中探寻活动的意义,体验活动的汗水与快乐、成功与挫折、和谐与冲突,留下更多美好的记忆,获得更多积极的信念。墨子说过:"染于苍则苍,染于黄则黄。"学校文化成于师生价值观,长于师生活动。健康的校园活动文化、积极的精神氛围,会对师生施加潜移默化的影响和教育,使他们在有意与无意中受到启发与感染,从而引起他们的感情共鸣,产生一种完善自我的内在驱动力和约束力,进而使自己自觉形成一种学校"规范"和"软约束"。我们重视并举办特色文化活动,在参与中施展才华。师生在活动中增长知识,在活动中增添友情,在活动中增强技能,在活动中强健体魄。在学校教育中不易体现的合作意识、吃苦精神、坚韧毅力等品质,也都在活动中呈现出来了。活动的坚持,使师生做人有了标尺,做事有了规则,懂得了尊重,学会了珍惜,克服了邪气,形成了正气。偌大的校园,处处散发着人文温馨、文明向上的芬芳。

文化是一种无形的力量,文化能生成教育力量,凝聚精神力量,约束力量,感召力量,是学生走出校园、走向社会,影响其一生的东西,也是学校最应该留给学生的印迹。校园文化建设是学校建设的一项重要环节,它不仅仅展示了一所学校的校园景观,也展示了一所学校的教育理念、文化背景和全校师生的精神风貌。让文化成为学校发展的灵魂,成为学校发展的原动力,成为名校的名片。

三、制度文化——师生的价值取向

学校是和人打交道的,是思想和思想交流、情感和情感沟通、生命和生命对话的场所。学校有了丰富的物质文化还不够,中间起到桥梁作用的制度文化必不可少。有些学校之所以发展得不好不快,其中一个重要的原因就是有制度没文化。制度,指要求大家共同遵守的办事规程或行动准则。文化,是人们在社会生活中遵循的一定的规则、规范和秩序,形成的共同认识、理念和思想。制度文化的要义,就是师生拥有一种敬畏制度的心理,以至于将遵守制度视为一种美德,并形成一种习惯。文化在制度管不到的地方起作用,在制度止步的地方掘进。制度管人,文化管心;制度是规范人的行为,文化是规范人的思想;制度是有形的,文化是无形的;制度可以复制,文化无法复制。只有文化管理才能超越经验管理和制度管理的层面。文化管理当是学校管理的关键,因为文化能深入灵魂,成为师生心理高度认同的价值取向。

教育是一项面对生命的事业,再严密的制度都无法一一涵盖。学校要进一步发展,只有物化管理驱动显然不够,而要从物化的管理走向文化的管理。制度文化是管理理念和教育教学行为的文本化协约,既是管理经验的积淀,又是管理理想的体现,是由学校一系列规章制度所蕴含积累的文化。正面积极的制度文化,既是学校文化的重要分支,也是促进教师发展与学生成长的有力保障。它应该能够创造出一种自由与民主的空气,应该能够让所有的学校成员心情舒畅地去工作,去生活。只有让师生共同制定制度,才能将制度内化到师生的心里,文而化之;只有构建合理、完善的制度文化,才能确保学校可持续地健康发展。精心培育和确立学校制度文化,实施文化管理,通过不断的发展积淀,最终形成一种符合学校特征的校园文化氛围,不仅符合现代教育管理的创新理念,更是每一所学校实现优质教育的根本途径。如何形成积极向上的制度文化?笔者认为可以从以下几方面展开。

1.校史故事

每一所学校都有厚重的学校历史,都能在回望历史中寻找学校发生的故事。学校的发展不能割断历史的文脉,历史割断了,学校的文化就消失了。不论时代怎样变迁,校史故事都是学校发展的见证,是引发教育变革的重要动力。在学校,教师是故事的践行者,教师有了故事,学校的故事才能落地生根。我们组织一些熟悉学校发展的老师召开专题讨论会,请他们讲传统,重温校史的优秀篇章。在梳理回忆的过程中,学校的老照片、老地方、老活动、老故事开始焕发新的生命,学校精神与传统在一次次走访中,变得真实鲜活。清晰的记忆始终留在师生的脑海中,把它们加工成一个个学校故事,而这些校史故事恰恰很好地演绎了学校文化的内在精髓。故事烙着“母校”的“情怀”,有着“校本气息”的身边故事发生于母校的恩师与校友间,读起来亲切,有着强大亲和性,直抵师生心灵家园,能激起师生的情感共鸣。每一份记忆都是宝贵的财富,每一个故事都隐含着无限的教育契机。一个学校没有故事,校园是苍白的。故事就是力量,有故事的组织才是成功的组织。能留下师生自己的故事,就是学校教育哲学的传续,就能点亮内心的敬意,生发效法的情愫。校史文化的呈现不是做给外人看的,更不是哗众邀宠、博取名利的工具,而是教育人自己的精神家园。校史在用昨天的故事激励今天的人们。校史故事在全天开放的校史室、在校园的每个角落,浸润师生的心灵,师生们的生命不断被鼓励,不断被唤醒,不断被丰富,不断被提升……

有故事的校园一定是大气的校园,有故事的校园一定是底蕴深厚的校园。当传统浓缩为自觉的行为传承,历史便复活在当下的文化记忆中。故事支撑着文化的传续,文化也造就了一个又一个经典故事,从而推动了学校的发展。学校组织教师在故事解读中梳理共识,触发思考,把师生讨论中使用频率高的代表性词汇进行加工,形成对学校精神的最好表达,并最终形成了一种学校精神。

2.文化引领

文化是一所学校的根脉,文化引领发展是硬道理,办学校就是办文化。教育,从本质上来讲是一种文化传承与创新,教育与文化密不可分。学校文化建设,离不开领导和教师的文化引领作用。学校的制度建设不应是几个领导想出来的,而应是全体师生反复讨论与研究构建起来的。更重要的是,要让这些制度"化"到大家的心里,让大家不再认为制度是对自己行为的一种约束,而是有一种敬畏感,甚至升华成一种行为习惯。文化之柔与制度之刚相得益彰,能有效地实现管理的科学化、制度化和民主化。于是,制度就有了文化的特征,就有了文而"化"之的作用。提升教师的精神追求要依靠文化的引领,就必须让学校由制度管理走向文化引领,唤醒教师的文化自觉意识和专业自觉意识。文化虽然是一种无形的东西,但它具有一定的魔力,会引导周围的人团结一致、奋发向上,自觉地追随,不用指挥,做事尽善尽美,这就是文化引领的魅力。学校有了"和谐"之风,才会有"书香"之气,而"书香"之气是学校文化的底色。重视教师,抓好教学,提高能力,培育新人,是学校文化建设的主题。

　　文化的引领主要是价值观的引导。文化引领具有强大的凝聚力,每个人的思想、行动都在相应的文化的引领下变成一种主动和自觉。我们经过学校师生无数次的讨论和思想交流碰撞,集中教职工意见,听取专家、学者的建议,整合学校文化,最终形成了以"办有灵魂的教育,育有底气的新人"为办学目标,以优质的教育服务为己任的愿景。在这一愿景激励下,我们追求"成功学习、快乐生活、健康成长"的育人理念,塑造"爱生、乐业、博学、创新"的教师文化,培育"乐学、善思、合作、向上"的学生文化,倡导"权利、责任、成长、和谐"的家长文化,形成"开放、灵动、个性、超越"的课程文化,这样,学校文化、价值取向获得高度认同。理念系统涵盖了管理者、教师、学生等不同人群,涉及管理、教学、队伍建设的各个领域,产生一种完善自我的内在驱动力和约束力。

　　3.专注行为

　　没有行动,喊在嘴上、写在纸上、挂在墙上的学校管理制度永远是纸上谈兵。唯有把各项管理理念、制度化为行动,不做"语言上的巨人,行动上的矮子",才能做言的高标,行的巨人。学校管理文化如河道,师生行为如河水,河道规范河水,引领学生、教师的"行为之水"不是流向阴沟,而是汇入大海。在制订《霞阳小学五年行动纲要》时,学校开设网上论坛,引来了许多条跟帖。针对课堂应该是学生学习的舞台还是教师展示的舞台,教师在论坛里展开了激辩。最终,"课堂真的不应该是老师的。让学生会思考、会质疑、会探究,是比分数更重要的事情","课堂的改变应该是学习方式的改变,是学生能力发展的开始",这些都逐渐被霞阳小学教师内化于心,变成自觉自愿的行动。的确,教育不是万能的,但清醒之后的我们更要行动,中国教育改革更需要的是主体高度自觉的教师行动。

4.共同价值

制度文化是教师共同价值观的血脉。价值观管理是学校文化管理的核心所在,即培育组织共同的价值观。美国一家咨询公司的调查数据给了笔者理性的启发:公司花了20年时间跟踪500家世界大企业,发现一个共同点,即它们始终如一坚持四种价值观:人的价值高于物的价值,共同价值高于个人价值,社会价值高于利润价值,用户价值高于生产价值。对应学校工作,坚持这四个可贵的价值观同样是有积极意义的。校园里最重要的就是"人",而学校的"人"也绝不仅仅是狭隘意义上的教师和学生,更应是有血有肉、活生生的人。古人有云:"上下同欲者胜,风雨同舟者兴。"一群人唯有建立共同的价值信仰,才可能心往一处想。好学校一定要把学校发展目标和老师的目标放在一块进行管理,一定要不断反问制度与我们的文化是不是一致的。学校将"学生笑脸""霞小全家福"摆放在校园最显眼的地方,时刻传递"我们是学校真正主人"的观念。在师生努力下,学校建造了霞阳小学校史馆,将办学愿景、核心价值观、校训等集中展示,并展现学校每一年发生的变化,让全校师生都感受到自己是学校历史的谱写者,让所有教师在建立和追求共同愿景的过程中实现自我价值。

我们提倡的文化管理是在制度管理基础之上的高层次的管理境界,也是学校管理的理想目标。制度文化超越了制度管理的层面,让全体教师形成自我提升、自觉工作的精神,让每个教师自发地将学校的兴衰荣辱与个人的发展联系起来,在此基础上最大限度地调动每个人的积极性,让学校全体教师都在思考如何积极主动地投身到教育教学的高效运作之中。当一所学校能依靠文化的力量来引领人的发展,那么我们所说的教育"乌托邦"也就可能成为现实,我们所说的理想学校也就真的出现了。

四、经典文化——师生的人文情怀

历史是根,文化是魂。中华民族的文化经典之所以能流传几千年不衰,自有其道理,其间蕴含着诸多人生哲理和积极向上的价值观。中华经典文化不仅是一个民族的根基所在、魂魄所在,还是中华民族的特质,更是当今中国文化的最强音。它有自己历史积累的传统文化和民族精神,有自己选择的价值观及其理论体系;它承载着这个民族的文化基因,是这个民族取之不尽的精神食粮。

文化的传承离不开本民族文学的阅读与继承。著名作家余秋雨说过："在孩子们还不具备对古诗文经典的充分理解力的时候,就把经典交给他们,乍一看莽撞,实际上是文明传承的绝佳措施。幼小的心灵纯净空阔,由经典奠基可以激发起他们一生的文化向往。"深入研究民族文化,弘扬中华传统美德,从中吸取丰富的德育资源,是当前学校教育义不容辞的职责和使命。教育要与圣贤同行,与经典为伴,作为中华儿女,传承自己的优秀文化责无旁贷。只有坚持从历史走向未来,从延续民族文化血脉中开拓前进,我们才能做好今天的教育工作。诵读经典,让穿越千年的智慧指导现代人适应社会秩序,找到个人坐标,营造快乐生活,对青少年来说,就是扎根固魂的育人工程。

1.经典浸润优秀品德

任何民族的优秀品德都是由本民族的历史文化逐步孕育而形成的。教育的根本任务是立德树人,童年主要学的是做人的规矩,而中华优秀传统文化最核心、最重要的就是传递做人的规矩,并让学生从这些规矩中获得自我确认能力和自我行为规范能力。中华经典古诗文,是中华传统美德和思想精华的结晶。它的一个显著特点就是将道德之美作为人生追求的理想境界,在发展传承中积淀了诸多有益的道德元素。历史告诉我们,文化的传承离不开各种载体。我们让经典诵读活动走进校园,学校给各年级列出经典的阅读书目,校园每天开展晨诵、午读、暮省活动,使经典诵读活动逐步变成学校和师生的自觉行动,呈现出在校园处处见国学、师生人人诵经典的生动局面。我们将经典与德育紧密结合,把经典文化渗透到学校各项活动中,用经典文化的精髓滋养学生的心灵,将经典文化精粹活化成师生的内省和自觉。我们把诵读活动深入学生行为规范的教育过程中,将经典的诵读与明理、导行相结合,将典故作为学生行为规范教育的补充和延伸,让经典文化与传统道德根植于心,使经典文化在每个师生的内心深处永久驻扎。在经典诵读中,小学生虽然不一定懂其中的多少奥妙,可是,久而久之,经典之中的真善美及其优质语感就会走进他们的心灵之中,他们就会常常受到传统国学文化的熏陶,真正做到"古诗进我耳,美文入我心",并不断地生根、发芽、开花与结果。其中经久不衰的传统美德、微言大义的中华美学,"随风潜入夜,润物细无声"地滋润着学生的心灵世界。那些妙语箴言时刻指导着人们的言行和思想,告诉大家怎样才能成为一个真正有道德的人。

2.经典培养人文精神

经典中不但摇曳着智慧的光辉,也流淌着人文精神的要义。开启人生梦,必须用蕴含在中华民族血液里的人文精神浸润青少年的心灵。小学生正是书面语言学习的黄金时期,也是人生启蒙养正的蒙学年龄,他们所接受的人文教育内容必将对其未来人生起到厚积薄发的积淀作用。诵读经典是我们接引文明脉络、确认文化身份的自觉途径。接受国学经典教育的过程,就是一个人自觉走进"文化"的过程。经典诵读并不是给师生带来翻天覆地的大变化,而是潜移默化地改变着师生的气质。读得多了,背得多了,人生境界自然也就高了,也就有了超越于常人的人文情怀。针对古诗词能诵、能写、能画、能唱的特点,我校创造性地形成了背经典、写经典、画经典、演经典、践经典等多种形式,将诵读活动与学校的阅读课、书法课、美术课以及大课间活动和社会实践活动巧妙结合起来,让师生在课堂阅读、练习书法、做韵律操、跳皮筋、踢毽子中时刻与经典相伴,陶醉在远古奔来异彩流光的中华文明的长河里,流连忘返。通过实施"诵名诗、读名篇、看名著、赏名曲、唱名歌""五名"工程,让师生全面了解中国优秀传统文化,感悟传统文化魅力以及古圣先贤做人处世的原则与气魄。师生们品评古人充满智慧的人格追求,折服于古人纯挚深邃的思想魅力,感受古人敦厚深沉的情怀,与古人心灵相通。可以想象,如果所有的师生都能时常获得这种文化熏陶,那么他们的内心世界、人文精神将不仅变得宽广,而且变得更为细腻而柔软,人生底色也在一次次的诵读之中得以铺垫。

3.经典树立理想信念

经典文化是经过大浪淘沙、时光流逝,仍然定格在有思想与文化品格人的心里,仍然是有思想与文化品格人的丰富精神产品,它不但可以让人品格高尚,还会让人树立高大的理想信念。割断精神命脉、缺失经典的教育,所培养的人势必成为无根的浮萍、无魂的躯壳。社会主义核心价值观是要继承人类一切优秀文化遗产,包括中华优秀传统文化。经典文化博大精深,意存高远,能够感化学生,启发学生,教育学生。诵读经典是孩子励志、炼心、启智的过程。因为经典比一般文本有着更加丰厚的内涵,语言也更加自然优美。长期诵读经典,就等于经常聆听大师的教诲,就会慢慢地走进他们的思想与语系里,就会提升自己的人生境界,就会拥有常人没有的智慧。成长过程中有了经典古诗文濡染,使得民族文化根底越厚实,我们就越能感受到心底信仰的力量。我们利用经典古诗文诵读开展自信心教育,使学生在体会中华传统文化的博大精深、激发民族自信心和国家自豪感的同时,唤醒自主学习、改变命运的热情。我们利用经典古诗文诵读开展人生观教育,使学生在完善自身人格修养、提高文化品位的同时,自觉承担起传承中华文明、弘扬民族精神、发展国家经济的历史重任。我们利用经典古诗文诵读开展理想信念教育,使学生体会到中华传统文化不仅传承了它的过去,更滋生出了新的未来,在文化认同、知识积淀的有机融合中实现了学生的全面发展。

4.经典凝聚中国精神

在全球化的时代,任何民族既立足在自己的经济实力里,更立足在自身独有的文化中。博大精深的中华优秀传统文化是我们在世界文化激荡中站稳脚跟的根基,更是决定中国道路、中国价值观的重要文化根基。那种一味排斥中国文化特别是中国传统文化的人,在青少年中"去中国化"的人,无异于邯郸学步,那是非常令人悲哀的。"中国梦"是当今中国人的愿景追求,也是传统文化的理想和梦。少年有梦,则民族有梦。让学生在阅读经典古诗文中了解"中国梦",坚守"中国梦",追寻"中国梦",是教育工作者的神圣职责和崇高使命。中华经典古诗文潜藏着深厚的民族情结,凝聚着强大的中国精神,较好地体现了中华民族的精、气、神。我们从经典诵读中寻求智慧的元素,把"孝、悌、忠、信、礼、义、廉、耻"作为"中国梦"——根文化教育,开展"读经典书,做有根人"的实践活动。我们利用好中国的传统节日资源,挖掘节日内涵,给孩子留下一份文化记忆。通过组织一些传统节日文化活动,比如清明的"缅怀先贤,拥抱自然"、端午的"祭屈原,诵经典"、中秋的"中秋诗会"、重阳的"久久关爱谢重阳"、春节的"亲子春联展、谢父母"等特色活动,把经典诵读与传统节日教育紧密地融合起来,不断赋予传统节日旺盛的生机和活力。经典文化不仅让学生成为道德高尚的中国公民,也让他们感受醇醇的中华情,进而内化为对民族文化的认同感和自豪感。当然,诵读中华经典也要与地方特色有机结合。我们不断拓宽诵读领域,挖掘当地传统民俗文化、特色文化和红色故土文化,编写出版了"我的家乡是海沧"系列地方教材,免费下发给学生阅读,引导学生从小懂得爱国要先热爱家乡,创新必先建海沧,从而让学生更加敬佩、欣赏、珍惜先辈留下的文化遗产,进而实实在在地追寻"中国梦"。

今天,面对全球化浪潮,中国需要面对世界、走向世界,但这一切必须以中华文化的主体性为基础。文化,是历史留给今天的记忆;教育,是今天传承未来的寄语。对于弘扬中华优秀传统文化,教育有着其他不可替代的作用。中国古代教育固守经典的成功经验,近代学校废止经科的沉重代价和当代重振国学的有益试验都充分证明诵读中华经典对民族文化熏染的强基固本功用。

诵读中华经典,是民族魂的传承途径,是人生梦的实现之梯。诵读只是手段,发展才是学校追求的终极目标。弘扬中华经典文化,光喊口号不行,一定要有具体的实施办法。学校要采取各种适合于儿童诵读的形式,用润物细无声的方法,让他们在快乐中学,在学中快乐,真正让经典文化的精髓走进学生的内心深处。当然,完善中华经典文化教育要做的事情很多,探索的道路仍然艰难而曲折。我们尊重经典,重视经典,但绝不迷信经典,神化经典。在强调传统文化入教材的同时,学校注重让校园生活充满中国文化的元素和味道。只要理性地推行经典文化,经典不但不是复古,反而是古典精华与现代元素的完美结合。

五、构建文化——师生的和谐共进

应当说,人类社会的文明进步,始于文化,基于文化,得于文化。学校是文化的圣地,学校文化是学校发展的灵魂,学校之间的竞争归根结底是学校文化的竞争。学校一旦失去文化,所剩的只能是知识的单调移位、技能的机械训练和应试的被动准备。一所学校的校长、教师、学生会不断更换,但学校的精神却是永恒的。学校文化是一所学校最宝贵的财富,是学校可持续发展的强大动力,是学校的精、气、神。它把师生的共同利益、共同理想、共同追求紧紧联系在一起,让师生有了一个共同愿景。

有些研究者认为,"三流学校讲制度,二流学校讲品牌,一流学校讲文化"。没有优秀的学校文化,就不可能孕育出优质的学校教育。学校文化构建是特色学校建设成功的标志。一所学校如果忽略了文化建设,原有的良好硬件设施也难以发挥作用。任何学校都要注重学校文化建设,把构建管理创新文化、构建教师自主文化、构建效能课程文化、构建学生自治文化作为战略重点,用学校文化构建师生的认同感和责任感,营造和谐共进的氛围。

我们深知学校文化的产生是一个漫长的过程,它依靠历史的积累和沉淀。学校文化真正的创意和价值,源于教育者对教育的认识、对学校的认识、对师生的认识。唯有坚持原创,才有特色和生命。什么样的学校生活才是师生所向往、所期待的呢?什么样的学校生活适合师生成长、发展,能够为师生带来快乐呢?从2006年开始,我校摸索文化建设的理论和实践方法,形成了以"办有快乐的教育,育有底气的新人"为工作重心的核心价值观,调动多方力量积极参与文化建设工作,采取了众多具体的措施。例如,抓住五十年校庆契机,采访退休老领导、老教师、历届校友和在校师生、学生家长,充分挖掘积淀于学校发展历程中的文化传统,提炼学校的办学追求;抓住省实施素质教育先进学校、文明学校评估等契机,开展一系列的宣传教育活动,使学校精神不断内化成为全体师生的共同追求;还先后举办了主题为"以德立身　追求卓越"等六届教师专业发展论坛。我校努力让"五实"(办学理念务实、工作作风扎实、教师队伍踏实、学生生活充实、教育质量求实)的优良传统,在教师的教育教学行为中得到传承。

1.结合"校园建设"构建文化

学校景观是静态的,建筑是固化的,但倘若为其赋予文化和历史的意义,所有的建筑与景观便鲜活起来。打造一所校园景致与育人理念完美融合的学校文化是办学者不懈的追求。理想的校园建设应该是教育人对教育的"思"和景观的"感"合理合情的对接。结合校园建设,我们深入思考与打造学校文化体系,以独特的校园建筑,营造浓厚的文化氛围。学校尽最大努力参与到学校校园建设规划设计的每一环节,整体规划设计,精心取舍,注重从细节处打造校园文化,特别选择好着力点,将人员经过多、聚集久的地方,作为学校文化景观建设的重点。我们认为,校园建设和整个学校教育一样,既要立足童心,坚持儿童本位立场,同时也要考虑教育工作者的发展目标和社会性要求。学校要充分发挥师生的建设主体作用,动员和引导师生广泛参与,用自己的创意作品和教与学成果,多形式展示学生的风采、教师的追求、学校的教育理念和办学理想。学校的每一景、每一处、每一棵树都凝聚着学校、老师、家长、学生共同的"心意",学校的操场、围墙、草地都是文化积淀的自然流露。校园环境从不同侧面展现了全体师生的精神面貌。通过走廊过道文化、校园物态文化的全方位精心建设,努力使校园里的每一棵花草都会说话,每一面墙壁都会吐情;通过道路、广场的命名,楼宇、景点的布局,室内、室外的布置,努力让外化的物质文化,凝聚成学校的文化精髓。无论站在校园哪一个点上,望出去都是一幅比较完美的图画。整个校园就如一门隐性课程,让学生在儒雅的氛围中受到潜移默化的熏陶,在优秀的文化氛围中得到感悟和提升。每一所学校都是沧海一粟,重要的不是刻意改变别人,应该是努力尊重自己,让有限的空间生发出无限的教育资源,让自己的校园建设唱出最高、最真的好声音。

2.结合"文化育人"构建文化

教育既是有形的,也是无形的,但最刻骨铭心乃至终生难忘的教育生活是无形的。人是在一定的文化氛围和背景下生存、发展和完善的,而文化的形成却不是一日之功。理想的教育应该是一个以"文"育"人"的过程。好孩子不是教出来的,是好的文化浸润出来的。文化是对生命、心灵的点化或升华。文化可以养性,文化可以怡情,文化可以育人。有品位的育人文化,应该充满时代气息、人文气息和生长气息。学校文化建设的目的是育人,学校文化建设的方方面面都应当充分考虑其育人功能的有效发挥。教育,就得用属于自己的文化去发芽、开花、结果。学校既是传授知识的场所,也是学生文化养成的地方,更是文化的圣地。学生永远是学校文化建设的核心,促进学生发展、彰显文化的教育意义永远是学校文化构建的主题。学校文化对学生的教育功能是不可忽视也是无法替代的,会对学生产生终生难忘的影响与作用。自觉构建文化育人体系,努力积淀丰富的文化底蕴,是学校树立卓越的品牌形象、打造核心竞争力、实现可持续发展的必然选择。学校文化的实质是人的文化,学校育人方向是学校文化的命脉所在。文化育人的宗旨应在于引导学生在学会做事的同时,学会做人,促进学生全面、和谐发展。任何文化的绵延与繁荣,都要积淀传承、创新。在实践中,每一所学校的管理者都应保持对文化的敬畏,要特别关注生成性文化和创新性文化的积淀。我们由认知到践行,由理解到认同,让这个充溢着人文气息的校园成为快乐教育的"氛围场"。我们通过氛围感染人,通过示范引导人,使内外空间形成教育合力;通过开展丰富多彩的校园活动,真正把学校文化"种"进孩子们的心坎里。我们组织教师撰写与学生的故事,学生撰写与老师的故事,家长讲述与学校的故事,学生讲伟人故事、讲身边优秀同学的故事,这些故事包含着教师的教育实践反思,包含着学生、家长的感动。学校努力让学校故事对学生的成长和发展产生积极影响,努力探索与实践以中国传统美德为主要内容的好品德课程、好习惯课程。学校着力于以优美高雅的环境文化陶冶人,以丰富多元的课程文化培育人,以高尚优秀的精神文化引导人,以科学规范的制度文化约束人,以人性科学的管理文化推动人。当我们走进校园内,映入眼帘的不仅是美丽而富有文化气息的校园环境,还有迎面而来的脸上绽放着甜美笑容的学生。当我们的学生走到老师、长辈面前,他们会停止、站立、弯腰、问好,他们知礼、文明,懂得感恩。当我们的学生走出校园之后,留在他们记忆中最深刻甚至影响终身的,不是哪一门具体的学科或知识,而是在几年校园生活中所逐渐形成的一种价值认同、人文素养和生活态度。这是学校文化育人所带来的美丽风尚。

3.结合"快乐生活"构建文化

观念文化是学校文化的核心。高品位的观念文化蕴含着一所学校的精神价值取向,表现着一个学校的校风、校貌,是具有强大引导功能的精神资源。

优秀而有生命力的学校文化,是需要精心构建不断创新的,必须在观念上精心提炼,在实践中长期培育才能形成。每一所学校都应该注入核心的观念,致力于发掘学校的丰厚传统,培养鲜明的办学特色,打造响亮的学校品牌。以人文性和发展性作为学校文化的显著特征,就能让学校中的每个师生都找到方位感和成就感。我校吸纳学校发展历史进程中形成的先进教育思想、文化传统、成功的教育方法,在实现历史传承与未来发展的融合中,重构学校文化,用优秀的文化引导学校发展。学校构建从"文化立校、科技兴校"到"成功学习 快乐生活 健康成长"的办学理念,最终确定了以"快乐生活"为核心的观念文化建设思路。快乐是态度,也是行为,实施"快乐生活"就是为了更好地践行学校文化,更加有效地开展教育工作。快乐的教育需要快乐的文化作为支撑。快乐教育倡导"以快乐之心育快乐之人",使自己快乐,给学生快乐,让大家共同快乐,是快乐教育的最高境界。学校快乐文化的形成还要在师生中不断强化,进而逐步成为大家的共识,成为师生共同的价值观念和行为艺术。在"快乐生活"这一特色观念文化的指引下,学校努力把握新机遇,汇聚各方智慧,将这种观念文化转化成学校的共同愿景:队伍建设——奠定快乐生活的基础,课堂教学——落实快乐生活的核心,教育活动——渗透快乐生活的途径,校本课程——强化快乐生活的内容,社会实践——拓展快乐生活的领域,学校文化——传承快乐生活的载体。学校完善班子"乐管"机制,激发教师"乐教"精神,培养学生"乐学"品质。我们倡导的快乐不是浮夸的快乐,而是发自内心的愉悦,它不带有任何功利性;我们倡导的快乐带有对未来美好的期待,充满着美丽的希望。可以说,"快乐生活"就是学校的文化磁场,通过这个磁场约束行为,通过这个磁场凝聚智慧,通过这个磁场激励师生,通过这个磁场不断延续,促进了全校师生的可持续发展。"快乐生活"作为学校的核心和灵魂,已经渗透到文化建设的方方面面,改变了师生的价值观念、思维习惯和行为方式,外化为教职工的教育教学行为。"快乐生活"文化在全校师生的共同参与和实践中,已见证了它的蓬勃发展和旺盛的生命力。有了这样的观念文化,学校也就有了灵魂、凝聚力和感召力。

有人说,这不是一个有钱人的世界,不是有权人的世界,而是有文化人的世界。学校的核心问题是学校文化建设。教师有文化气质,学校有文化精神,教育才会有伟大的未来。文化立校不仅是教育管理者的重要职责,更是教育事业发展的真正需要。学校文化没有对错之分,要适时引导、共同协商。学校文化蕴含在学校的制度理念中,体现在教师的价值追求里,显现在学生的观念文化上。学校文化建设需要智慧的积淀,更需要有静下心来办教育的淡定与执着,使学校的文化建设能够真正深入师生心灵,化作共同的追求。学校一旦形成自己的文化,它的每一个成员就会从这片土壤中获得养分,得到人生的滋养,拥有一种学校母体的人文精神气度。只要用整个的心去做校长,全校师生就会用整个的心去学习,教师就会拥有快乐的教育生活,学生就会拥有快乐的童年生活,学校也会拥有深厚的文化内涵。一个有了深厚文化积淀的学校,其发展不再是依靠行政命令,而是全体师生自我认同的价值选择。

第三节　自我修炼

一、校长的快乐密码

校长的快乐是什么？不同的校长可能有不同的回答,但不可否认,真正的快乐是一种积极的情感体验。一个校长事业成功,生活快乐,绝对不是无缘无故的,而这种成功与快乐是可以学习和复制的。要想成为什么样的人,就要让自己工作的心态、为人处事的方法与心目中的人无限接近。

快乐是可以相互传染的。校长是校园生命状态的标志,是学校科学发展的领航者,校长的快乐感直接影响着学校、师生乃至家长的快乐感与和谐心态。可以说,没有快乐的校长,就不可能带出一批快乐的教师;没有快乐的教师,就不可能教出一群快乐的学生。没有快乐的校长就不可能打造出一所真正意义上的快乐校园。做校长的,谁都愿意做个快乐的校长。只是,有一些校长做得有滋有味,不断地享受到工作与生活的乐趣,而也有一些校长却做得心烦气躁,苦不堪言。因此,解读好校长的快乐密码就特别重要。就笔者自身的实践和体会来看,校长的快乐密码应该至少包括以下几方面。

1.坚持理想,引领实现

教育是需要信仰的,校长是需要理想的,因为理想是方向,是谋划,是信念,更是无形的动力。校长管理不是强求,最首要的是对思想上、理念上的引领,其次才是行政上的管理。校长要把眼光放长远,要关注明天,要把握方向、节奏,因为方向比力量重要。但做过校长的人都会有这样的体验:即使处在校长的岗位上,要实现自己的教育理想也并不容易,推行理想管理往往会遇到来自管理体制、社会环境等方面的诸多阻力。实践告诉我们,校长要将自己的教育理想转化为师生的共同追求，并带领全体师生为"共同愿景"而努力，是一项快乐而艰巨的任务。但"世上无难事，只怕有心人"，只要校长能坚持自己的教育理想，把信念深深埋在思考的土壤里，每天浇灌行动的力量，就会在一定程度上实现自己的教育理想。社会的发展必然引起教育价值的变化，而校长教育思想的不断提高，也必然带来对办学思想的不断充盈与深化。作为校长，必须要有自己的教育理想与办学追求，要有一点浪漫情怀与激情梦想，唯有如此，才会有更高的追求与目标，才会有不断前行的步伐与台阶，才会在工作中找到自己的目标和快乐，把工作当成自己的乐趣，珍惜自己的机会。在校长的岗位上，笔者坚持用教育的理想追梦，用教育行动践行，用教育人格超越，树立了"成功学习、快乐生活、健康成长"的办学理想。今天，这个教育理想已经引领学校走向特色办学的道路，一幅快乐学校的图景逐渐被勾画出：学生乐学、会学，教师乐教、善教。校长的快乐密码就是在这样教育理想的价值追求里，就是在品尝到事业取得的成功、感受到自己生命的价值中。

2.超越发展，无私奉献

校长的快乐不仅仅是对学校已有的发展成就、已形成的教育品质的体验，也就是说不只是对一种结果的体验，更多是校长对为了学校的发展而付出的努力的体验，也就是对一个过程的体验。在学校的发展进程中，校长不仅是在路边喊"加油"的人，更是举着火把、走在教师前面的人，应该时时都注重以自己的人格魅力感染教师，以自己的行动为教师树立标杆，让教师被自己手中的"火把"所吸引，并紧紧追赶。我校以精心打造"快乐生活"教育品牌为载体，通过建构"快乐管理""快乐文化""快乐德育""快乐课程""快乐少年""快乐家庭"等富有特色的办学模块，努力践行"办有快乐的教育　育有底气的新人"。一个笑声朗朗、书声琅琅、歌声朗朗、运动琅琅的阳光校园正在稳步形成，学校知名度、美誉度、可信赖度稳步提升，甚至许多家长不顾道远也一心要送孩子来我校就读。当然，这种办学的特色、家长的满意和社会的口碑的形成过程是漫长的、艰苦的。没有比人更高的山峰，没有比脚更长的路，不管快乐教育改革之路是布满荆棘还是铺满鲜花，我们都会无怨无悔地去走。我和我的团队一直在努力付出着，永远处在追求中，永远处在完善中，永远处在超越中。我们发自内心地热爱教育事业，全身心投入培养人才中去，为发展教育事业无私奉献。很多人问笔者：这样的付出值得吗？在笔者看来，付出定有收获。每一次忘我的付出，都会触及心灵的感悟，让我们感受沁人心脾的幸福。如果每个人都有自己的付出和追求，都能为自己的追求去付出，那么，你就是快乐的。一路走来,慢慢分享着收获,欣赏着成长,作为校长,笔者无比满足和快乐。

3.关爱教师,全面成长

学校无论大小,是属于师生的;学校教育,是归于师生的;学校管理,也都是基于师生的。学校的发展必定以教师的发展为本,但是教师是人,人都有着独立的人格、自由的思想,人是需要理解、关心的。正如有教师所说:教师最大的快乐就是遇到一位知人善任的校长。没有永远的校长,只有永远的教师。校长要做好自己,同时也想到教师,不要强教师所难,不要给教师造成伤害。校长负有发现教师优势、开发教师潜能和提升教师抱负的重任,要有一双发现的慧眼,善于发现教师身上蕴藏的潜能,善于发现师生身上的闪光点和弱点,并能扬其所长,避其所短,实现最优化管理。从这个方面讲,校长要做"人师",要关心、规划教师的未来,通过有效的激励机制和学校管理制度强化教师专业发展意识,避免职业倦怠现象的发生。校长在关爱教师的同时,就应发展好每一位教师,激发教师的责任感、成就感,走专业化发展的道路,和学生同成长。教师在专业成长的过程中总会遭遇烦恼,校长应该深入教师生活的"情境",以敏锐的倾听、智慧的支持关照教师的生活和发展需要。如果校长能够善于洞察,适时睿智地给予鼓励,就能帮助教师打开心结,解决难题,就能最大限度地促进教师的专业成长。当然,校长不可能保证每一位教师时刻都充满积极情绪,但校长应该做到:当他们处于困扰之中时,伸出一双温暖的援助之手;当他们产生消极情绪时,怀着乐观积极的心态,与他们同心同乐同行。校长在关爱教师中多一点调味品,多一点浪漫,教师就多一点新鲜,做事劲头自然就足。教师在轻松幸福的工作环境中,就能很好地释放自己,保持良好的心态,享受职业的幸福,从容地幸福成长。如果校园中的每个人都能时刻保持乐观的心态,能亲和待人,能体现职业的价值,这就是一种快乐,互相传递就能形成文化。一句话,校长的快乐就在以教师为本的管理理念里,就在帮助教师追求更高层次的需求里,就在教师们的幸福成长里。

4.呵护孩子,健康成长

学生的感情是细腻的,也是脆弱的,教师的只言片语、一个微小的动作都可成为促其进步的催化剂。学校以"情感上抚慰、心理上疏导、生活上体贴、学业上帮扶、活动中发展"为举措,播撒爱的阳光。学校提倡学生的成长就应该是快乐成长,即像阳光一样灿烂——有健康的身心,像阳光一样温暖——有高尚的人格,像阳光一样可贵——有合作的精神。以前做校长,总认为对学生"严肃""不苟言笑"能树立威信。而现在,笔者越来越感受到校长微笑的力量,特别对于学生来说,微笑的力量是无穷的;越来越感受到要做一个有童心的校长,带领学生享受成长的快乐。我们坚持"快乐关爱"的教育理念,努力践行"让每一位学生带着憧憬和希望走进学校,带着幸福与满意走出学校"。"快乐关爱"以学生快乐发展为本,但绝不是放松管理;"快乐关爱"立足于学生的终身发展,而不是看学生的一时一事。学校正在以无痕的教育,教育出有痕的"与众不同"的快乐学子,使之"全面发展＋个性发展＋持续发展",完成"培养素质""养成气质"的任务,让每个学生都能成为快乐少年,在阳光下快乐、健康成长! 每当看到孩子们快乐地成长,无忧无虑地进出校园时,校长的快乐就在孩子们的笑脸中。

5.守住宁静,拥有静心

静心是一种志向,是一种人生态度,还是一种气度,一种修养。一位校长具有了静心,就会善于思考,禅悟教育真谛,让学校教育返璞归真。一切工作从"心"开始,就会用心展望教育的前景与学校的发展,用心看待与思考一切与学校发展有关的问题,用心对待学校发展有关的问题,用心对待学校的每一件事与每个人。校长做到静下心来办学,一定会多想事,多做事,多做快乐的事,必将带来适应教育发展的现代学校管理文化的变革。我们总是教育孩子要积极地面对生活,心中要充满阳光,要与周围人很融洽地相处。可是我们校长不快乐是因为自己经常会陷入人事的烦恼之中,常常由于欲望所致背负了太多的负担。我们需要做的就是擦拭掉这些尘埃,让自己心中的阳光能与师生心中的阳光交相辉映。无数校长治校的典型案例足以说明,要想把好的意念真正转化成一种结果,就必须从谦虚做起,特别是当自己做出成绩的时候,更要虚心听取和征求别人的意见。辩证看待成功,学会放弃,改变不了事情,就改变对事情的看法。照笔者的理解,把自己真正喜欢做的事做好,尽量做得完美,让自己满意,这才是成功的真谛。对于追求快乐教育的笔者来说,教育不是谋生的手段,而是幸福完整的生活的本身,比成功更重要的是有自己真正喜欢做的事。长期的学校管理实践,使笔者深深感悟到:一个内心宁静的校长,才会使校园充满学术与理性;只有让清新而亲切的校园生活成为校长职业主旋律,校长的生命才会在平凡中变得快乐。

人类的终极目标只是一个——幸福快乐。校长的快乐既没有什么化腐朽为神奇的绝招,也没有什么捷径可走,主要靠的是以德为先的品质修炼,以识为基的智慧积累,以能为重的实践磨砺。做校长的,拥有一颗快乐的心,再长的路都可以一路欢歌;拥有一种愉悦的心境,再漫长的路上都可以是一道道灿烂的风景。作为校长,是否快乐阳光,确实直接影响着师生的工作、学习状态,影响着学校的育人氛围。快乐的校长,他的心灵一定是淳朴、乐观和善良的,他的教师、学生一定是快乐的。

二、校长的专业素养

在今天这个教育家匮乏、呼唤教育家、需要教育家、造就教育家的时代,"教育家办学"成为当今教育界乃至社会最热门的关键词。在当前的社会条件下,校长是学校教育秩序健康、稳定、科学发展的最后屏障。与此同时,校长又是一座桥梁,是沟通、连接学校与社会大众、管理机关的桥梁,是吸引社会参与学校建设、管理、决策的桥梁。校长是一个职位、一种职业,也是一种教育追求;校长是行政管理者,是领导,更是成长中的教育家。一所学校能否发展,发展快还是慢,师生能否得到有效成长,等等,无不与校长息息相关。教好一个孩子,是给一个家庭带去幸福的筹码,但带好一所学校,那是一方社会的福祉。校长作为学校的一种核心资源和第一资本,对学校的发展具有不可替代的作用。校长无论作为一个学校管理者、经营者还是教育家,都必须认同、建立和提升自身的专业素养。从某种程度上说,校长的专业素养将影响甚至决定着学校和下一代的发展。

1.校长应有思想意识

思想是行动的先导,是支撑一切事业永远向前的灵魂。思想意识到位,行动才能不缺位。教育是一个充满"思想"的行业,教育最需要的不是人云亦云,而是有头脑的,能提出新思路、新观点的思想者。从某种程度上说,有特色、经得起实践检验的办学思想是一所学校成熟的标志。校长是学校之魂,思想是校长之魂。校长重要的不是所站的角度,而是所思想的广度。校长的观念决定学校的思路,思路决定学校的发展,思想决定学校的活力。校长领导首先是思想领导,其次才是行政领导。校长把其工作首先放在教育思想的领导,而不是事务性问题的解决上。用思想关照实践,才会在平淡如水的教育生活中发现意义。校长的管理首先是对自己的管理,管理自己最难的是对自己思想的管理。如果校长不能用某种思想来鼓舞全体教师,那么所有的学校发展计划都是空谈。大凡成功的校长,都是思想型的,他的时间应该主要用来形成、丰富和完善办学的思想。校长的教育思想是校长对教育的本质及内在规律的认识和看法,是校长进行学校领导的观念性基础。校长没有思想,学校便没有思想,没有灵魂,没有内涵,没有发展方向,没有美好未来。一切变化,皆因教育思想而动,从各种制度设计、规则的制订,到学术的进步以及办学理念,其背后都是思想。校长的专业定位是教育领导者。衡量一个校长是简单的管理者,还是领导者或教育家,就看他是否有自己的办学理念,是否有先进前沿的教育思想。校长要不断创新自己的实践,深入思考教育的本质,将其升华为自己的思想,并在实践中践行自己的思想,从而丰富其内涵。校长拥有了先进前沿的教育思想,才会站在时代的高度,用战略的眼光和前瞻的胆识,确立学校的办学思想、办学目标和培养目标;才会在决策中抓住关键,集思广益,从细微处入手,制订出行之有效的学校发展规划。校长的教育思想要与时俱进,需要不断自我更新,要在学习中形成教育思想,在实践中发展教育思想,在反思中提升教育思想,在积累中丰富教育思想。

2.校长应有敬业意识

敬业意识是一个职业观或职业态度问题,是人类的一种淳朴而伟大的美德。古往今来,凡是有所成就的个人和民族,无不拥有卓越的敬业意识。无论学校有多好的思想、理念、精神、制度,如果没有校长的以身作则和敬业意识,那只能是想在心上、喊在嘴上、写在纸上、挂在墙上的口号和摆设。校长的教育教学管理工作是高智商、高投入的工作,是影响学校未来和影响学生一生的事业。校长既要高瞻远瞩,统揽全局,又要身先士卒,脚踏实地,工作在一线,战斗在一线,勇做教改引路人、提高质量带头人。校长的专业素养要以德为先、能力为重。教育工作具有艰巨性、崇高性、神圣性和未来性,校长所付出的劳动是任何量化手段所无法准确计算的,这必然要求校长对教育工作有敬业意识。敬业是校长专业素养的核心和根本。有了敬业精神,校长才会萌生自己的教育理想,才会具备宽广博大的胸怀,才能够把一线里面的思想和经历化作一种情感和情怀,才会将这个事业转化成他的命业,并带领教师们走向明亮的一方。

3.校长应有创新意识

现代社会飞速发展,办学竞争日益激烈,所有的学校都在进步,都在改变,所以,只有不断坚持创新的学校才能不断升华。乔布斯说过很多鼓励人们创新的话,其中的一句是:活着,就是为了改变世界。其实,学校工作的方方面面都离不开创新,创新是学校内涵发展的持续动力。因为教育事业本身就是一个为了未来的事业,我们必须考虑到未来,要以培养创新意识来实践创新教育。校长的创新精神对学校的进步和发展起着关键性的作用,是学校进步、发展的重要动力源之一。教育工作的复杂性、管理任务的艰巨性、行业竞争的残酷性,不仅要求校长要根据教情充分研究,更要创造性地践行探索教育与管理未知领域及其规律,善于实践和追求真理,走新路,解决新问题。校长的专业工作是高度创造性的工作,不允许校长墨守成规、故步自封,也不允许校长把自己囿于现有境地,而是要求校长善于思考,勇于接受挑战,思前人之所未思,发前人之所未发,不断寻求适合教育对象的教育方案、方法和手段。校长不可能穷尽过去和未来,他要做的就是在批判中继承,在继承中不断创新与发展自己的思想与见解,在激烈的社会竞争中提高自身素养和肩负历史使命。诚然,创新很难,但肩负着重要育人使命的校长,却必须前行,且来不得半点犹豫。热爱事业、尊重师生是一切教育创新的动力和源泉。校长就应该是天生不安分的,他的每一天都是新的,每天掘开一些新鲜的泉流,给自己也给别人一些清凉的慰藉。一个创新的校长,才能带出一批创新的教师,才能培育出具有创新精神和创造能力的学生,才能创造着每一天,也享受着每一天,才能为学校持续发展提供新理念、新理论、新方法,学校才能得到持久的发展。

4.校长应有学习意识

读书学习是一个人成长的动力源泉,是诸多素质之本,有了它,其他素质可以派生,可以起到牵一发而动全身的作用。不管是一个人、一个单位还是一个国家、一个民族,要想不断取得成功,要想永立不败之地,必须重视、坚持读书学习。学校承担着传授知识、培养人才、传承文明的重任,一校之长更要树立终身学习的理念,保持终身学习的态度,养成终身学习的习惯,做到工作学习化,学习工作化。校长成长的快慢、学校变化的大小、教师发展的水平,甚至师生的精气神和快乐指数,都取决于校长学不学习,用不用心引领师生学习。作为校长,其知识面、视野、政策水平、判断力、管理知识、协调能力等都必须有一定水准,这些都需要靠读书去学习积累,靠实践去摸索求真。只有把学习放在职业生涯的首位,才能不断提高学习能力,不断更新自己的知识结构和思维模式。"打铁还需自身硬",拒绝学习,就是拒绝成长,就容易出现"重复旧经验,照搬老办法"的现象。校长唯有善学,才会铸造高尚的灵魂和学校精神;唯有不懈地学习,才能不断提高自己的知识层次和理论思维能力。校长要带着思考去学习,才能逐步形成自己对教育问题的思考和判断,才能解决工作中面临的困难和问题。这样学以致用,困而求学,将学习和实践结合起来,才能有效地改进学校的管理;才能善于把想的说好,敢于把说的做好,精于把做的写好。校长要勤于学习,不仅自己坚持读书学习,还要引领全体教师、学生读书学习,建立同共学习的环境和氛围,设立共同学习的体制和机制。

5.校长应有管理意识

每所学校都是鲜活而具体的,都有特殊的校情、学情、师情。真实的办学情境远没有教科书所描述的那样简单和潇洒,任何一个管理事件背后都包含了错综复杂的因素。管理能力是校长必须具备的基本能力。管理有三种境界:人治、法治和文治。在学校发展的初始阶段,主要靠校长的思想、人格和能力;发展阶段,主要靠一套完备的贴合实际且行之有效的制度和机制;成熟阶段,主要靠学校文化。一个校长应摒弃"人治",精通"法治",追求"文治",为学校长远发展定位。善于发动一切力量,让专家领导、专业机构、学校核心团队等资源在学校管理中的某个环节发挥积极的作用,自己腾出时间思考学校发展大事,去实践自己的教育理想,追求自己的教育精神,提高以学校管理专业能力为核心的多种能力,特别是要修炼好现代教育的思想力、学校发展的策划力、课程改革的领导力、以校为本的管理力、教师发展的指导力、学生发展的培育力、办学资源的整合力,从而营造天人合一、和谐圆融的管理环境和百川归海的管理合力。校长只有具备了全局观念和良好的系统思维能力,才能生成有效的管理策略。

6.校长应有研究意识

校长是一种繁杂、忙碌的职业,总感觉时间匆匆;但校长又是一种必须天天研修学习的职业。学校是知识分子成堆的地方,更加忌讳外行领导内行。校长要管理好一所学校,不仅仅要有政策理论水平,更要有过硬的教学业务素质。校长在某个教学领域研究的高度和深度决定了他在教师心中的地位,决定了他说话是否有人听,走路是否有人跟。因此校长必须是一个教育教学能手,要懂得教育教学的原则和方法,引领教师走进课改的前沿,做教育科研的领头雁。校长要想在治校上不断超越自我,必须重视研究,乐于研究,善于研究,勇担教育改革和探索重任,因为研究是运用科学的方法寻求问题答案、探究未知世界的一种过程,是新时期校长重建教育理念、提升管理智慧、突破发展瓶颈、提高教学质量、打造学校品牌的重要途径。校长要从研究的角度从事学习、管理,不断地发现问题、思考问题、研究问题、解决问题,从而不断地增长自己的思考力、感悟力,通过尝试研究,不断破解制约学校发展的难题,不断植根于教育发展的时代命题和现实土壤,推进学校向更高层次迈进。

7.校长应有写作意识

关注经验,既要善于总结别人,更要善于总结自己。写作是一名校长走向成功必备的能力,而且这种写作要具有专业水准。试想,一个不会梳理自己的经验、不会写作的校长，怎么能表达自己的思想、推介自己的经验、展示自己的成果，从而让同行、专家认同、借鉴？校长要勤于、善于动笔，要有将散点的知识进行整合、提炼的能力。这不仅仅只是组合调整，更是思想的系统梳理与升华。写好教科论文，才可能引领更多教师逐步走上教科研之路，进而促进学校持续发展，内涵发展。写好管理文章，能帮助校长科学决策，也让自己在教育改革年代不迷茫、不激进、不折腾，保持清醒的头脑和坚定的信念；写好有思想性的文章，能增强校长个人魅力，提升学校品位，让更多的学校、教师和学生在思想和文化的熏陶下快乐成长。

三、校长的个性魅力

学校是知识分子的聚集地，校长要让教职工尊敬和心悦诚服的，不是位置和权力，而是个性魅力。个性魅力是黏合剂，它能产生凝聚力，也能激发积极的进取精神，产生"1＋1＞2"的奇效。一所学校的办学效益好坏，在很大程度上取决于校长的个性魅力，校长高尚的道德修养所形成的人格魅力能够感染师生，使师生们高度认同校长的决策。校长的个性魅力也是形成学校办学水平及特色的基石之一。那么，校长如何提升个性魅力呢？笔者认为可以从以下几方面开展。

1.修炼个性气场

有气场的地方就有生机与希望，有了"大气""正气""和气""人气""生气"，定会产生巨大的能量场。个性气场是指一个人因品质性格、言行举止而形成的个人魅力，带有很强的个性化因素。伟大的教育家都有着一个强有力的"气场"，因为只有"大气"才可以成就"大器"。校长是一所学校的领头雁，会通过其自身各种物质、精神的表征作用，形成一种强大的个性气场。校长的一言一语、举手投足，代表着个人修养，亦影响着学校的文化气场。校长良好的气场是构建校园和谐、团结、共进氛围的一把钥匙。

做事需要修炼，做校长，形成自己的气场，也需要修炼。美国社会学家怀特提出了怀特定律：领导在群体外的声望有助于巩固他在群体中的地位，而他在群体中的地位又提高了他在外界的声望。校长要学会不断扩大自己的圈子，提升自己的气场；学会适应角色的需要，调整自己的气场。校长良好的"个性气场"可以让整个学校的老师不自觉地信服你。可以说，校长有什么样的个性气场，就能带出什么样的队伍，老师和学生都在看着校长，他的一切对这个学校而言都是潜移默化的。校长的个性气场决定孩子们的气场和民族未来的气场。

2.增加容人气量

古人云："海纳百川,有容乃大。"教育是国家、民族进步和人的长远发展的基石,是一项大气磅礴的伟大事业。大气的事业需要大气的人,尤其是大气的校长来推动。而大气不是与生俱来的,是要在后天慢慢培养出来的。这是一种人性的自然流露,是无法装出来的。学校虽是一个小天地,但却是大社会的缩影。对于校长来说,不能没有气量。校长的气量不仅表现在直面困难、迎接挑战,一往无前的气概上,还表现在他能够听得进不同意见,能够允许不同的观点,能够让不同风格的教师和不同模式的教学在一所学校竞相争艳。成大事者要有大气量。校长如果没有气量,就无法从纷繁杂乱的矛盾和纠葛中解脱出来,导致难以顾及教育教学工作。如果气量小,必定不能容纳各种风格、各种能力的人,学校中的优秀教师,就不会心甘情愿地"各显神通",发挥自己的专长。"宰相肚里能撑船",这句话在某种意义上,就是领导气量的一种体现。只要管理,就会涉及人的行为或触及人的利益,不同的人站在不同的角度,理解也就不同,产生分歧很自然。教师找你撒气,是因为你是校长,你不当校长他们才懒得"考验"你。校长要练就气量,能当充气筒,才显大度。校长需要有包容的品格,必须让自己有容乃大,要让校园里到处是老师和学生的声音,而非校长一个人的声音。校长要具备现代校长的气量,就必须具备高尚的情操、丰厚的文化底蕴、执着的工作态度和娴熟的工作方法,对教师要能宽容、理解和帮助,与同事融洽合作。人与人相处,都难免有冲撞,作为校长,要解决新问题,破解新矛盾,重要的是忘记过去,不计前嫌,要能容纳各种人。校长需要一种"可以容人"的气量,一种"可以载物"的厚德,这样才能赢得教师与学生们的心。社会的进步,教育的改良,急需拥有大情怀、大胸襟、大格局的人来推动、促成。只有大气的校长,才有可能成为教育家和教育改革的先行者。

3.散发"校长味"

一个校长,一旦姓"官",就不去钻研业务,不去搞教学调研,不去关心学生和教师,就有疏远群众、孤立自己的危险。我们做校长的,应该有的是"校长味",要淡化官位意识,强化服务意识,而不是官味、商人味或市井味。"校长味"要求校长行动合乎立场,举止合乎身份,言语合乎分寸,礼貌合乎常规。言谈举止要有文化气息,注重品牌与德治,注重文化熏陶与无为而治。"校长味",不是角色和职位本身所赋予的,也不是外表装扮出来的,而是热爱、奉献、恩慈、宽容、尊重、坚守等美好的品格,经过长期修炼和岁月的沉淀,自然形成的,由内而外散发的,是充满魅力和令人向往的……校长要回归校园、情系师生,把主要时间和精力用在抓学校管理和教育教学上,最好不要离开讲台。校长只有走进课堂,走进教师中间,才能了解教育,了解学生,才能更好地把握教学的脉搏,更好地指导工作。有了"校长味",才能用自己的学识赢得教师的尊敬,用自己的垂范影响教师的成长,用自己的品格打造学校的品格,与学校一同成长,与教师一同进步。

4.增强吸引力

一个人的内心有多强大,他所向往和搭建的舞台就有多广阔。校长的吸引力很大,可以让学校的每一位教师都被他吸引住,心甘情愿地为这个团队尽心尽力,也可以在一定区域的社会上具有积极的影响。校长的一言一行对教师、学生、家长的"吸引"是无声的、潜移默化的。校长的主要任务之一是,营造"人心思进"的氛围,激励员工育人教书。作为校长,在校一年,学校应留有他的声;在校两年,学校应留有他的形;在校三年,学校应留有他的影;离开了学校,校长的知识留在办公室,留在课堂,留在操场,留在师生无穷无尽的学习生活中。

校长想具有"吸引力"就得提升自己的能力,这其中包括专业能力、协调能力,以及其他各种综合能力。因此,校长要比别人更努力、更勤奋,在业务上做引领教师发展的"专家",在学习上做师生心目中的"学者"。只有这样,校长在人格上才会魅力四射,成为师生心灵的依托、精神的寄托、崇拜的偶像。当校长改变自己、影响教师,教师就会通过对学生的观察与研究来改变自己,影响学生。

5.显示柔弱力

水,性至柔而力至坚,利剑不能断其身,但水却能滴水穿石,无坚不摧。柔软的东西往往具有意想不到的穿透力,有时最柔软的管理往往最有力量。道家管理智慧往往异于常人。一般来说,管理者莫不希望自己能够刚强有力,但道家却奉劝管理者柔弱无为。示弱是一种智慧,并不意味着无能、懦弱,更不代表简单的退让、迁就或拙劣的认输,就像说话声音大的人不一定代表他内心强大。在学校管理中,教师素质提升,使之较少迷信和盲从他人,厌恶和反感刚强有为的粗暴管理方式。校长会面对越来越多比自己有本事的人,在自己身边甚至在自己手下工作。教师是文化人,校长就应该以文化人的姿态来做教育。当师生之间产生矛盾时,校长要坚持以理服人,学会留有情面,学会以柔克刚。校长若能因情而定,恰当运用,委婉迂曲,扩大情感影响力,将大力促进学校执行力；校长若能韬光养晦，行德爱人，自知不矜，敢于向教职工显柔示弱，则必然能够增强领导魅力。柔性的管理，就是实行人性解放、人文关怀、民主管理，激发教师的内驱力和创造精神。示弱是不显山露水的俯身，是一种豁达、宽爱、充满智慧的表现。

6.保持定力

定力是一种恒定的、稳定的力量，它的核心应该是判断能力和决策能力。定力就是空城妙计的从容不迫，就是谢公淝水传捷的谈笑自若，就是卡耐基先人而事的开悟洒脱。有学者指出，衡量一个人的价值尺度，不仅在于他的能力高低，更在于他的定力如何。无论教育理论和教育实践如何发展，那种根植于教育根本属性的教育本真却应亘古不变。教育定力，就是要能坚守教育的理想信仰，自觉排除各种干扰，拒绝浮躁，安心从教，潜心育人。校长要有定力，才能有主见，不盲从、不跟风，才能一门心思为教育，才能静静地描绘学校的蓝图，酝酿教育思想。当然，校长首先是要在这纷繁复杂的社会现象面前保持清醒的头脑，具有对风起云涌、潮起潮落的教育时尚的免疫力，能经得住诱惑，耐得住寂寞，不为功名利禄所诱惑，不为艰难险阻所动摇，在清清静静中办学，办"干干净净"的学校。其次是要珍惜手中的权力，但也别把权力太当回事，永远要平视自己，保持平常心，坐看云卷云舒，笑看花开花落，做到知足常乐。最后是要增强自律意识，要善于将身边有形无形的监督自觉地融化为自律，把原则和责任看成自己必须坚守和履行的道德底线。但定力不等于保守，而是体现在对教育本真不断接近的教育实践探索上。校长的定力是一种坚持、一种责任、一种爱、一种魅力，也是显示校长教育智慧的核心要素。

人生需要有方向，需要有品位。充满个性魅力是校长的责任，也是校长开展教育教学的一种无形力量。职业和社会的使命感、良好的自我意识、丰富的情感、坚强的意志力、丰富的语言艺术，这些都是校长应有的个性魅力。历史不会记住共性，只会记住个性。在这个无个性不立的时代，作为校长要培养良好的个性魅力，就要永远保持强大的奉献而不是索取的精神，不断提升自己，全面造就自我。

四、校长的角色平衡

校长在学校是一个什么样的角色，应该扮演一个什么样的角色，这历来有些争议。之所以有争议，就在于校长的角色比较复杂，校长承担的职责和角色过于繁杂，总是处于忙碌的状态，其工作实践呈现出支离破碎的特性，很难将其角色进行一个比较标准化的定义。可以这么说,校长既是学校的领导者,又是学校的教育者;既是学校的管理者,又是师生的服务者……在教师心中,校长既是导师,又是朋友;在学生眼中,校长既是导师,又是玩伴。笔者认为,校长角色的内涵确实应由单一转向多重,但作为一校之长,管理仍是校长的第一要务,管理仍是校长的基本职责,他的角色基点应该是在"管"和"理"上。

所谓"管",是管理者要能敏锐地发现学校发展中存在和可能发生的问题,及时予以解决和预警;所谓"理",就是要理清工作思路,理清校内外各种关系。在现实中并不缺乏强调"管"的校长,缺乏的恰恰是关注"理"的校长,"管"性校长看到的往往是人治或制度的作用,而忽视了"理"本身所具备的氛围力量,忽视了学校文化在培养教师及学生中应起到的作用。教育改革对校长提出了新的角色要求,它需要校长具体问题具体分析,讲究一种"平衡"的艺术,需要校长的角色在"管人"的同时也注重"理人"。

1.面对"管"与"理",校长要善于自我反思

没有一个人或一件事情能十全十美,就连智慧也是需要不断增长的"容器",所以做人、做事都需要完善,都需要自我反思。管理的要义不是"管",而在"理"。如若我们将"管"看成自上而下具有刚性特征的话,那么"理"则表现出由内而外的柔性特质。有时在校长"管"的过程中,可能是一厢情愿或是与现实尚有差距,大家难以苟同和接受。而有时在"理"的过程中,又可能由于解释宣传工作不够,为一些人不理解、不接受。此时,名校长不是怨天尤人,牛气冲天,而是平心静气,保持冷静和理智,选择自我反思,查找自己身上的原因,不断地追问自己:"你是否体会到了教师的感受?""你是否关注到教师们的发展?他们快乐吗?"经常反思自己的办学思想是否正确、管理方式是否科学、管理成效是否显著。经常反思自己做人是否把握好说与做的统一,做事是否把握好行与止的尺度。只有反思,才能让我们不断追问教育的本质与规律,才能确保我们思维的严谨和理性。成功属于在行动途中认真反思、随时修正自己行为的人。

2.面对"管"与"理",校长要主动寻求沟通

一些校长在学校管人管事巨细无遗,这个不准,那个不许,热衷于制定种种清规戒律,据此大搞"一言堂";一些校长忙于上情下达,按照上级部门的指示和文件管学校,以开会代替管理,以传达代替思考,办学理念匮乏;一些校长满足于形式主义,不深入教育实际,不研究学校问题,大做表面文章,强求一律。凡此种种,都是"管"的思想在作祟。正是这种只管不理的机械观,每每导

致学校管理目中无人的现象发生。研究表明,管理中 75％的错误是由不善沟通造成的。管理就是沟通、沟通,再沟通。针对在"管"的过程中遭遇或明或暗,或软或硬的抵制,校长要主动和教师沟通,真诚地听取他们的心声和主张,既坚持原则,又注重选择方式。在一定意义上,沟通比管理更重要。它是一种带有目标的交流形式,"沟"是过程,"通"是目标。每天行走在校园里,校长应该让教师看到一个真实、充满亲和力的人,而不是一个高高在上的"官"。在共同的工作和学习中,师生可以随时与校长交流,可以批评校长,也可以表扬校长。校长和师生交往沟通就是共享知识与资源、时间与精力、同情与关爱,从而持续地为他人提供价值,同时也提高自己的价值。校长要多用推心置腹的语言,平等谦和的语气与师生交流,以平和的心态处理矛盾,用平稳的手段推进发展。通过了解、沟通、对话、协商去寻求共识,寻求在尊重、理解对方利益的基础上形成双方均可接受的主张或方案,是现代多元社会的生存之道。校长与教师达到了认知的共识、情感的共鸣、心灵的共振,教师就会觉得校长一言,军令如山。笔者特别赞同李希贵说的这句话:"一般的管理者都在用绝大部分时间研究如何管理别人,而智慧的领导者往往会拿出相当的精力谋划管理自我。"只有改变自我,才能改变别人;只有领导改变,一个组织才有可能改变。一个真诚友善的校长,一个平易近人、把所有教师当成朋友的校长,遵循教育规律和师生身心成长规律的变革,总是会赢得大家的心的。

　　3.面对"管"与"理",校长要善于用人所长

　　一位名校长之所以成名,绝非把学校"管"得好,而在于他把学校"理"得好。笔者以为,一个成功的校长必定有其独特的人格魅力:体恤师生,大爱无边,身先他人,严以律己……这些与"管"大致无涉。然而,有了个人魅力还未必就能成为名校长,名校长必定有自己的一套用人方法。用人方法从何而来?这就需要校长研究教育,研究学校,研究教师,研究基于特定学校的用人之策——这便是"理"。人才是学校最宝贵的财富,能够经营好人才的校长才是最终的大赢家。不同的人有不同的专长,不同的人有不同的潜质。不管学校是大是小,都可能藏龙卧虎,但如果不让教师展示他们最大的本领,必然会让教师士气低落;如果抱有"武大郎开店,高个头不要"的陈腐观念,也很难有所作为,这就要求校长去"平衡"。用人不在于如何缩减部下的短处,而在于如何充分发挥部下的长处。因此,校长要善于知人善任,把适合的人放在适合的位置,打好团体组合拳,盘活学校人力资源。作为校长,重要的职责就是相信人、依靠人、发展人,想尽一切办法充分调动人的积极性,最大限度地把教师的才

能与智慧都激发和调动起来,让不愿干事的人想干事,让想干事的人能干事,最大限度地使学校既成为学生成长的乐园,也成为学科教师和行政骨干成长的舞台;要深入了解,了然于胸,要有一双发现的慧眼,看人、看事要准确,要知人善任,用人所长,尤其能用比自己高明且学有专长的人,而前提则是尊重人、关心人,其中懂人是基础,识人是关键,提升人是目的。如果校长能用好人,融集体智慧,那么就能聚沙成塔,就能让自己领导的每一位教师体会到成功的快乐。

4.面对"管"与"理",校长要营造轻松氛围

要干一番事业,就要做到"四合",即与天合、与地合、与人合、与己合。"管"的过程要大刀阔斧,"理"的过程却要小心翼翼。倘若校长们能够真正重视起"理"来,相信学校面貌就会发生许多变化,学校管理就会出现很多新质。堵则溢,疏则畅。有时我们想极力阻止某些事情的发生,却总是适得其反,漏洞不仅没有被堵住,反而变得更糟糕。这时,我们是否可以改变自己的管理策略,变禁止为倡导,变围堵为疏通呢?在学校管理中,校长要以极大的热情去理顺各种关系,营造和谐氛围,善于听取不同意见,能够包容和悦纳不同看法,力求在严格的管理制度和人性化关怀上,寻找平衡点和最佳结合点。在这种氛围中,人人都有当家做主的感受,都会真心诚意地成为校长的拥护者和合作者。倘若校长只是"管"学校,而不潜心去"理"学校,这或许正是当下千夫所指"千校一面"之根源所在。

5.面对"管"与"理",校长要注重过程快乐

有这样一段广告词:"人生就像一场旅行,不必在乎目的地,在乎的是沿途的风景以及看风景的心情。"是的,快乐不是拼命向山顶,也不是在山下漫无目的地游逛。快乐是向山顶攀登过程中的种种经历和感受,如同旅游的感受。过程即体验。有什么样的过程,就有什么样的结果,只有控制过程才能控制结果。校长管理就要带给师生更多的体验过程,使他们在体验过程中丰富情感,接受教育。目前,在学校管理中存在着一种令人担忧的倾向:结果重于过程。基于"管"的需要,许多学校以结果论英雄,而且往往是以考试结果论英雄,在管理上采取简单量化指标评价模式,不关注过程,不关注改革,不关注学生的教育体验过程,不仅使学生,包括教师在内的负担也越来越重,而且使学校管理陷于僵化。同样是基于"管"的需要,许多校长以规范为本,以制约为要,不太重视创新,不能容忍个性化的教师、个性化的学生,在高度有序的同时,学校发展的活力却在慢慢消退。此种倾向,同样也是"管"字当头造成的,亟待纠

正。抓住了过程管理就抓住了学校管理。注重过程,校长就能及时掌握第一手资料,使好的经验得到及时推广,存在的问题也能消灭于萌芽状态,从而提高管理决策的科学性和有效性。教师在过程管理中快乐成长、成功,学生在过程管理中快乐成人、成才。

管理学家曾仕强认为:管理是一种历程,起点是修己,终点是安人。校长的"管"与"理"必须有机结合。有管必有理,有理必有管;不能单一管,也不可一味地理;管是重要的,理是必要的;管为达理之目的,理乃求管之效果。只有"管",没有"理","管"与"理"脱节。没有"理",再好的管理制度,也只能是形同虚设,再想干事的管理者也无用武之地。校长的管理,必须"理"在先,然后言"管";"理"为重,"管"次之;在"理"字上体现智慧,在"管"字上做文章。学校是一条大船,作为舵手,校长应该不断调准航向,让船乘风破浪,向着更远的目标前行。

五、校长的快乐梦想

梦想,是一个名词,是一个人、一个组织、一个集体对未来愿景的渴望。其实,梦想无所不在,人生是与梦相伴的,梦想有多大,舞台就有多大。梦想可以改变人生,梦想是无穷的力量。有梦想的人生是充实的,它照亮了我们前行的方向,不至于让我们在黑暗中踽踽独行;有梦想的心灵是富有的,这一笔精神财富支撑着我们的灵魂,让追梦的脚步变得轻盈而畅快。

温家宝总理曾吟过一首诗——《仰望天空》:"我仰望星空,它是那样寥廓而深邃;那无穷的真理,让我苦苦地求索、追随……"说的就是年轻人要有梦想,民族才有希望。今天所说的"中国梦",就是要把梦寐以求的理想一一实现。

习近平总书记说:"我们比历史上任何时期都更接近中华民族伟大复兴的目标,比历史上任何时期都更有信心、有能力实现这个目标。"今天的中国,正在以百年未有的自信放飞梦想。

我们的人生重要的不是所站的位置,而是所朝的方向。人是需要有梦想的,它是人生奋斗的动力和源泉,是一切努力的方向,能激励人持续不断地向上。一个民族,一个国家,如果青少年一代都能够在自己的生活中怀揣梦想,那么这个民族、国家就有希望。精彩的人生一定需要梦想,因为梦想能成真,无数的梦想意味着无穷的未来和无限的可能性。教育是追梦的事业,是师生共同找寻的心灵故乡。教育需要梦想,因为只有梦想,才能让教育仰望天空,脚踏实地;教育人需要梦想,因为只有梦想,才能让教育人献身教育,无悔付出;校长需要梦想,因为有梦,所以执着,因为执着,而有收获。然而,梦虽美好,可圆梦的难度却不小。校长的快乐梦想又是什么?

1.校长要做学校的圆梦者

校园需要梦想,因为只有梦想,才能让校园更有诗意,才能让校园成为每一个师生温暖而自由的梦想天堂和精神家园。"每个师生都该有梦想,作为校长的我们,成就师生的梦想,就是我们最大的快乐。"笔者认为,教育的崇高目标是促进师生的健康成长和持续发展,而不是被异化成一堆冷冰冰的指标数据,教育是不宜被量化的,它基于教育者内心对教育本质的理解。学校是让师生产生梦想,并为其实现梦想创造条件的地方。笔者很喜欢《中国梦想秀》里"梦想照亮现实"的提法。一位校长最需要也最有价值的梦想是用高远而又美好的教育境界去激发教师团队,去激发学生,在最活跃的生命运动中不断汲取生命的元气和精神的养料,引领师生走向快乐的精神家园。

2.校长要做学生的圆梦者

梦想是牵引学生健康成长最重要的力量,有梦想的人是不会变坏的。只有让学生拥有梦想,他们才可以翱翔在蓝天上。每个孩子都有一个属于自己的梦,校长就是要让学校成为学生梦开始的地方,让他们自主地成长,尽情地描绘未来;就是要帮助孩子架起实现梦的桥梁,让他们的梦扬帆、起航。但通向梦想的道路是不平坦的,有的学生甚至想不到会为实现梦想遭遇挫折。很多时候,梦想的艰辛往往超出我们的想象。日常教育中,太关注结果的教育是索然无味的,教师感受到的是枯燥,学生品尝到的是无趣;太关注分数的教育是急功近利的,是没办法让学生健康发展的。而孩子最会做梦,他们的梦五花八门,千奇百怪。他们在梦中的路上需要人陪伴,这样他们才会有一路的天真和一路的丰富多彩。学校是孩子梦想的守护者,尽管有的学生的想法是那么幼稚,那么天真,那么高远,甚至无法去实现,但作为教育者,应该珍视学生的梦,更要让他们看到希望。教育,作为学生的领跑者,要有思想力,更要有行动力,要帮助学生筑梦、追梦、圆梦,帮助每一个学生都拥有实现我们民族梦想的正能量。我们的教育,就是要给每一个孩子一个独有的梦想;我们的教育,就是要为每一个孩子点燃更灿烂的梦想;我们的教育,就是要让每一个孩子生活在对梦想的憧憬里。让每个孩子把梦想的快乐光芒照射到现实生活中来,让每个孩子的梦想能生根、发芽,长成参天大树,开出美丽的花,结出丰收的果,这也是教育的使命! 即使最终实现不了,也要鼓励他们坚定下去。不要让种子永远是种子,不要让梦想永远是梦想,更不要让学生因失去信心,让梦在中途破灭。于是,笔者在努力地思考和实践着课堂教学发展人、成全人、给人带来快乐的梦想。有梦,可以战胜一切。

3.校长要做教师的圆梦者

从踏上讲台那天起,教师就承担了教书育人的使命。因为这个使命,教师的梦想注定与同龄人不同。一个快乐的教师,一定是心中有梦、有追求的教师。教师如何做梦,如何圆梦,不仅关系到个人能否最大限度地实现生命价值,更关系到实现"中国梦"的根基是否坚实。英特尔资深副总裁虞有澄说:"一个有事业追求的人,可以把梦做得高些。虽然开始时是梦想,但只要不停地做,不轻易放弃,梦想终能成真。"每个教师都应怀着探险般的热情探寻梦想之路。也有的时候,梦想就在我们身边绽放。众多优秀教师的成长实践证明,从平庸走向优秀,固然需要心中有个梦,但是这个梦往往是在困顿后才被外力或自己点燃的。为此,笔者十分推崇并在教育管理中大力践行"无为而治",顺应教师发展规律,停止过度管理,大胆"砍"掉了学校管理中的一些繁文缛节,采取多种措施启迪教师内心对教育的热爱,奖励那些总能给人带来惊喜的教师。每个人都有个体价值实现的需要,我们不光要圆教师的大梦想,也要圆教师的小梦想。当一名高年级语文老师在年终竞聘中强烈地希望去教低年级语文课时,经过严格考察和协调,我们领导班子就安排这名教师去教低年级语文,结果这名教师的低年级语文课成了学生最爱上的课之一。也许她没有什么超级梦想,但她的一步步成长,一段段经历,就是梦想照进现实的真实轨迹。对于心中有梦的快乐的教师来说,教育不是牺牲,而是享受;教育不是重复,而是创造;教育不是谋生手段,而是生活的本身。

梦想绝对不是说说而已,你要为这个梦想去努力,去奋斗,这才叫梦想,要不它只能是空想。梦是美的,需要巧手绘就,需要不断喂给营养。有梦想的人,他们必将破茧成蝶,如凤凰涅槃般璀璨美丽。纵观一代又一代的教育家无不都是编织教育梦想的卓越人才,甚至有一批伟大的教育家将自己的梦想变成了人类共同的教育理想,比如杜威、陶行知等。"中国梦",首先应该是"教育梦",而基础教育是"中国梦"之基础。只有梦想能点燃教育激情,只有梦想值得教育人奋斗终生。每个人点亮自己的梦想,才能成就中国的梦想;每个人践行自己对未来的期待,才能实现中国对未来的期待;每个人怀揣教育的梦每天改变一点点,就能达到曼妙丰赡的教育愿景。一切激发梦想的事物都是可爱的,一切为梦想而努力的人们都是可敬的。

　　笔者相信梦想能成真,一路走来,心中也始终怀抱这个梦想,而且始终在追梦的过程中不放弃。自担任校长的第一天起,笔者经常说的一句话就是:"我是一个追梦人,我心中揣着一个火热的教育梦想,那就是'成功学习、快乐生活、健康成长',梦想追寻生命福祉、提升师生生命质量的教育关怀。"给学生最快乐的学习,给教师最坚实的起步,给学校最强劲的发展,给社会最满意的答复,这是笔者最大的希望。当好校长不仅需要梦想,更要靠实干。笔者希望自己是一个建筑工人,是一个为梦想搭建舞台的工人。笔者希望自己的学生,能在为他们搭建的舞台上人格健全、品行高尚,能够因为在学校的学习而成就一生的幸福,拥有一世快乐的人生。笔者希望学校的教师,能在为他们搭建的舞台上有尊严地工作,阳光地生活,在点亮别人生命的同时,也让自己的生命灿烂绽放。笔者更希望自己成为"快乐银行"的"行长",把学校全体师生发展为自己的"客户",把人生最美好的快乐"储存",使其"增值"。实现教育梦,需要智慧,需要创新,更需要落地的策略和务实的作风。笔者所有的努力,就是让"教育梦"一一落地。只要是有利于学生全面发展、有利于育人质量全面提高、有利于教师专业成长的改革,笔者都敢于试、敢于闯。一个人能活在自己的追求中,就是最大的快乐。

　　远航的路漫长、辛苦,但再远也要有梦想。我们的梦想,注定不是享受,也不是悲叹,而是行动,是每个明天看到我们比今天走得更远! 人生有梦,追梦无悔,让自己做主,为梦想而努力。

参考文献

[1]丛书编委会编著。积极心态创造成功[M]。长春:吉林出版社,2012。

[2]冯建军主编。回归幸福的教师生活[M]。北京:中国轻工业出版社,2009。

[3]赫伯特·斯宾塞。斯宾塞的快乐教育[M]。北京:朝华出版社,2010。

[4]金波。快乐的力量[M]。北京:光明日报出版社,2010。

[5]李红霞。创造一间幸福教室[M]。北京:教育科学出版社,2013。

[6]李跃儿。谁拿走了孩子的幸福[M]。北京:国际文化出版公司,2013。

[7]马丁·塞利格曼。教出乐观的孩子[M]。杭州:浙江人民出版社,2013。

[8]孟夏。叩问教育的幸福[M]。北京:北京师范大学出版社,2014。

[9]钱玉。快乐教育[M]。广州:华南理工大学出版社,2009。

[10]陶继新。陶继新对话名校长[N]。中国教育报,2012.01—2014.12。

[11]肖川主编。教师,做反思的实践者[M]。重庆:西南师范大学出版社,2009。

[12]张万祥选编。一句话改变人生[M]。南京:江苏教育出版社,2009。

图书在版编目(CIP)数据

做快乐的教育/范永雄著.一厦门:厦门大学出版社,2015.8
(梦山论道·名校长丛书)
ISBN 978-7-5615-5614-6

Ⅰ.①做… Ⅱ.①范… Ⅲ.①中小学教育-教育研究 Ⅳ.①G632.0

中国版本图书馆 CIP 数据核字(2015)第 170538 号

官方合作网络销售商:

厦门大学出版社出版发行

(地址:厦门市软件园二期望海路 39 号 邮编:361008)

总 编 办 电 话:0592-2182177 传真:0592-2181406

营销中心电话:0592-2184458 传真:0592-2181365

网址:http://www.xmupress.com

邮箱:xmup @ xmupress.com

厦门集大印刷厂印刷

2015 年 8 月第 1 版 2015 年 8 月第 1 次印刷

开本:720 mm×1000 mm 1/16 印张:14 插页:2

字数:236 千字

定价:**36.00 元**

本书如有印装质量问题请直接寄承印厂调换